RHAGYMADRODDION A CHYFLWYNIADAU LLADIN

LLADIN

1551 - 1632

RHAGYMADRODDION
A CHYFLWYNIADAU LLADIN
1551-1632

Cyfieithwyd, ynghyd â Rhagymadrodd a Nodiadau

gan

CERI DAVIES

Cyhoeddwyd ar ran Bwrdd Gwybodau Celtaidd
Prifysgol Cymru

CAERDYDD

GWASG PRIFYSGOL CYMRU

1980

Manylion Catalogio Cyhoeddi (CIP) Y Llyfrgell Brydeinig

Rhagymadroddion a chyflwyniadau Lladin, 1551 - 1632
1. Llenyddiaeth Ladin, Canoloesol a Modern
— Cyfieithiadau i'r Gymraeg
2. Llenyddiaeth Gymraeg — Cyfieithiadau o'r Lladin
3. Rhagymadroddion
I. Davies, Ceri II. Prifysgol Cymru
Bwrdd Gwybodau Celtaidd
089'. 71   PA8118.G7

ISBN   0-7083-0734-5

Cyfieithwyd y Manylion Catalogio Cyhoeddi gan y Cyhoeddwyr.

Argraffwyd gan Wasg Gee, Dinbych

I'M RHIENI

Cynnwys

Rhagair

Bwriedir y gyfrol hon fel cymar i'r casgliad o ragymadroddion Cymraeg a olygwyd gan Garfield H. Hughes, *Rhagymadroddion, 1547-1659* (Caerdydd, Gwasg Prifysgol Cymru, 1951), a hefyd i'r cyflwyniadau cynharaf yng nghasgliad Henry Lewis, *Hen Gyflwyniadau* (Caerdydd, Gwasg Prifysgol Cymru, 1948). Hawliai llawer o'r ysgrifeniadau Lladin eu lle yn gwbl naturiol, wrth gwrs, ond wrth ddethol y gweddill — o blith cyflwyniadau'r cyfnod, yn arbennig — ceisiwyd sicrhau eu bod yn rhai sydd yn wir arwyddocaol o ran yr olwg a geir ynddynt ar bersonoliaeth neu gymhellion yr awdur, a'u bod yn abl i sefyll eu hunain ar wahân i'r gweithiau a gyflwynir ganddynt.

Nid heb gryn betruso y penderfynwyd peidio â chynnwys y testun Lladin ynghyd â'r cyfieithiadau. Yn ffodus, fodd bynnag, y mae nifer o'r gweithiau hyn ar gael bellach mewn adargraffiadau diweddar (gelwir sylw at y rheini yn y nodiadau), ac y mae'r rhan fwyaf o'r gweddill i'w cael yn weddol gyfleus mewn llyfrgelloedd. Hyd y gwn i, yr unig waith gwir anodd cyrraedd ato yw *De Italica Pronunciatione . . . Libellus* Siôn Dafydd Rhys; y mae'n debyg nad oes ond un copi o'r gwaith ym Mhrydain, sef hwnnw sydd yn y Llyfrgell Brydeinig yn Llundain, ac felly argraffwyd testun Lladin y cyflwyniad i Syr Robert Peckham mewn Atodiad (t. 185) i'r gyfrol hon.

Wrth gyfieithu, amcanwyd at fod mor ffyddlon ag y gellid i'r Lladin gwreiddiol, o ran naws a rhythmau yn ogystal ag o ran cywirdeb ystyr. Y mae'r cyfieithydd, fodd bynnag, yn ddehonglwr hefyd — *interpres*, yn arwyddocaol ddigon, yw'r enw Lladin arno — a sylweddolaf fy mod, fwy nag unwaith, wrth drafod deunydd nad yw wedi cael llawer o sylw manwl gan ysgolheigion yn y gorffennol, wedi gorfod dewis rhwng ystyron posibl a ymgynigiai imi, neu led-esbonio o fewn i'r testun ei hun. Ni cheisiwyd bod yn fwriadol hynafol mewn ffurfiau neu enwau a ddefnyddiwyd wrth gyfieithu; er enghraifft, defnyddiwyd y ffurf *Eidaleg* wrth gyfieithu cyflwyniad y *De Italica Pronunciatione*, er y gwyddys mai *Italieith* ydoedd y ffurf a ddefnyddiai Siôn Dafydd Rhys ei hun (gw. Hughes, op. cit., t. 63), a rhoir *Ffrainc* fel cyfieithiad o *Gallia* pan yw'n amlwg mai at Ffrainc yr unfed ganrif ar bymtheg neu'r ail ganrif ar bymtheg y cyfeirir. Y mae un eithriad pwysig i'r rheol hon. Nid oes eisiau ond edrych ar wyneb-ddalen Geiriadur y Dr. John Davies i weld cymaint o amrywiaeth a geid mewn enwau ar yr iaith Gymraeg (*Antiquae Linguae Britannicae, Nunc vulgo dictae Cambro-Britannicae, A suis Cymraecae vel Cambricae, ab aliis Wallicae . . . Dictionarium Duplex*); fodd bynnag, y ffurf fwyaf poblogaidd o ddigon yw *Britannica (lingua)*, ac fe'i cyfieithwyd yn gyson 'Brytaneg', 'yr iaith Frytaneg', gan fod y ffurf a ddefnyddir (ynghyd â ffurfiau megis *Britannici*, 'Brytaniaid') yn cyfleu rhag-dybiaeth bwysig ynglŷn â chwmpas a hynafiaeth yr iaith a'r bobl a'i siaradai. (Cymharer a ddywed Humphrey Llwyd, *Commentarioli Britannicae Descriptionis Fragmentum* [1572], t. 41v: 'Cambri lingua utuntur Britannica, gnesiique Britanni sunt'; 'The Welshmen use the British tongue, and are the very true Britaynes by birth', cyf. T. Twyne.) Y gair 'Cymraeg', wrth gwrs, a ddefnyddiwyd pan geir *Cymraeca* yn y Lladin, a hefyd pan geir y ffurf *Cambrobritannica*, v.l. *Cambrobryt*— (fel yng Ngramadeg Siôn Dafydd Rhys: gwyddys mai 'Cymraec' ydoedd y ffurf Gymraeg a arferai Siôn Dafydd Rhys ei hun; gw. Hughes, op. cit., tt. 63-82, passim.).

Unig fwriad y nodiadau yw hwyluso rhyw ychydig ar waith darllenwyr, yn arbennig gyda golwg ar gyfeiriadau at weithiau clasurol Groeg a Lladin ac at weithiau dysgedig o gyfnod y Dadeni. Ni honnir fod y nodiadau yn gyflawn, a chan mai clasurwr wyf fi, yr wyf yn dra ymwybodol y

gallaf fod yn euog yng ngolwg llawer o'r hyn a eilw'r
Almaenwyr yn *Fachchauvinismus,* sef gweld popeth o saf-
bwynt fy mhwnc fy hun! Tra chryno a detholedig yw'r
nodyn llyfryddol a geir ar flaen y nodiadau ar bob un o'r
gweithiau. Am lyfryddiaeth gyflawn, gweler Thomas Parry
a Merfyn Morgan (golygyddion), *Llyfryddiaeth Llenydd-
iaeth Gymraeg* (Caerdydd, 1976).

Prin y byddai'r gwaith hwn wedi'i gwblhau oni bai i
Goleg Prifysgol Cymru, Aberystwyth, weld yn dda fy ethol
yn Gymrawd Trefloyne am y flwyddyn 1974-75. Dyletswydd
bleserus yw cydnabod y fraint a estynnwyd imi gan y Coleg,
a diolch yn gynnes iawn i'r cyfeillion hynny a hwylusodd
fy astudiaethau. Yr wyf yn arbennig o ddyledus i'r Athro
R. Geraint Gruffydd a'r Athro Brynley F. Roberts am lu o
gymwynasau; yn ystod fy nghyfnod yn Aberystwyth
cyfarfuom yn gyson i drafod yr ysgrifeniadau Lladin hyn,
a bu'r ddau ohonynt mor garedig â darllen y gwaith gyda
gofal mawr a chynnig llu o awgrymiadau gwerthfawr. Ar
faterion unigol manteisiais ar arweiniad a chymorth Mr.
Gareth A. Bevan, Yr Athro T. Gwynfor Griffith, Miss
Rhiannon Francis Roberts a'r Parch. Elwyn R. Rowlands,
ac y mae'r gwaith ar ei ennill yn fawr o'r herwydd. Gweddus
yw imi ddiolch hefyd i staff Llyfrgell Genedlaethol Cymru,
Aberystwyth, Llyfrgell Bodley, Rhydychen, a Llyfrgell
Coleg y Brifysgol, Caerdydd, am bob cymwynas a dderbyn-
iais ganddynt hwy. Yn bennaf oll, diolchaf i'm gwraig am ei
chefnogaeth gyson hi, ac am ei holl ddiddordeb yn y gwaith.

Rhagymadrodd

Y mae'r rhagymadroddion a'r llythyrau annerch a'r cyflwyn-
iadau Lladin a geir wedi'u cyfieithu yn y gyfrol hon oll yn
perthyn i ail hanner yr unfed ganrif ar bymtheg a dechrau'r
ail ganrif ar bymtheg, sef cyfnod y Dadeni Dysg yng
Nghymru. Fel yn rhagymadroddion Cymraeg yr un cyfnod
— a'r rheini, rai ohonynt, gan yr un awduron — y mae o
leiaf dri phwyslais arbennig yn gyfrodedd drwy'r gweithiau
i gyd: y pwyslais crefyddol, yn tarddu o egwyddorion y
Diwygiad Protestannaidd (neu'r Gwrth-ddiwygiad), ac sy'n
cael ei amlygu yn arbennig yma yn yr ymboeni ynglŷn â
chael yr Ysgrythurau yn iaith y bobl; y pwyslais ar astudio
hanes a hynafiaethau Cymru, yn arbennig er ceisio amddiffyn
dilysrwydd *Historia Regum Britanniae* Sieffre o Fynwy yn
erbyn yr ymosodiadau a wnaed arno; a'r pwyslais ar yr
angen i astudio gramadeg a geirfa'r iaith Gymraeg. Nid yr
un materion sy'n cael y flaenoriaeth gan bob awdur, wrth
gwrs, ond y mae'r diddordeb triphlyg mewn crefydd, hanes
ac iaith yn bur agos i'r wyneb yng ngwaith pob un ohonynt.[1]

Fel yn y deunydd rhagymadroddol Cymraeg, hefyd — a'r
deunydd Saesneg cyfoed, o ran hynny[2] — gwelir fod i'r
ysgrifeniadau Lladin hyn gonfensiynau llenyddol sy'n cael
eu hamlygu dro ar ôl tro. Mewn rhagymadrodd ceisiai awdur
egluro'i fwriadau wrth ysgrifennu ei lyfr, a dangos beth oedd
yr amgylchiadau a'i sbardunodd i ymgymryd â'r gwaith; yn
aml fe'i ceir yn rhagweld pa feiau y bydd rhai am eu pigo

---

[1] Am arolwg cytbwys ar hyn oll, gw. G. J. Williams, *Agweddau ar Hanes
Dysg Gymraeg*, gol. Aneirin Lewis (Caerdydd, 1969), tt. 31-81. Hefyd ceir
arweiniad cryno i'r hyn sydd yn ymhlyg yn llawer o ddeunydd y gyfrol
hon yn Glanmor Williams, *Dadeni, Diwygiad a Diwylliant Cymru* (Caer-
dydd, 1964).

[2] Gw. Clara Gebert (gol.), *An Anthology of Elizabethan Dedications and
Prefaces* (Pennsylvania, 1933; ail argraffiad, New York, 1966).

1

yn y gwaith, ac yn rhoi ateb ymlaen llaw i'w cyhuddiadau. Tebyg yw'r arferion mewn llythyr annerch, ond bod awdur yno fel rheol yn cyfeirio ei sylwadau at berson neu bersonau arbennig, yn hytrach nag at y darllenydd cyffredinol; o ganlyniad, gall y llythyr annerch fod yn fwy personol na'r rhagymadrodd agored, ac yn fynych ceir ynddo sylwadau sydd yn ymwneud yn neilltuol â'r un a gyferchir. Gall mai'r cyflwyniad sy'n ymddangos y mwyaf unigolyddol o'r ysgrifeniadau; fodd bynnag, ffurfioldeb y gyfundrefn nawdd sydd o'r tu cefn iddo i raddau helaeth iawn, yr arfer o gyflwyno gweithiau llên 'i ryw wron y byddai ei fri a'i enwogrwydd yn ennill iddynt dderbyniad mwy croesawgar gan bawb', ys dywed Henry Salesbury,[3] ac ar dro ymddengys yr arfer yn un go ystrydebol a diarwyddocâd. Wrth gwrs, yn fynych ceir fod y confensiynau hyn yn rhedeg i'w gilydd, ac y mae llawer o nodweddion y cyflwyniad i'w canfod mewn llythyrau annerch hefyd; ond i bwrpas y gyfrol hon, cyfyngir y teitl 'cyflwyniad' i draethiad lle y mae awdur fel petai'n offrymu ei waith i rywun neilltuol.

Paham y dewisai'r awduron hyn ysgrifennu yn Lladin? Yn ddiamau y mae elfen gref o gonfensiwn ynglŷn â hynny eto, yn enwedig yn rhai o'r cyflwyniadau. Ceir cyflwyniad byr, cwbl ffurfiol, yn Lladin ar ddechrau nifer mawr o weithiau o'r cyfnod; fel un enghraifft o blith llawer, dyma gyflwyniad Wiliam Midleton i Thomas Midleton ar ddechrau'r llyfr *Barddoniaeth neu Brydyddiaeth* (1593):

NOBILITATE GE-
NERIS, ET CLARITATE PIETATE-
que conspicuo viro; Thomae Midletono
ciui Londinensi, & cognato suo omnium dilec-
tissimo, Gulielmus Mideltonus has su-
as lucubrationes cum salute
mittit.

[3] Gw. t. 93 isod. Ar y rhagymadrodd fel ffurf lenyddol, gw. adolygiad R. Geraint Gruffydd ar Garfield H. Hughes (gol.), *Rhagymadroddion 1547-1659*, yn *Y Llenor* xxx (1951), tt. 191-6.

Ymhelaethiad o'r math hwn o arfer yw rhai cyflwyniadau hwy yn Lladin. Dro arall, Lladin ydoedd yr iaith amlwg i ysgrifennu ynddi os oedd y derbynnydd i *ddeall* y llythyr neu'r cyflwyniad: ni byddai fawr o ddiben i Richard Parry, er enghraifft, ysgrifennu yn Gymraeg ar gyfer y Brenin Iago I. Ond cofier fod mwyafrif yr ysgrifeniadau a geir yn y gyfrol hon yn sefyll ar ddechrau gweithiau sydd wedi'u hysgrifennu yn gyfan gwbl yn Lladin, a'r gweithiau hynny — lawer ohonynt — yn rhai maith a sylweddol iawn: *Historiae Brytannicae Defensio* Syr John Prys, er enghraifft, llyfr o gant a thrigain o ddudalennau, neu Ramadegau Siôn Dafydd Rhys a'r Dr. John Davies. Yn ei gyflwyniad i Syr Edward Stradling ar ddechrau'r Gramadeg (gw. t. 73 isod) dywed Siôn Dafydd Rhys i'w noddwr fynnu fod y gwaith yn cael ei ysgrifennu yn Lladin ' fel y gallai gwybodaeth am yr iaith hon [sef y Gymraeg] gael ei lledaenu gymaint yn haws at genhedloedd eraill yn ogystal ', a'r un yw ei bwynt yn rhagymadrodd Cymraeg ei lyfr, pan ddywed ' ewyllyssu o honof . . . ossod perpheithrwydd ac odidaw-grwydd eych Hiaith chwi a'ch petheu i olwc holl Eurôpa mywn Iaith gyphrêdin i bawb '.[4] Ar gyfer ysgolheigion — yng Nghymru, ond hefyd ledled Ewrop — yr ysgrifennai Siôn Dafydd Rhys a llawer o'r dyneiddwyr eraill, ac i'r diben hwnnw defnyddient yr iaith Ladin fel iaith gydwladol dysg.

O ddyddiau'r Ymerodraeth Rufeinig ymlaen nid oeddid wedi peidio ag arfer Lladin yng ngorllewin Ewrop, a rhoddwyd sêl arbennig arni fel iaith crefydd yr Eglwys yn yr Oesoedd Canol. Fodd bynnag, yn ystod y Dadeni Dysg, y symudiad hwnnw sydd mor anodd ei ddiffinio, ond a fu'n gyfrwng gweddnewid diwylliant holl wledydd gorllewin Ewrop, gwelwyd bri arbennig yn cael ei osod ar ogoniannau'r iaith Ladin fel y cawsai ei hysgrifennu gan awduron y cyfnod clasurol. Sonia Petrarch (1304-74) — y cyntaf, fe ddichon, o'r gwir ddyneiddwyr — am y modd y'i swynwyd

---

[4] Garfield H. Hughes (gol.), *Rhagymadroddion, 1547-1659*, t. 70.

yn fachgen ifanc gan felystra a chyfaredd seiniau'r iaith Ladin yng ngwaith Cicero a Fyrsil: 'et illa quidem aetate nihil intelligere poteram, sola me verborum dulcedo quaedam et sonoritas detinebat.'[5] Ystyrid Lladin yr Oesoedd Canol yn rhywbeth llwgr ac amhur, yn gynnyrch *medium aevum* a oedd wedi torri ar draws parhad gwir hyfrydwch yr iaith, hyfrydwch y mynnai ysgolheigion y Dadeni geisio ei ailddarganfod. O bob awdur clasurol, dichon mai Marcus Tullius Cicero (106-43 C.C.) ydoedd y mwyaf ei ddylanwad. Astudid iaith Cicero, a'r modd y'i mynegai ei hun mewn brawddegau cymesur; daeth ysgrifennu Lladin cywrain ac amlgymalog, ar batrwm ysgrifennu Cicero, yn nod angen gŵr dysgedig. Ac nid iaith ac arddull Cicero yn unig. Bu diddordeb rhyfeddol hefyd yng nghynnwys ei areithiau a'i lythyrau, a'i ysgrifeniadau gwleidyddol ac athronyddol. Mewn gweithiau fel *De Officiis* a *De Amicitia* canfuwyd darlun o'r dyn gwâr, y math o ddyn a oedd yn brototeip y gŵr bonheddig perffaith a ddaeth yn gymaint delfryd ar gyfandir Ewrop o dan ddylanwad syniadau'r Dadeni Dysg.

Wrth i effeithiau'r Dadeni fyned rhagddynt drwy wledydd gogledd a gorllewin Ewrop, gwelwyd datblygiadau pellach yng nghwrs dylanwad y clasuron Lladin — a Groeg, hefyd — ar ddiwylliant y gwledydd hynny. Daeth yn arfer cyfieithu'r clasuron i'r ieithoedd brodorol,[6] a bu cryn ymgais at weld ffurfiau llenyddol clasurol yn cael eu mabwysiadu a'u harfer yn yr ieithoedd brodorol. I lawer, golygai hynny droi cefn ar bron bopeth yn eu mamieithoedd a berthynai i'r Oesoedd Canol, a chofleidio patrymau clasurol yn unig. Diau mai yn yr iaith Ffrangeg, yng ngwaith y grŵp o saith bardd o'r unfed ganrif ar bymtheg a adwaenir fel y *Pléiade*, y gwelir yr ymgorfforiad cliriaf o'r delfrydau

---

[5] *Lettere senili* xvi. 1, ed. Fracassetti (Firenze, 1869/70). Gw. Rudolf Pfeiffer, *History of Classical Scholarship, 1300-1850* (Oxford, 1976), tt. 5-6.
[6] Am restr hylaw o'r prif weithgarwch hyd at 1600, gw. R. R. Bolgar, *The Classical Heritage and its Beneficiaries* (Cambridge, 1954), tt. 506-41.

hyn, a cheir un ohonynt, Joachim du Bellay, yn lladmerydd croyw i'r delfrydau hynny yn ei *Défense et illustration de la langue françoyse* (1549). Gwelir syniadau tebyg yn parhau yn yr ail ganrif ar bymtheg: yn Saesneg, er enghraifft, yng ngwaith John Milton (1608-74), a batrymodd ei *Lycidas* ar y bugeilgerddi Groeg (yr *Epitaphium Bionis* yn arbennig), ei *Samson Agonistes* ar drasiedi Roeg (yn ôl dadansoddiad Aristoteles yn y *Farddoneg*), a *Paradise Lost* ar egwyddorion canu epig clasurol.

Beth am Gymru yn hyn oll? Yn ei ysgrif bwysig, 'Damcaniaeth Eglwysig Brotestannaidd ',[7] dangosodd Saunders Lewis fod cryn wahaniaeth rhwng y dyneiddwyr yng Nghymru a mwyafrif eu cydysgolheigion yng ngwledydd eraill gogledd a gorllewin Ewrop, yn eu hagwedd tuag at gelfyddyd a llenyddiaeth yr Oesoedd Canol yn eu gwlad. 'Ni throes y dyneiddwyr Cymreig mo'u cefnau ar lenyddiaeth yr oesoedd o'r blaen na gwadu bod rhinwedd a chelfyddyd ynddynt.' Hynny yw, un o brif effeithiau ailddarganfod y clasuron Lladin a Groeg ar ddyneiddwyr Cymru ydoedd peri iddynt haeru fod ganddynt hwythau eu clasuron hefyd — gwaith Taliesin a holl feirdd y traddodiad Taliesinaidd yn yr Oesoedd Canol — ac mai eu tasg hwy ydoedd astudio a choleddu'r clasuron hynny gydag angerdd o'r newydd. O hyn y cododd eu diddordeb yng ngeirfa'r iaith Gymraeg, a'i gramadeg — yn ystyr ehangaf y gair hwnnw. Yr ymddiddori hwn yng ngorffennol eu pobl eu hunain sydd i gyfrif hefyd am eu sêl yn amddiffyn dilysrwydd gwaith Sieffre o Fynwy yn erbyn ymosodiadau Polydor Vergil a'r dilornwyr eraill. Yn y deunydd sydd yn y gyfrol hon ategir yr ymboeni hwn ynglŷn â hanes a hynafiaethau eu pobl gan y mynych gyfeirio at y traddodiad Sieffreaidd, a hefyd at waith Gildas a Gerallt.

---

[7] *Efrydiau Catholig* ii (1947), tt. 36-55; ailgyhoeddwyd yn *Meistri'r Canrifoedd*, gol. R. Geraint Gruffydd (Caerdydd, 1973), tt. 116-39. Yn yr ysgrif honno hefyd trafodir arwyddocâd safbwynt du Bellay.

Y mae'n ddiamau fod y fath bwyslais ar hanes a llenydd-
iaeth Cymru ei hun yn elfen arbennig o bwysig yn y cwrs
a gymerth y Dadeni Dysg yng Nghymru. Hynny, gredwn
i, sy'n cyfrif na cheir yng Nghymru yr unrhyw ymgais at
batrymu llenyddiaeth yr iaith frodorol ar safonau a ffurfiau
llenyddol y clasuron Lladin a Groeg ag a geir yn Ffrainc
neu yn Lloegr. Dyna'r rheswm, hefyd, paham nad oes fawr
o ymdrech — i bob golwg, beth bynnag — tuag at
gyfieithu'r clasuron Lladin a Groeg i'r Gymraeg. Y mae
gennym gyfieithiad Cymraeg o ran o lyfr cyntaf y *Rhetorica
ad Herennium* (gwaith a dadogid ar Cicero) gan Siôn ap
Hywel ab Owain, un o fân foneddigion Eifionydd yng
nghyfnod y dyneiddwyr a gynrychiolir yn y gyfrol hon.[8]
Yna ceir enghraifft nodedig o gyfieithu'r clasuron gan
Gruffydd Robert, sef dechrau *De Senectute* Cicero.[9] Ond
ychydig iawn o ddim arall sydd ar gael,[10] ac ar ryw olwg
nid yw cyfieithiad Gruffydd Robert ond yn profi'r rheol
ynglŷn â mwyafrif y dyneiddwyr Cymreig, paham nad
aethant hwy ati i gyfieithu'r clasuron. Oblegid, fel y
dangosodd Griffith John Williams,[11] yr oedd Gruffydd
Robert — ac yntau'n byw yn yr Eidal, yn llys y Cardinal
Borromeo ym Milan, gyda holl adnoddau dysg a diwylliant

---

[8] Gw. Bedwyr Lewis Jones yn *Llên Cymru* vi (1961), tt. 208-18. Ceir
ymdriniaeth â bywyd Siôn ap Hywel ab Owain gan Bedwyr Lewis Jones
yn *Trafodion Cymdeithas Hanes Sir Gaernarfon* xxi (1960), tt. 63-69;
xxiii (1962), t. 131.

[9] Gruffydd Robert, *Gramadeg Cymraeg*, gol. G. J. Williams (Caerdydd,
1939), Rhan VI. Fel y dangosodd G. J. Williams (Rhagymadrodd, t. lxxxiii),
ni cheir namyn wyth tudalen o'r gwaith yn y ddau gopi o'r cyfieithiad sydd
ar gael, a gorffennir yn swta ar ganol brawddeg; y mae'n amhosibl dweud,
felly, p'un a oedd cyfieithiad o'r *De Senectute* cyfan ar gael un adeg ai
peidio.

[10] Er enghraifft, ceir gan rywun anhysbys gyfieithiad o ddarn cwta o
De Remediis Fortuitorum Liber Seneca Ieuaf; gw. Nesta Lloyd yn *Bulletin
of the Board of Celtic Studies* xxiv (1972), tt. 450-58. Hefyd y mae gennym
drosiad o waith Simwnt Fychan o un o epigramau Martial (x. 47), ond fel
y dangosodd E. J. Jones (*Bulletin of the Board of Celtic Studies* iii [1927],
tt. 286-92), y mae'n annhebyg fod Simwnt Fychan yn medru llawer o Ladin.

[11] ibid., Rhagymadrodd, tt. xciii-xciv.

yr Eidal at ei wasanaeth — ar lawer cyfrif yn nes at
ddelfrydau dyneiddwyr y cyfandir nag yr oedd at y dyneidd-
wyr yng Nghymru. Nid coleddu'r hen iaith lenyddol oedd
ei amcan ef, nid edrych yn ôl at ogoniant llenyddiaeth
Gymraeg yn yr oesoedd a fu, ' eithr dadansoddi'r iaith fyw
a dangos sut y gellid ei chymhwyso i gyfarfod â'r gofynion
a wneid arni yn y cyfnod hwnnw, ac yn arbennig sut y
gellid ei chyfoethogi a'i thecáu '.[12] Fel y ceisiai dyneiddwyr
y cyfandir ddyrchafu eu hieithoedd hwy trwy ddilyn y
safonau a oedd i'w canfod yn y clasuron Lladin a Groeg,
felly hefyd teimlai Gruffydd Robert fod angen i'r Gymraeg
ddatblygu ar hyd yr un llinellau. Rhan o'r broses honno,
proses ymddyrchafiad iaith, ydoedd cyfieithu'r clasuron
iddo ef, ac meddai: '. . . da oedd, ymarfer o transladu groeg,
cynnymchwelyd lladin, cyfieuthu eidaliaeth, ne droi i'r
gymraeg yr iaith a fynnai ddyn, a chraphu ar briodoldeb pob
iaith, . . . '.[13]

Ond er mor eithriadol yw Gruffydd Robert, ni ddylid
tybio na phrofodd y dyneiddwyr eraill o Gymry ddylan-
wadau mwyaf grymus y ddysg newydd. Y mae hynny i'w
weld yn eglur yn eu hysgrifennu Cymraeg, yng Nghicer-
oniaeth eu harddull a'u brawddegu rhythmig.[14] Y mae'n
werth cofio hefyd mai'r pwyslais ar y clasuron Lladin a
Groeg, y'u trwythwyd ynddynt yn y prifysgolion, a barodd
i'r dyneiddwyr Cymreig ymhyfrydu yng nghlasuron eu
hiaith eu hunain. A bu'r ymchwil am lawysgrifau Lladin a
Groeg gan ddyneiddwyr Ewrop yn gryn ysgogiad i'r un
math o chwilio ar ran y dyneiddwyr o Gymry am hen
lawysgrifau eu beirdd a'u prydyddion hwythau. Ond hyd
yn oed pe bai rhywun am amau maint dylanwad y Dadeni
Ewropeaidd ar yr ysgrifeniadau *Cymraeg*, y mae olion y

---

[12] ibid., Rhagymadrodd, t. cxi.
[13] Rhan III, t. 3, yn argraffiad G. J. Williams.
[14] Am sylwadau treiddgar ar Giceroniaeth yng Nghymru, gw. Saunders
Lewis, *Ysgrifau Dydd Mercher* (Llandysul, 1945), tt. 55-58.

dylanwad hwnnw ar y gweithiau *Lladin* yn gwbl ddigam-
syniol. Y mae dewis ysgrifennu yn Lladin o gwbl yn tystio
iddo, ac y mae iaith ac arddull y gwaith, y cynnwys a'r
gyfeiriadaeth, yn dangos yn glir fod y Cymry hyn yn rhai
a oedd wedi profi'n helaeth o ddysgeidiaeth y Dadeni yng
ngogledd Ewrop.

Fel un enghraifft o'r ymaflyd hwn mewn techneg reth-
regol, Giceronaidd, cymerer brawddeg agoriadol cyflwyniad
Siôn Dafydd Rhys i Syr Edward Stradling ar ddechrau'r
Gramadeg (1592):

> Memoria repeto (Illustris ac generose miles) in celebri
> Castro Sancti Donati, tua tuorumque maiorum equestri
> dignitate conspicuorum antiqua sede, quo te tuamque
> coniugem praenobilem visendi gratia adveneram,
> incidisse me fortuito in quoddam venustum poema, a
> D. Thoma Leysono viro cum rei medicae tum poetices
> peritissimo Latinis numeris contextum, quo, fausto
> satis Appolline, praedicaverat illius munitissimi castri
> situm, undiquaque longe commodissimum, tum porro
> illa sumptuosa aedificia, quorum totam fere materiam
> ex ipsius pelagi cautibus non absque ingenti sumptu
> extraxeras, adeo mirandum in modum in extremo litoris
> margine abs te extructa, ubi sic fervet fremitque
> indignabundum fretum ut insani fluctus incredibili mole
> saxa quotidie frustra contorqueant in ipsa aedificiorum
> moenia.

Wrth gyfieithu'r un frawddeg Ladin hon, gorfu imi
ddefnyddio pedair brawddeg Gymraeg (gw. t. 71 isod,
' Anrhydeddus a bonheddig filwr! . . . ond i ddim pwrpas '),
ac y mae'r rheini, rai ohonynt, yn ddigon beichus. Ond y
mae un frawddeg Siôn Dafydd Rhys yn gytbwys a
chymesur, ei chymalau yn clymu'n fedrus yn ei gilydd, a'r
plethu ynghyd ar gystrawennau uniongyrchol ac anunion-
gyrchol yn gelfydd odiaeth. *Tour de force* rhy hunan-
ymwybodol, efallai — yn aml ceir fod awdur yn ymdrechu
i greu argraff arbennig ym mrawddeg gyntaf cyflwyniad

neu lythyr annerch — ond gwaith un, er hynny, a oedd yn gwybod ei bethau wrth fynd ati i ysgrifennu Lladin yn ôl y patrwm clasurol. Nid yn unig mewn materion iaith ac arddull y canfyddir dylanwad syniadau a delfrydau canolog y Dadeni ar yr ysgrifeniadau Lladin hyn. Y mae delfryd y dyn gwâr, diwylliedig — y math o ddelfryd a bortreadwyd gan y Sais Syr Thomas Elyot yn *The Governour* (1531) a chan yr Eidalwr Baldassare Castiglione yn *Il Cortegiano* (1528), gwaith a ddylanwadodd yn fawr ar foneddigion Lloegr yn niwedd yr unfed ganrif ar bymtheg drwy gyfrwng cyfieithiad Saesneg ohono gan Syr Thomas Hoby, *The Courtier* (1561) — i'w weld ynddynt hefyd. Y mae'r darlun o Syr Edward Stradling a ddyry Siôn Dafydd Rhys inni yn yr un cyflwyniad yn gosod Syr Edward yn ffrâm bendant y *cortegiano*, ffrâm y *scholar-gentleman*.[15] Yma eto, yn y math hwn o ddelfryd, y mae dylanwad Cicero yn ymhlyg. Un o weithiau Cicero a oedd yn arbennig o boblogaidd yn yr unfed ganrif ar bymtheg ydoedd ei gyfansoddiad olaf ar destun athronyddol, sef *De Officiis*, 'Ar Ddyletswyddau': gwaith mewn tri llyfr, lle y mae Cicero yn trafod, o wahanol safbwyntiau, y modd y dylai dyn ymddwyn mewn amryfal sefyllfaoedd. Yr oedd *De Officiis* yn rhan hanfodol o'r *curriculum* yn ysgolion a phrifysgolion yr unfed ganrif ar bymtheg; y gwaith hwn ydoedd, ys dywed H. E. P. Platt,[16] 'the source in great measure of European notions as to what becomes a gentleman'. Gwelir olion dylanwad y *De Officiis* yng ngweithiau'r Cymry hyn; er enghraifft, yn nheyrnged David Powel i Syr Henry Sidney yn y llythyr annerch (1585) ato ef (tt. 48-54 isod). Beth bynnag a feddyliwn ni am yr elfen wenieithus a ddichon fod mewn darn felly, y mae'r darlun

---

[15] Gw. t. 74 isod. (' Yn sicr yr oedd llawer rheswm . . . a dysg gynifer o rinweddau.') Ar y delfryd, gw. Ruth Kelso, *The Doctrine of the English Gentleman in the Sixteenth Century* (Illinois, 1929), passim.
[16] *Byways in the Classics* (Oxford, 1905), t. 145. Gw. hefyd M. L. Clarke, *Classical Education in Britain, 1500-1900* (Cambridge, 1959), t. 12.

sydd gan David Powel o'r gwahanol ddyletswyddau y bu
i Henry Sidney ymgymryd â hwy, a'r cytbwysedd a gadwyd
ganddo cyd-rhyngddynt, yn union y math o beth a geir yn
De Officiis; yn Llyfr i, 70-72, er enghraifft, lle y mae Cicero
yn cymharu'r bywyd o wasanaeth cyhoeddus â'r bywyd
encilgar sydd wedi'i neilltuo ar gyfer myfyrio ac athronyddu.
Gwelir effeithiau'r Dadeni ar awduron y rhagymadroddion
a'r llythyrau annerch a'r cyflwyniadau hyn, hefyd, yn y
mynych ddyfynnu sydd yma o weithiau'r awduron clasurol,
yn rhai Lladin a Groeg. Ceir dyfynnu felly yn y rhag-
ymadroddion Cymraeg, wrth gwrs,[17] ond yn y gweithiau
Lladin cyfatebol y canfyddir trwch y dyfynnu a'r cyfeirio
hwn. Ynddo'i hun golygai ysgrifennu yn Lladin fod cyfle
naturiol i awdur danlinellu'r cysylltiad rhwng ei waith ef
a gwaith y llenorion clasurol a oedd yn gymaint patrwm
ganddo. Ond ffactor arall yn yr hofffter o ddyfynnu oedd
bod dewis ysgrifennu yn Lladin yn golygu cadw mewn cof
ofynion dosbarth arbennig o ddarllenwyr — yn y cyswllt
hwn, y dysgedigion llengar yng Nghymru a Lloegr, a hefyd
ar y cyfandir — ac un o'r gofynion hynny ydoedd gosod
unrhyw sylw, neu gyflwyno unrhyw ddadl, yn ffrâm y
gyfeiriadaeth honno a oedd yn etifeddiaeth gyffredin i
ysgolheigion pob gwlad. Y clasuron Groeg a Lladin, ynghyd
â'r Beibl a Thadau cynnar yr Eglwys Gristnogol, ydoedd yr
awdurdodau ysgrifenedig cydnabyddedig ar unrhyw fater,[18]
a hwythau hefyd, yn naturiol ddigon, ydoedd yr addurn
amlwg ar gyfer unrhyw waith newydd a ysgrifennid yn

---

[17] Er enghraifft, William Salesbury yn dyfynnu Cicero yn rhagymadrodd
Oll Synnwyr Pen Kembero Ygyd (gw. G. H. Hughes, *Rhagymadroddion
1547-1659*, t. 15); Richard Owen yn dyfynnu Persius yn y rhagymadrodd
i'w *Dysgeidiaeth Kristnoges o Verch*, sef ei gyfieithiad o *De Instructione
Feminae Christianae* Juan Luis Vives (ibid., t. viii); Huw Lewys a Rowland
Vaughan yn dyfynnu *Ars Poetica* Horas (ibid., t. 102, t. 120).
[18] Ar le'r Tadau Eglwysig ymhlith y ' clasuron ' i'r dyneiddwyr, cf. E. F.
Rice Jr. yn R. R. Bolgar (gol.), *Classical Influences on European Culture,
A.D. 1500-1700* (Cambridge, 1976), t. 199 : ' enthusiasm for pagan literature
was from the beginning of the so-called " revival of antiquity " inseparable
from an enthusiasm for ancient Christian literature.'

Lladin. Nid oes angen ymhelaethu yma ar y cyfeiriadau a'r dyfyniadau hyn, oblegid sylwir arnynt yn y nodiadau i'r gyfrol hon. Yn unig y mae'n werth nodi mor helaeth yw'r fintai o awduron y cynhwysir dyfyniadau o'u gwaith, yn wahanol i'r nifer cymharol gyfyng o awduron Lladin clasurol yr oedd eu gwaith yn adnabyddus yn yr Oesoedd Canol. Ac o blith Tadau'r Eglwys, S. Jerôm a S. Awstin, nid S. Bernard neu S. Tomas Acwinas, sy'n cael y sylw. Un o'r ffactorau mwyaf allweddol ar gyfer dwyn gwaith yr awduron Groeg a Lladin i ddwylo dynion ydoedd twf yr argraffwasg. Yr oedd hi yn llawforwyn holl-bwysig i'r Dadeni a'r Diwygiad (a'r Gwrth-ddiwygiad) fel ei gilydd, a symbylodd rai o brif ysgolheigion y bymthegfed ganrif a'r canrifoedd dilynol i fynd ati i olygu a pharatoi testunau clasurol a phatristig, yn ogystal â thestunau a chyfieithiadau o'r Beibl, ar gyfer eu hargraffu. Bu i weisg megis rhai Johann Froben yn Basel ac Aldus Manutius yn Fenis[19] ran dyngedfennol mewn gwneud yr ysgrifeniadau Lladin a Groeg yn etifeddiaeth gyffredin i ddysgedigion Ewrop oll, etifeddiaeth ac iddi helaethrwydd apêl na allai llenyddiaethau brodorol obeithio ei herio am gryn amser eto. Ond nid gweithiau'r awduron clasurol a phatristig yn unig a gafodd ehangach cylchrediad drwy gyfrwng y ddyfais newydd. Trwyddi hi hefyd yr oedd modd i ysgolheigion a llenorion cyfoes gyrraedd eu cynulleidfa, ac unwaith eto Lladin ydoedd yr iaith gydwladol a allai sicrhau iddynt ddarllenwyr y tu hwnt i ffiniau eu gwledydd eu hunain. Yn y gweithiau a gyfieithwyd yma gwelir olion nifer mawr o awduron Lladin Ewrop o ddechrau'r unfed ganrif ar bymtheg ymlaen, a hynny eto mewn modd na ellir ei ganfod yn y rhagymadroddion Cymraeg.[20] Ceisiwyd dilyn rhai o'r olion yn y

[19] Am arolwg cryno ar y gweisg hyn a'u tebyg, gw. S. H. Steinberg, *Five Hundred Years of Printing* (Harmondsworth, 3ydd argraffiad, 1974), tt. 42-116.
[20] Ar wahân i'r Gymraeg ei hun, y Saesneg — yn naturiol ddigon — yw'r unig iaith frodorol y gellir dweud i lyfrau a argraffwyd ynddi fod o ddylanwad sylweddol ar y Cymry. Cf. yr ymdriniaeth ag Edward Brerewood isod.

nodiadau, ond goddefer imi dynnu sylw yma hefyd at rai o'r gweithiau a ddylanwadodd yn arbennig ar yr awduron Cymreig.

Ar dro canfyddir mor glòs y mae un o'r Cymry yn efelychu rhyw ysgolhaig neilltuol, ac yn seilio'i waith ei hun arno. Ceir enghraifft nodedig o hynny yn llythyr annerch Richard Prise at William Cecil, ar ddechrau *Historiae Brytannicae Defensio* ei dad, Syr John Prys (gw. tt. 25-35 isod). Yn y llythyr annerch ceir cryn drafodaeth ar egwyddorion ysgrifennu hanes, ond, fel y dangosir yn y nodiadau, sail cyfran helaeth o'r drafodaeth honno yw gwaith gan yr athronydd o Ffrancwr, Jean Bodin (1530-96), sef ei *Methodus ad facilem historiarum cognitionem* (1566).[21] Unwaith yn unig yr enwir Bodin, ond y mae brawddegau cyfain, a bron y cwbl o'r cyfeiriadau at bersonau, wedi'u cymryd o'r *Methodus*, yn arbennig o'r bedwaredd bennod. Yna, yng ngwaith y Dr. John Davies o Fallwyd, ceir holl adnoddau ysgolheictod y Dadeni yn cael eu harddangos ar eu gorau. Perthynai John Davies, wrth gwrs, i do olaf y dyneiddwyr Cymreig, ac o'r herwydd yr oedd ganddo fwy o ragflaenwyr ym meysydd dysg, yn Gymry ac eraill, y gallai bwyso arnynt. Tystia cyfeiriadaeth doreithiog ei lythyr annerch (1621) a'i ragymadrodd (1632) i ddyfnder ei fyfyrdod, nid yn unig yn y Gymraeg, ond yn holl gynnyrch y dyneiddwyr — eu hastudiaethau clasurol, diwinyddol, ieithyddol a hanesyddol. Ond nid un i dynnu ar waith pobl eraill yn anfeirniadol mo John Davies; gwyddai sut i gymhwyso'r hyn a ddarllenai at bwrpas ei waith ei hun, ac y mae'r traethodau Lladin sydd ganddo ar ddechrau'r Gramadeg a'r Geiriadur — oblegid traethodau dysgedig ydynt mewn gwirionedd — ymhlith cynhyrchion pwysicaf cyfnod y Dadeni yng Nghymru.

[21] Ar Bodin a'r gwaith hwn, gw. Julian H. Franklin, *Jean Bodin and the Sixteenth-Century Revolution in the Methodology of Law and History* (New York, 1963), yn arbennig tt. 137-54.

Y mae'n beth naturiol, wrth gwrs, fod John Davies yn cydnabod cyfraniad y Cymry ymhlith ei ragflaenwyr, a cheir ganddo deyrnged i nifer ohonynt gyda'i gilydd ar ddechrau'r rhagymadrodd i'r Geiriadur (gw. 127 isod), yn ogystal â chyfeiriadau at eu gweithiau (er enghraifft, at *Historiae Brytannicae Defensio* Syr John Prys, t. 172 isod; at *Commentarioli Britannicae Descriptionis Fragmentum* Humphrey Llwyd, t. 170 isod; at argraffiad David Powel o Ponticus Virunnius, t. 180 isod; ac at Ramadeg Siôn Dafydd Rhys, t. 174 isod). Ond y mae ei gydnabyddiaeth â gwaith awduron o Loegr ac o'r cyfandir yr un mor drylwyr. Wrth drafod holl gwestiwn hynafiaethau Prydain, er enghraifft, cyfeiria droeon at waith enwog William Camden (1551-1623), y *Britannia*.[22] Ni allai unrhyw hynafiaethydd ar ddechrau'r ail ganrif ar bymtheg anwybyddu'r gwaith hwn, ac y mae John Davies yn tynnu'n helaeth ar benodau agoriadol y *Britannia* am lawer o'i gyfeiriadau. Cofier, serch hynny — a dyma, efallai, sy'n fwyaf diddorol — ei fod yn glynu wrth rai pethau (y traddodiad Sieffreaidd, er enghraifft) yr oedd Camden yn eu hamau; tra oedd yn cydnabod pwysigrwydd ac arwyddocâd y *Britannia,* yr oedd John Davies yn ddigon hyderus i gymryd agwedd feirniadol tuag at y gwaith, er mor enwog ydoedd. Gwaith arall gan hynafiaethydd o Sais y mae'n tynnu arno yw hanes Prifysgol Caergrawnt, y *De Antiquitate Cantabrigiensis Academiae,* gan John Caius (bu f. 1573), awdur y mae Richard Prise hefyd yn cyfeirio ato (gw. t. 26 isod). Yna y mae'n amlwg fod John Davies yn gyfarwydd ag astudiaethau rhai o brif ysgolheigion y cyfandir: er enghraifft, y Sbaenwr Juan Luis Vives (1493-1540), a olygodd destun *De Civitate Dei* ('Dinas Duw') S. Awstin ynghyd ag esboniad (1522), ac a ysgrifennodd arolwg ar addysg

---

[22] Argraffiad cyntaf, 1586. Ar sail y cyfeiriadau ymyl y ddalen yng ngwaith John Davies, gwyddys mai argraffiad 1607 o'r *Britannia* a ddefnyddiai ef.

13

prifysgolion ei ddydd yn *De tradendis disciplinis* (1536);[23] y clasurwyr Joseph Justus Scaliger (1540-1609) a Justus Lipsius (1547-1606), y dyfynna John Davies droeon o'i *De Recta Pronunciatione Latinae Linguae Dialogus* (1586); a Paulus Merula (1558-1607), hynafiaethydd a daearyddwr, awdur y gwaith cyfansawdd *Cosmographiae Generalis Libri Tres: Item Geographiae Particularis Libri Quatuor* (1605). Lladin, wrth gwrs, ydoedd iaith pob un o'r astudiaethau hyn.

Ynglŷn â damcaniaethau ieithyddol John Davies, y mae o leiaf ddau waith sydd yn seiliau pwysig iddynt. Yn gyntaf, llyfr Saesneg, *Enquiries touching the diversity of languages and religions through the cheife* (sic) *parts of the world* gan Edward Brerewood (*c.* 1565-1613), athro seryddiaeth cyntaf Coleg Gresham yn Llundain; cyhoeddwyd yr *Enquiries* . . . gyntaf yn 1614, flwyddyn ar ôl marw'r awdur. Buasai Edward Brerewood a John Davies yn fyfyrwyr yn Rhydychen yn yr un cyfnod, ac y mae'n dra phosibl iddynt ddod i gysylltiad â'i gilydd yno. Unwaith yn unig y cyfeiria John Davies at Brerewood (gw. t. 170 isod), ond, fel y ceisir dangos yn y nodiadau, y mae yn y llythyr annerch at Edmwnd Prys ar ddechrau'r Gramadeg wedi cyfieithu darnau helaeth o'r *Enquiries* . . . yn syth o'r Saesneg i'r Lladin, gan godi nodiadau a chyfeiriadau Brerewood yn ogystal. Y gwaith arall y pwysa John Davies arno am rai o'i osodiadau ynglŷn â materion iaith yw *Grammatica Hebraeae Linguae* (1580) yr ysgolhaig Beiblaidd Franciscus Junius (1545-1602, tad yr ysgolhaig Eingl-Sacsoneg o'r un enw). Gwyddys am John Davies fel ysgolhaig Hebraeg, a hefyd am ei ymlyniad wrth y gred gyfeiliornus, ond tra phoblogaidd, mai Hebraeg ydoedd iaith hynaf y ddynol-

---

[23] Cafwyd cyfieithiad Cymraeg o waith arall gan Vives, *De Instructione Feminae Christianae* (1523), gan Richard Owen (gw. n. 17 uchod). Ar gyfieithiad Richard Owen, gw. Garfield H. Hughes yn Thomas Jones (gol.), *Astudiaethau Amrywiol a gyflwynir i Syr Thomas Parry-Williams* (Caerdydd, 1968), tt. 17-32.

iaeth, a mam pob iaith arall.[24] *Grammatica Hebraeae Linguae* Junius, ac yn arbennig yr *Hebraeae Linguae Ellogium* ar ei ddechrau,[25] yw ffynhonnell llawer o'r hyn a ddywed John Davies am arbenigrwydd yr Hebraeg. Ond mwy diddorol hyd yn oed na hynny yw'r modd y mae John Davies, yn y llythyr annerch at Edmwnd Prys, yn priodoli i'r *Gymraeg* rai o'r nodweddion y mae Junius yn eu canfod yn yr Hebraeg, a dyfynna eiriau Junius yn uniongyrchol wrth wneud hynny (gw. t. 173, n. 53 a n. 55 isod).

Y mae gwaith gan un dyneiddiwr y bu ei ddylanwad ar yr holl lenorion Lladin a gynrychiolir yma — eu harddull yn arbennig — yn drymach na dylanwad unrhyw waith arall. Brithir y nodiadau gan gyfeiriadau at Desiderius Erasmus (*c.* 1466-1536) a'i *Adagia,* un o weithiau Lladin mwyaf poblogaidd a dylanwadol y Dadeni yng ngogledd Ewrop. Casgliad ydyw o ddiarhebion a dywediadau cofiadwy a dynnwyd o'r clasuron Groeg a Lladin, gyda thrafodaeth — weithiau'n fyr, dro arall yn faith — gan Erasmus ar arwyddocâd y diarhebion a'r dywediadau hynny. Bu i'r *Adagia,* a llawer o weithiau eraill Erasmus (fel y *Moriae Encomium* a'r *Colloquia Familiaria*) ran bwysig iawn, wrth gwrs, mewn ennyn diddordeb yn y clasuron Lladin a Groeg, ac y mae'n siŵr mai gwaith Erasmus a 'phoblogeiddwyr' tebyg iddo yw ffynhonnell llawer o'r dyfynnu ar y clasuron y cyfeiriwyd ato eisoes; neu, o leiaf, bu'n gyfrwng pwysig i gyfeirio llawer awdur yn ôl at y gweithiau gwreiddiol. Dechreuodd Erasmus ar ei waith ar yr *Adagia* yn y flwyddyn 1500, a chyhoeddwyd 818 o ddiarhebion (o dan y teitl *Adagiorum Collectanea*)

---

[24] Y mae Awstin, *De Civitate Dei* xvi, pennod 11, yn ffynhonnell bwysig iawn i ddatblygiad y gred hon. Gw. hefyd sylwadau G. J. Williams yn ei ysgrif 'Leland a Bale a'r Traddodiad Derwyddol', *Llên Cymru* iv. 1 (1956), tt. 15-25, yn arbennig t. 22.

[25] Ar wahân i'r Gramadeg y cawsai'r *Ellogium* ei gyhoeddi gyntaf, ac wrth y teitl *De Linguae Hebraeae Antiquitate Praestantiaque Oratio* (Neapoli, 1579). Gw. 173, n. 53 isod.

ym Mharis y flwyddyn honno. Ond bu wrthi'n helaethu'r gwaith ac yn ychwanegu ato, drwy nifer mawr o argraffiadau, hyd at yr argraffiad a ymddangosodd yn y flwyddyn 1536, sef blwyddyn ei farw, gydag ymhell dros bedair mil o ddiarhebion ynddo. (O 1508 ymlaen, *Adagiorum Chiliades*, ' Miloedd o Ddiarhebion ', ydoedd teitl arferol y gwaith.)[26] Ys dywed Margaret Mann Phillips, ' The *Adages* is one of the world's biggest bedside books ',[27] ac y mae digonedd o dystiolaeth yn ysgrifeniadau Lladin y dyneiddwyr Cymreig eu bod yn gwbl gyfarwydd â'r *Adagia*.[28] Y mae'n bwysig sylweddoli arwyddocâd y dystiolaeth hon. Y mae gennym, wrth gwrs, deyrnged adnabyddus William Salesbury i Erasmus yn rhagymadrodd *Oll Synnwyr Pen Kembero Ygyd* (1547), yn cymharu gwaith Gruffudd Hiraethog ag *Adagia* Erasmus:

Erasmus Roterodamus yr athro dyscedickaf, huotlaf, ac awdurusaf yn Cred oll or a vu in oes ni ac ys llawer oes or blayn, efe a clascadd nyd cant, nyd mil, nyd lleng, nyd myrdd, nyd Riallu, ac nid buna anyd caterua vawr o ddiarebion Groec a Llatin, ac ae kyfansoddes yn vnllyfr, megys ac y gwnaeth en bardd ni yma.[29]

Ond, ar wahân i hynny, ychydig iawn o ôl dylanwad Erasmus sydd i'w weld yn gyffredinol ar destunau *Cymraeg*

---

[26] Ar yr *Adagia*, gw. yn arbennig Margaret Mann Phillips, *The ' Adages ' of Erasmus: A Study with Translations* (Cambridge, 1964). Ar le'r *Adagia* yn hanes twf y meddwl Ewropeaidd, gw. yn arbennig R. R. Bolgar, *The Classical Heritage and its Beneficiaries* (Cambridge, 1954), tt. 297-300.
[27] op. cit., t. ix.
[28] Y mae'r holl gyfeiriadau at yr *Adagia* yn y gyfrol hon at destun *Erasmi: Opera Omnia*, cyf. ii, gol. J. Leclerc, Lugduni Batavorum (Leiden), 1703; cyfeirir at yr argraffiad wrth y llythrennau LB (sef argraffiad Lugdunum Batavorum).
[29] Garfield H. Hughes (gol.), *Rhagymadroddion, 1547-1659*, t. 14. Ceir adlais o'r deyrnged hon gan Thomas Wiliems (o Drefriw) yn ei gasgliad ef o ddiarhebion yn Llsgr. Mostyn 204. Gw. R. M. Jones yn *Y Traethodydd* cxxxi (1976), t. 221.

y Dadeni.[30] Y mae holl olion dylanwad yr *Adagia* ar y gweithiau *Lladin*, fodd bynnag, yn brawf digonol nad diffyg cydnabyddiaeth â gwaith Erasmus sydd i gyfrif fod cyn lleied o'i ôl yn yr ysgrifeniadau 'Cymraeg. Dichon fod y rheswm am y gwahaniaeth hwn rhwng y testunau Cymraeg a'r testunau Lladin i'w briodoli, unwaith eto, i'r gwahaniaeth rhwng disgwyliadau ysgrifenwyr a darllenwyr y Gymraeg a disgwyliadau ysgrifenwyr a darllenwyr Lladin. Un o gyfraniadau mawr Erasmus ydoedd dangos fel y gallai Lladin fod yn iaith fyw, gredadwy ym myd yr unfed ganrif ar bymtheg,[31] ac nid peth i synnu ato ydyw canfod ôl y cyfraniad hwnnw ar Ladin y dyneiddwyr Cymreig. Cyfraniad arall o'r eiddo, fel y crybwyllwyd eisoes, oedd iddo trwy'r *Adagia* a'i weithiau eraill gyfnerthu a dyfnhau gwybodaeth dynion diwylliedig yr unfed ganrif ar bymtheg a'r ail ganrif ar bymtheg o'r awduron clasurol eu hunain: mewn gair, cyfrannu'n fywydol at afael y glasuriaeth honno y buwyd yn ceisio'i hamlinellu yn hyn o ragymadrodd.

Un agwedd yn unig ar waith y dyneiddwyr Cymreig yw eu hymwybod â'r clasuron Groeg a Lladin ac ag ysgrifeniadau Lladin dyneiddwyr o'r tu allan i Gymru. Ond y mae'n bwysig sylweddoli bod yr ymwybyddiaeth honno yno, mai yn y gweithiau Lladin y gwelir hi gliriaf, a'i bod hi'n cynrychioli prif ffrwd y Dadeni Ewropeaidd. Troes y tensiwn creadigol rhyngddi hi, ar y naill law, a'r diddordeb yn nhraddodiadau unigryw Cymru, ei hiaith a'i hanes, ar y llaw arall, yn ysgogiad grymus iawn i'r grŵp eithriadol o ysgolheigion a gynrychiolir yn y gyfrol hon.

---

[30] Gw. Garfield H. Hughes yn J. E. Caerwyn Williams (gol.), *Ysgrifau Beirniadol* V (Dinbych, 1970), tt. 68-70. Y mae ar gael hefyd gyfieithiad Cymraeg o ran o un o *Colloquia Familiaria* Erasmus (*Adolescentis et Scorti*); gw. Nesta Lloyd yn *Bulletin of the Board of Celtic Studies* xxv (1972), tt. 32-46. Diogelwyd y cyfieithiad hwn yn yr un llawysgrif (Llsgr. Caerdydd 2.615) â'r darn cyfieithiad o *De Remediis Fortuitorum Liber* Seneca (gw. n. 10 uchod).
[31] Gw. D. F. S. Thomson, 'The Latinity of Erasmus', yn T. A. Dorey (gol.), *Erasmus* (London, 1970), tt. 115-37.

17

I

WILLIAM SALESBURY

Kynniver Llith a Ban

1551

Llythyr Annerch at yr Esgobion

At dra gwyliadwrus Fugeiliaid ac Esgobion praidd
Crist, Robert Ferrar, Arglwydd Esgob Tyddewi,
Anthony Kitchin, Arglwydd Esgob Llandaf, Arthur
Bulkeley, Arglwydd Esgob Bangor, Robert Parfew,
Arglwydd Esgob Llanelwy, John Skip, Arglwydd
Esgob Henffordd: William Salesbury yn dymuno
pob llwydd, ac yn gofyn am y fraint o'u hannerch
yn agored.

Am amser hir bûm yn gobeithio gweld naill ai'r bobl eu
hunain, oblegid y cariad y maent yn ei broffesu tuag at
Dduw, neu'r rheini sydd, yn rhinwedd eu swydd, wedi'u
gosod yn llywodraethwyr arnynt, neu chwi, eu Bugeiliaid
llygatgraff, yr ymddiriedwyd gofal amdanynt i chwi uwch-
law pawb arall, yn ymgyffroi i erfyn ac ymbil, i ymgrymu
a cheisio — mewn gair, i fynnu'n ddi-ildio — fod Ei Dra
Rhagorol Fawrhydi,[1] cynrychiolydd Crist ar y ddaear, yn
ystyried sut y gall lwyr danseilio gormes digymrodedd
Esgob Rhufain, alltudio'r gormes hwnnw o blith deiliaid Ei
Fawrhydi, a'i ddiddymu: cyfeirio yr wyf at y muriau hynny
a grëir gan ieithoedd estron, muriau a godwyd yn derfynau
penodedig, ac o fewn y rhai, gwae ni, y caethiwir Gair Duw,
megis mewn cadwynau. Ond ni ddaeth unrhyw lygedyn o

18

obaith, yn wir ni welais hyd yn oed y posibilrwydd lleiaf, y byddai neb byth yn ymgymryd â'r dasg hon. Yna o'r diwedd, os oeddwn am deimlo unrhyw dosturi tuag at y rhai a aned yn yr un wlad ac o'r un genedl â mi — pobl, er eu bod yn anhyddysg mewn gwybodaeth sanctaidd, a fyddai heb amheuaeth yn fwyaf eiddgar o bawb am Dduw, pe dywedwn wrthynt fy mod wedi bod yn rhyw ystyried geiriau'r Apostol, geiriau sydd mor ddychrynllyd ag y maent yn wir: 'Ac os cuddiedig yw ein hefengyl ni, yn y rhai colledig y mae yn guddiedig'[2] — ymddangosai i mi, megis un annhymig, fod yr amser yn addas i geisio gweld a allwn ddod o hyd i ryw ffordd i fedru gwrth-wynebu'r gormes hwn ac yn y diwedd ei droi ymaith.

Er nad wyf ond newyddian, heb ennill unrhyw fri o gwbl, ac er nad yw fy nharian wen yn fflachio i fawr ddim pwrpas[3] (yn gymaint â'i bod yn llawer gormod i'm nerth i), eto i gyd cefais fy ngyrru gan reidrwydd Diomedes[4] (fel y dywedir) ac fe'm gwregysais fy hunan ar gyfer yr ymgyrch hon, er mwyn imi gael cyflawni'r hyn sy'n bosibl yn ôl fy ngallu i. Yr wyf wedi cyfieithu i'r iaith Frytaneg y rhannau o'r Efengylau a'r Epistolau a ddarllenir yn gyhoeddus mewn eglwysi ar y Suliau a'r Gwyliau eraill drwy'r flwyddyn. Yn awr, trwy'ch graslonrwydd chwi, boed i'r fersiwn hwn gael ei archwilio'n ofalus fel, os yw'r cyfieithiad yn un ffyddlon, y caffo fyned allan wedi'i gadarnhau gan eich awdurdod chwi, er budd i laweroedd; neu os nad yw felly, y caffo'i gywiro neu ei ddiarddel. Gwaith hawdd fydd i chwi wneud hynny (hyd yn oed os ydych yn anhyddysg yn yr iaith frodorol), os apwyntiwch y chwe dyn mwyaf dysgedig ym mhob esgobaeth i gyd-drafod y mater hwn: fe fydd pob un ohonoch yn derbyn cynifer â hynny o gopïau o'r gwaith cyn bod dim yn cael ei gyhoeddi. Ac yna, yn rhydd o bob tueddgarwch cnawdol, boed i'r dysgedigion hynny eich hysbysu chwi o'r hyn y maent hwy'n ei deimlo ynglŷn â'r gwaith. Os dyfarnant hwy fod y gwaith wedi'i ddwyn i ben yn ffyddlon ac yn onest, datgenwch chwithau i'r Cymry

ymhlith eich pobl eu bod i'w ddefnyddio'n gyhoeddus, fel
y gallo Gair Duw dramwyo'n rhydd drwy ein hardaloedd ac
fel y bo llai o bobl yn tramgwyddo wrtho. Ond os bydd i'r
diwinyddion hynny, ar ôl ystyried y mater, ddyfarnu'n
unfrydol nad yw'r cyfieithiad yn ddigon ffyddlon, neu — yr
hyn na ato Duw — ei fod yn ddiffygiol mewn parchedig
ofn, ni bydd yn flin gennyf gael fy hysbysu am y mannau lle'r
wyf wedi methu, os cyfarfyddir â'r fath, ac ar ôl eu canfod
fe'u cywiraf.

Ond boed iddynt sylwi ar hyn, wrth fynd heibio: yr wyf
wedi cadw at reol gaeth cyfieithydd, heb ddefnyddio'r
rhyddid sydd gan y dyn sy'n aralleirio. Yn Efengyl Mathew
yr wyf wedi dilyn, i raddau helaeth, y testun Hebraeg, nid
am fy mod yn diystyru'r Roeg, ond am fod yr ymadrodd
Hebraeg yn nes at ein hymadrodd ni.[5] Ond yn yr holl
ddarnau eraill a oedd i'w cyfieithu, yr wyf wedi rhoi pwys
mawr ar y Roeg, gan ddewis mynd (fel sy'n iawn) at lygad
y ffynnon yn hytrach nag at yr afon. Yna, o'r braidd y
byddai'n deg fy mod i'n cael fy marnu gan ddynion o
Ddyfed, yn gymaint ag mai un o Wynedd wyf fi o ran fy
nhras, heb fod yn hyddysg yn nhafodiaith Dyfed; felly y
mae'n bosibl fy mod wedi ysgrifennu nid yn unig rai geiriau,
ond brawddegau cyfain hefyd (oblegid yr ydym yn wahanol
yn y ddeubeth) a all, i'w clustiau hwy, arwyddo rhywbeth
ynfyd, ffôl, neu anweddaidd. Gadawer imi ddweud unwaith
ac am byth fy mod wedi gosod yr ychydig rybuddion hyn
o flaen llygaid fy meirniaid (lle y gallwn fod wedi rhoi
llawer mwy) rhag iddynt hwy ruthro i gollfarnu fy ngwaith
bach i — gwaith syml, sydd wedi'i gynhyrchu ar frys, heb
help Theseus,[6] fel y dywedir. Ond, fel y soniais uchod, os
clywaf fod y gwaith i'w gondemnio, yr wyf yn addo derbyn
y cyfrifoldeb fy hun dros atal y cyfieithiad, ac fe ychwanegaf
fy mhleidlais fy hun hefyd at bleidlais y rheini sydd am
weld cyflenwi'r hyn sy'n ddiffygiol yn fy ngwaith — a gwnaf
hyn oll heb ddangos unrhyw ystyfnigrwydd, a heb adael i
helyntion cychwynnol felly fy rhwystro mewn unrhyw fodd.

Ysgrifennais hyn atoch chwi am eich bod, ar ôl Ei Fawrhydi'r Brenin, yn llywodraethwyr dros bawb oll mewn materion o'r fath. Boed i Dduw Dad ganiatáu i chwi ddwyn y materion hyn oll i ben yn llwyddiannus ac yn weddaidd, trwy ein Harglwydd Iesu.

II

SIÔN DAFYDD RHYS

De Italica Pronunciatione . . . Libellus

1569

Cyflwyniad i Syr Robert Peckham

At yr anrhydeddus a hyglod Syr Robert Peckham, Marchog Euraid, fy noddwr a'm Maecenas ardderchog: cyfarch oddi wrth Siôn Dafydd Rhys.

Y mae plygu i farn llu o ddynion erioed wedi ymddangos i mi yn beth anghydnaws iawn, a chan fy mod yn awr yn disgyn i ryw fath o lwyfan, gwn yn dda y byddant yn siŵr o roi eu barn arnaf yn dra llym; eto i gyd, yr oedd ymbiliau ac ymddiriedaeth fy nghyfeillion mor werthfawr yn fy ngolwg nes i mi ddewis ystyried eu brwdfrydedd hwy yn hytrach na'r hyn y mae dynion yn gyffredinol yn ei feddwl amdanaf yn hyn o fater. Felly yr wyf wedi gwneud, yn fodlon ddigon, yr hyn yr oedd y cyfeillion hynny yn ei fynnu gennyf yn barhaus, pobl na allwn anufuddhau iddynt heb gyflawni'r drosedd ysgeler o dreisio cyfeillgarwch. Eu dadl hwy ydoedd fod nifer enfawr o estroniaid yn cael eu dal gan gyfaredd yr iaith Eidaleg, ond yn cael eu rhwystro rhag ennill ynganiad cywir o'r iaith gan, yn fwy na dim, eu dull o ysgrifennu neu o ynganu eu mamiaith eu hunain; ymddangosai'r holl fater mor astrus iddynt nes bod llu ohonynt wedi cael eu llwyr frawychu gan yr anawsterau ac yn gwbl anhyderus y byddai iddynt fyth gyrraedd at yr hyn yr oeddynt yn ei ddymuno — neu, ar y gorau, na

22

lwyddent i wneud hynny ond yn hwyr iawn yn y dydd. Felly mynnent fy mod i yn rhoi rhyw gyfarwyddyd ar y mater hwn, fel y bo llwybr ynganu, a fu ar gau, yn cael ei agor ryw gymaint i'r cenhedloedd estron hyn.

Y mae arfer wedi parhau hyd ein dyddiau ni — arfer glodwiw, yn ddiau — sydd yn cymell pob awdur i gyflwyno ffrwyth ei lafur i ŵr y cytuna pawb ei fod yn dra chyfoethog mewn ysblander a rhinwedd: am y rheswm hwnnw yr wyf wedi dwyn fy ngwaith i, gymaint ag ydyw, i'w gyflwyno i ŵr haeddiannol y mae ei urddas yn rhoi awdurdod ar yr holl fater, ac yn fy amddiffyn innau rhag picellau a brath-iadau'r eiddigeddus, y mae pobman mor llawn ohonynt. Ymddengys fod gennyf fi fwy fyth o le i obeithio am hynny, oherwydd fod pob teilyngdod aruchel wedi ei gasglu ynghyd ynoch chwi, Farchog boneddicaf. Oblegid os ystyriwn enwogrwydd eich tras; gogoniant eich teulu hen ac anrhydeddus; eich dysgeidiaeth eithriadol yn y celfyddydau breiniol; y swyddi o lywodraeth, mawr eu hanrhydedd, a gyflawnwyd gennych gyda'r gonestrwydd pennaf, ymhlith y rhai y mae'n sefyll allan eich swydd aruchel fel aelod o Gyfrin Gyngor Brenhines Lloegr, yr araul Fari, o hapus goffadwriaeth; yn olaf, os ystyriwn eich bod yn perthyn i urdd nodedig y Marchogion Euraid: yn sicr ddigon ni bydd neb o'r farn mai ond o'r braidd yr ydych chwi yn un sy'n haeddu cael cyflwyno'r gwaith hwn iddo; yn hytrach o lawer, yr hyn sy'n codi dychryn arnaf fi yw y byddant yn meddwl fy mod i'n haerllug, yn cyhoeddi gwaith mor fychan ac yn disgwyl i ddyn mor bwysig â chwi ei amddiffyn. Fodd bynnag, gobeithiaf gael mynd yn rhydd o'r fath gyhuddiad o feiddgarwch (os yn wir y gellir galw rhesymol wasanaeth meddwl diolchgar yn feiddgarwch) ym meddwl y rheini y bydd yn eglur iddynt mai rhwymedigaeth arnaf, o gofio eich cymwynasau arbennig tuag ataf, yw cydnabod fy nyled i chwi yn unig; oblegid yr wyf yn ddyledus i chwi am ba ychwanegiad bynnag a wnaed at fy urddas a'm hanrhydedd i drwy'r radd[1] honno y dyrchafwyd fi iddi trwy eich symbyliad chwi, a chyda chost enfawr ar eich rhan, ynghyd â chymeradwyaeth fawr gan y rheini a oedd yn bresennol, ac yn fy nghefnogi i y pryd hwnnw. Yn iach felly, a chofleidiwch y rhodd fechan hon yn yr un ysbryd ag y cyflwynir hi i chwi. Padua, 13 Awst 1569.

III

JOHN PRYS

Historiae Brytannicae Defensio

1573

(i) Llythyr Annerch Richard Prise at William Cecil,
Arglwydd Burghley

At y Tra Anrhydeddus William Cecil, Barwn
Burghley, Marchog o Urdd fonheddig y Gardys,
Arglwydd Drysorydd Lloegr: Richard Prise yn
annerch.

Y mae'r mawrion hynny sydd wedi cyflwyno rheolau ynglŷn
â'r dull cywir o ysgrifennu hanes yn hollol yn eu lle wrth
ddisgrifio hanesyddiaeth fel 'goleuni gwirionedd' a 'meistres
bywyd dyn'; ymddengys felly i mi eu bod yn gwbl iawn
wrth osod hon i lawr fel eu rheol gyntaf — sef na ddylai
unrhyw hanesydd, wrth groniclo'r hyn a fu, fentro gadael
allan unrhyw ran o'r gwirionedd, nac ychwaith gymysgu
unrhyw anwiredd ag ef. Oblegid os tynnwch ymaith y
gwirionedd oddi wrth hanes, ni bydd dim mwy dibwys na'r
hyn sy'n cael ei adrodd; yn wir, dylai golli'r enw 'hanes',
a'i alw'n fwy cywir yn ffuglen farddonol neu chwedlonol,
yn hytrach nag yn hanes. Dyna paham y gadawodd y trymaf
o'r haneswyr Groeg i ni'r meddwl hwn, wedi'i ysgrifennu'n
gain odiaeth: fod y gŵr sy'n tynnu ymaith y gwirionedd
oddi wrth hanes fel petai'n tynnu llygaid y creadur pryd-
ferthaf sy'n bod.[1] Eto i gyd, yr oedd cwyn llawer o bobl
ym mhob cenhedlaeth, o'r hen oesoedd ymlaen, yn gwbl

gyfiawn — sef bod nifer o ysgrifenwyr hanes, rhai'r hen fyd a rhai diweddar, wedi tramgwyddo yn erbyn y rheol hon. Fe'u cymhellwyd i gofnodi llawer o bethau gan lai na gonestrwydd: rhai am eu bod wedi cael eu harwain gan ofn neu ymbleidiaeth, gan gasineb neu ffafor personau a chenhedloedd; eraill am iddynt gael eu denu gan ymbiliau pobl neu gan wobrau; ac eraill eto am iddynt lithro oblegid gormod hygrededd neu amryfusedd neu anwybodaeth.

Nid yw amddiffynwyr gwirionedd hanes, ychwaith, wedi bod yn brin mewn unrhyw oes — pobl a fentrodd ddadlennu, yn blaen a di-dderbyn-wyneb, pa mor annilys ac amheus yw haneswyr felly. Ac yn ein hoes ni, ar ôl i Polydor Vergil (gŵr na ddylid o gwbl ddibrisio ei ddawn wrth drafod geiriau, ac sy'n gyflawn mewn gwybodaeth o bethau tra phwysfawr) gyhoeddi ei 'Hanes Prydain',[2] o dan nawdd y Brenin Harri VIII o hapus goffadwriaeth, ar unwaith fe ddarganfu llawer o efrydwyr hynafiaethau Prydain lu o gamgymeriadau yn difwyno llyfr hanes sydd, mewn cyfeiriadau eraill, yn gampus. Rhoddwyd gwybod iddo am y camgymeriadau hyn, ond gwrthododd ef eu cywiro; felly fe'u gwnaed yn eglur i'r oesoedd i ddod mewn llyfrau a gyhoeddwyd gan yr efrydwyr hynny. Yn eu plith y mae Leland a Bale,[3] dynion a oedd yn dra hyddysg yn hynafiaethau Prydain ar gyfrif hir ddarllen mewn amryfal feysydd; er mwyn ymchwilio'n fwy gofalus i'r hynafiaethau hynny, ac ennill adnabyddiaeth sicrach ohonynt, fe efelych-asant Sallust a Thucydides, y mwyaf urddasol ymhlith awduron, ac ymweld â'r lleoedd enwocaf yn Lloegr a Chymru. Bu John Caius[4] hefyd yn nodedig ddyfal ynglŷn â'r mater hwn; yr oedd ef yn ŵr o ddysg arbennig mewn meddygaeth ac yn anhygoel ddiwyd wrth olrhain cyfrin-achau mwyaf cudd yr amser gynt, ac yn y llyfr coeth hwnnw o'i waith am hen hanes Caergrawnt, fe amddiffynnodd Arthur — yr oedd Polydor wedi gwadu ei fodolaeth — gyda phrofion cwbl ddigonol, profion sydd uwchlaw pob amheu-aeth. Ymhlith y rhain dylid cyfrif hefyd, yn gwbl gyfiawn,

y daearyddwr nodedig Humphrey Llwyd,[5] sydd bellach
wedi marw, ond a haeddai gael byw'n hwy ar gyfrif ei
eiddgarwch diflino yn nisgyblaethau hanes a mathemateg.
Fel hwythau ymroes fy nhad, John Prys — gŵr a oedd, mi
gredaf, yn adnabyddus i chwi, f'Arglwydd — yn ddiwyd i'r
dasg hon, fel y gallai'r gwir am hanes Prydain, yr ymosododd
Polydor arno, gael ei gadw'n gyfan ac yn ddiogel. Felly,
ugain mlynedd yn ôl, fe gyfansoddodd lyfr hanes yn
Lladin, ond gan i angau ei rwystro rhag ei gyhoeddi yn
ystod ei oes, yn ei ewyllys gosododd arnaf fi'r dasg o ofalu
am gyhoeddi'r gwaith, fel petai'n blentyn ôl-anedig iddo ef.
Yr oedd llawer ffactor yn wir a'm darbwyllai na ddylwn
esgeuluso cyhoeddi'r llyfr. Ymhlith y rheini yr oedd eidd-
garwch dros y gwirionedd — ac y mae mater o'r pwys mwyaf
i'r gwirionedd yn cael ei drafod yma. Yna, yr oedd cariad
tuag at fy ngwlad, y mae ei hurddas yn cael ei amddiffyn
yma, ac enw da'r holl genedl Frytanaidd, cenedl a barddu-
wyd â llawer gair enllibus yn hanes Polydor Vergil, ond
y mae ei cham yn cael ei achub yma rhag ei enllibion ef.
Hefyd gwasgai arnaf reidrwydd cysegredig i ufuddhau i
ewyllys olaf fy nhad. Oblegid pa fodd y gallai mab
anwybyddu dymuniad di-droi'n-ôl ei dad heb ddwyn yr
amarch pennaf arno'i hun? At hyn oll gwasgai fy nghyd-
wladwyr arnaf o hyd ac o hyd, gan fy mhrocio â'r un
cwynion llym, ddydd ar ôl dydd, i brysuro â'r gwaith o
gyhoeddi. Ymhlith y rhain y gŵr mwyaf ei awdurdod ydoedd
y gwron nodedig William Herbert, Iarll Penfro, addurn
amlycaf ein gwlad y pryd hwnnw, a'r pennaf yn ddiamau.
Yn unol â rhyw ddynoliaeth arbennig a berthynai iddo,
mynnai ef yn wir fod gofal ac arolygiaeth dros y mater
hwn o'r pwys mwyaf iddo ef ei hun, a hynny yn gymaint
ar gyfrif natur y cynnwys ag oherwydd fod fy nhad wedi'i
ddewis ef, uwchlaw pawb, i gymeradwyo'r gwaith hwn i'r
Brenin Edward VI, a oedd yn teyrnasu y pryd hwnnw:
brenin cwbl gyflawn o bob urddas a berthyn i'r pennaf
Dywysog, yn llaw yr hwn, yn unol â'i Fawrhydi Brenhinol,

27

yr oedd diogelwch ac amddiffyn yr holl waith. Pa noddwr mwy cymwys y gellid fod wedi'i ddarganfod y pryd hwnnw, gŵr a oedd mor bleidiol tuag at ei wlad ei hun fel na allai neb arall obeithio bod yn barotach i amddiffyn anrhydedd ac urddas y wlad honno, a gŵr yr oedd ganddo hefyd y fath ddylanwad gyda'i Fawrhydi'r Brenin a chyda phrif wŷr y llys fel mai ef a allai gyflawni'r dasg hon orau oll? Yn sicr yr oedd y rhesymau hyn yn gymhelliad cryf imi beidio ag oedi rhagor rhag cyhoeddi: ac o'm rhan fy hun hefyd fe'm cyffrowyd yn ddirfawr gan yr ystyriaethau hyn, a meddyliwn yn ddifrifol o hyd ac o hyd am y dasg o gyhoeddi. Eto i gyd, yr oedd bob amser ryw ddigwyddiadau yn peri fy mod yn cael fy rhwystro, a bu'r rhain yn gyfrwng i lesteirio ac arafu fy nghynllun rhag cael ei sylweddoli yn ystod oes Iarll Penfro. Yn wir, yr oedd marwolaeth gŵr mor fawr yn loes ac yn dristwch imi — gŵr a fu'n eithriadol ei gymwynas a'i garedigrwydd i'm tad yn ystod ei oes — a gŵr y bu'n dda iawn gennyf finnau gael ymorffwys yn ei nodded ar ôl marw fy nhad.

Fodd bynnag, ychwanegwyd at fy ngofid trwy i'm cydwladwyr adnewyddu eu cwynion, gan weiddi'n groch fy mod i wedi bod yn wamal a chyndyn ynglŷn â mater cyhoeddi am gyhyd o amser fel, yn awr fod Iarll Penfro wedi cael ei ddwyn ymaith, o'r braidd y gellid darganfod unrhyw noddwr cymwys i arddel y cynnyrch newydd hwn a'i amddiffyn â'i awdurdod rhag ymosodiad y maleisus. Yr oeddwn, felly, yn wir bryderus, ac yn llawn gofid ynglŷn â chael noddwr arall, er mwyn imi fy nghlirio fy hun o'r cyhuddiad o oedi a oedd wedi'i ddwyn yn fy erbyn mor fynych. Yn y cyfwng hwn, o blith y llu dynion a ddôi i'm cof ac o flaen llygad fy meddwl, chwychwi uwchlaw pawb arall a ymddangosai imi ar unwaith yn fwyaf cymwys ar gyfer hyn o fater, sef bod y gwaith yn cael ei gyhoeddi o dan eich enw tra hyglod ac anrhydeddus. Oblegid pwy a allasai fod yn fwy cymwys i gymryd lle William Herbert, Iarll Penfro, na William Cecil, Barwn amlycaf y deyrnas,

dyn sydd yn nodedig ei ofal am fuddiannau meibion William
Herbert, yn noddwr i'w ymlynwyr, ac wedi'i enwi yn ei
ewyllys yn ymddiriedolwr ei holl dda: dyn sydd ei hun
wedi'i adael inni megis darlun o William Herbert? Fel y
ganed hwnnw o deulu hynafol iawn yn y rhan honno o
Gymru a elwir Dyfed, sef teulu'r Herbertiaid, yn nodedig
ar gyfrif gwychder ei dras, yn helaeth mewn awdurdod, ac
yn ffyniannus o ran cyfoeth, felly'n union yr ydych chwithau
yn olrhain eich tras fonheddig, mewn llinell hirfaith, i deulu
urddasol y Sitsylltiaid o'r un rhanbarth, sef Dyfed, ac yr
ydych wedi dyrchafu eich llinach i uchelfannau urddas ac
anrhydedd yn y wladwriaeth trwy deilyngdod a rhagoriaeth
eich gorchestion campus.⁶ Yna ymhellach, o blith nifer yr
hysbysais iddynt fy nghynllun a'm bwriad i gyhoeddi'r
gwaith hwn, yr oedd William Wightman⁷ yn eithriadol ei
anogaeth imi: y mae cwlwm tyn yn ei gysylltu ef a minnau
mewn perthynas glòs (yn yr un modd ag y mae ef hefyd yn
selog dros eich urddas chwi, ac yn edmygydd mawr o'ch
gorchestion), ac anogodd ef fi i gyflwyno nid yn unig y
cynnyrch hwn o eiddo fy nhad, ond hefyd myfi fy hun yn
gyfan gwbl i chwi, f'Arglwydd. Ei ddadl ef ydoedd mai
symudiad priodol yn wir oedd mynd drosodd o deulu'r
cymynnwr i ymuno â chefnogwyr ei ymddiriedolwr, a bod
hynny'n gyfan gwbl unol â natur ac ewyllys ddealledig yr
ymadawedig. Dadleuai hefyd fod fy arafwch — yr oedd
pobl eraill yn fy meio a'm beirniadu o'i herwydd — wedi
troi allan yn fendith imi, gan fod y gwaith hwn felly wedi
taro ar eich nodded gyfoethog chwi. Ac o'm rhan fy hun —
er fy mod o'r blaen, am y rhesymau a nodais eisoes, bob
amser wedi bod ar dân gan ryw awydd angerddol am weld
prysuro'r gwaith — yn awr yr oeddwn mor fodlon ar fy
hwyrfrydedd dioglyd nes imi ddechrau fy llongyfarch fy
hun nad oedd y llyfr bach heb ei angel gwarcheidiol, ac y
byddai ei barhad yn sicr ar gyfrif yr union reswm hwn.
Yna dôi i'm meddwl eich bod chwi, yn ychwanegol at yr
holl bethau mawrion hynny a nodweddai Iarll Penfro, wedi

eich perffeithio â'r addurniadau sy'n deillio o'r celfyddydau
a'r disgyblaethau pennaf — ni pherthynai iddo ef unrhyw
enwogrwydd yn y meysydd hynny — ac ar gyfrif eu cymorth
hwy eich bod yn haeddu cael eich ystyried yn dra addas,
nid yn unig i ymgymryd â rhoi'ch nawdd, ond hefyd â
rhoi'ch opiniwn a'ch beirniadaeth. Oblegid, mewn gair,
dyna'r gŵr sy'n gymwys i fod yn sensor ac yn farnwr ar
ysgrifeniadau hanes, sef hwnnw sydd, yn gyntaf oll, wedi'i
drwytho mewn astudiaethau o'r celfyddydau a'r disgybl-
aethau mwyaf breiniol, ac, ar ôl hynny, sydd wedi cael ei
gryfhau gan brofiad o faterion pwysfawr yng nghynghorau
tywysogion ac yn nhrafodaethau trymaf y wladwriaeth, ac
felly wedi ennill iddo'i hun ddoethineb at lunio barn. Bron
na ddywedwn fod y cyfan o wledydd Cred yn abl i dystio
mai eiddoch chwi yw'r lle pennaf, yng Ngwladwriaeth
Prydain, ar restr o bobl felly.

Yr wyf wedi meddwl droeon fod natur y ddadl y mae'r
llyfr hwn yn ei thrafod, a gogwydd meddwl dynion y
dyddiau hyn, yn gyfryw ag na allai'r llyfr fforddio â bod
heb noddwr felly. Oblegid yr oeddwn am warchod y gwaith
rhag iddo fod yn agored i feirniadaeth ac enllib o bob
cyfeiriad — er ei bod yn wir, wrth gwrs, mai'r unig berson,
o fewn cof, sy'n gallu llwyr osgoi pethau felly yw'r dyn nad
yw'n ysgrifennu dim, a neb arall! Ac fe fydd llawer o bobl
yn bur anfodlon ar y math hwn o ysgrifennu, lle y mae
cymaint o feirniadu ar ysgrifeniadau eraill, yn enwedig
ysgrifeniadau hanesyddol. Yn sicr bu hawl bob amser gan
haneswyr — ym mhob oes ac ym mhob cenedl — i gystwyo
yn blaen a di-dderbyn-wyneb y pethau hynny a wnaed
mewn dulliau haerllug, bradwrus, creulon neu gywilyddus
gan frenhinoedd tra mawrion a chan ymerodraethau tra
grymus. Nid yw unrhyw hanesydd ychwaith, o fewn cof yr
hil ddynol, wedi cael ei gyhuddo o dan delerau Deddf
Cornelius Sulla (yr un yn erbyn y celwyddog)[8] am roi
disgrifiad rhy groyw o ddiffygion ac arferion llygredig
cenhedloedd a llwythau. O'm rhan fy hun yr wyf yn cytuno'n

llawen â hyn oll. Oblegid pa wahaniaeth a fyddai rhwng
tynnu ymaith y rhyddid ymadrodd hwn oddi ar haneswyr
a diddymu'n hollol, mewn rhyw fodd, y cyfan o ysgrifennu
hanes? Nid yw unrhyw awdur erioed, o blith yr hen
Frytaniaid neu o blith ein cyd-Gymry, wedi cystwyo'n fwy
di-dderbyn-wyneb bob gweithred a ymddangosai fel petai'n
haeddu cael ei beirniadu nag a wnaeth fy nhad yn y llyfr
hwn o'r eiddo. Nid yw ychwaith (a hynny sy'n iawn) mewn
unrhyw fodd wedi dwyn oddi ar Polydor ei hun, hyd yn oed,
y clodydd a oedd yn wir ddyledus iddo. Ond a oes unrhyw
un a all gredu y byddai'r Rhufeinwyr wedi bodloni bod yn
oddefgar a chadw'n dawel pe bai rhywun wedi maentumio
mewn llyfr hanes nad oedd Quintus Fabius, Scipio
Africanus neu Aemilius Paulus[9] erioed wedi bod, neu nad
Rhufeinwyr mohonynt? Paham felly y dylai ymddangos yn
beth mwy syn i neb fod gŵr o Frytaniad heb ymatal rhag
ysgrifennu, pan yw Polydor wedi ysbeilio Prydain nid yn
unig o Arthur a Brennus, dau brif ogoniant Prydain, ond
hefyd o grynswth ei hanes? Ac yn wir nid oes brinder
enghreifftiau lle y mae'r math hwn o ddadl yn cael ei
gymhwyso at awduron cymeradwy iawn — rhai hen a rhai
diweddar. Y mae Herodotus, yr enwocaf o'r awduron Groeg
ar gyfrif yr hynafiaethau a'r huodledd sydd yn ei waith, yn
cael ei dynnu'n ddarnau gan lawer o haneswyr ei oes ei
hun, a hynny'n gwbl agored, fel petai ar gyhuddiad o dwyll
ac o gelwydd. Y mae Polybius, gŵr o Megalopolis, hanesydd
o'r pwys mwyaf yng ngolwg pawb, yn hallt iawn ei gerydd
ar Philarchus am fod hwnnw, yn ei lyfr hanes, naill ai wedi
celu cyflawniadau trigolion Megalopolis mewn mudandod
anfoesgar, neu wedi'u disgrifio yn ferfaidd ac ymhell o fod
yn unol â'u haeddiant. Yna beth am Capitolinus, nad yw'n
ofni cyhuddo Herodian, awdur o'r fath enwogrwydd, o
gyfeiliorni? Yn olaf, beth am Strabo, sy'n gwarthnodi
Posidonius am adrodd chwedlau gwag yn ei lyfr hanes fel
petaent y gwirionedd? I symud ymlaen a gadael awduron

yr hen fyd, y mae Johannes Sleidanus, awdur cwbl nodedig
ar gyfrif purdeb a dilysrwydd ei ieithwedd, yn dal ymhlith
pethau eraill fod Paulus Jovius, wrth adrodd hanes yr
Almaen, yn bradychu ei salwch meddwl ef ei hun, a bod
popeth a ysgrifennodd (yn arbennig ar fater crefydd) yn
amhosibl ei brofi, yn ffals, yn enllibus, ac ymhell iawn oddi
wrth y gwir.[10] Hefyd y mae awdur craff arall[11] o'n dyddiau
ni — beirniad ar ysgrifeniadau hanes, yn hytrach na hanes-
ydd — wedi sylwi'n gywir fod Jovius wedi ysgrifennu'n
ddiwyd ac yn faith ar faterion yn perthyn i'r Persiaid, y
Twrciaid a'r Arabiaid, pethau yr oedd ef bron yn gyfan
gwbl anwybodus yn eu cylch, ond mai ymdriniaeth
arwynebol iawn a roes yn ei hanes i ddigwyddiadau yn yr
Eidal, digwyddiadau y gwyddai ef amdanynt ac y cawsai
brofiad ohonynt. Y mae Philippe de Comines ei hun, prif
ysgrifennwr hanes ein cyfnod ni, yn cael ei geryddu gan
Johannes Meierus a Ludovicus Vives oblegid ei grwydradau
mynych oddi ar ei bwnc, a'i glodydd eithafol i'r Brenin
Louis [XI]. O'm rhan fy hun gallwn ddwyn profion
dihysbydd eraill gerbron, o'r hen fyd ac o'r cyfnod
diweddar, i ategu'r mater hwn; gellir sylweddoli'n hawdd,
fodd bynnag, ar sail yr ychydig enghreifftiau hyn, nad yw'r
math hwn o ysgrifennu yn beth dieithr i arfer a dull
ysgrifenwyr hen a diweddar.

Dof yn awr at y rheini sydd, ar sail dadleuon o'r pwys
mwyaf (fel y tybiant hwy) a chan ddilyn awdurdodau sydd
wedi'u cyrchu o ganol yr hen fyd, yn honni na all unrhyw
awdur fyth ysgrifennu'n briodol a diduedd naill ai am bobl
sy'n elynion iddo neu am rai sy'n gyd-ddinasyddion ag ef,
nac ychwaith am ddynion a digwyddiadau ei genedl ei hun.
Dyna, meddant, y rheswm paham y mae llawer o haneswyr
Rhufain yn ysgrifennu a dweud i'r gelynion o Garthago
ymddwyn gan mwyaf mewn dull creulon neu waradwyddus
neu lwfr, ond bod holl gyflawniadau'r Rhufeiniaid yn egnïol
a gogoneddus a chlodwiw. Am y rheswm hwnnw (meddir)

dylid ystyried dieithriaid ac estroniaid, i'r graddau eu bod
yn rhydd o bob gweniaith, casineb a thueddgarwch, yn dra
chymwys ar gyfer ysgrifennu hanes unrhyw genedl. Ac yn
wir ni ellir gwadu fod Thucydides yr Atheniad wedi
ysgrifennu mewn dull hyglod a chredadwy iawn ar hanes
y Spartiaid, Plutarch y Groegwr ar y Rhufeiniaid, Cornelius
Tacitus y Rhufeiniwr ar y Germaniaid, Paulus Aemilius yr
Eidalwr ar y Ffrancwyr, a Froissart y Ffrancwr ar ein hanes
ni. Hefyd dylid cydnabod yn agored fod Polydor ei hun,
wrth ddelio â'r cyfnod yn dilyn dyfodiad y Normaniaid i'r
ynys hon, wedi ysgrifennu hanes cwbl ardderchog, gan
ddibynnu ar lyfrau hanes o waith pobl eraill a chyda chymorth
cofysgrifau swyddogol. Fodd bynnag, y mae clustiau rhy
dyner a mwythlyd gan y rheini sy'n cynhyrfu drwyddynt
wrth glywed yr awgrym ei fod wedi llithro mewn unrhyw
beth wrth drafod tarddiad a hanes yr hen Frytaniaid, ac
iddo wneud hynny am fod y prif gofysgrifau sy'n cynnwys
eu tarddiadau a'u hen hanes wedi'u hysgrifennu yn y
Frytaneg, iaith nad oedd gan Polydor unrhyw wybodaeth
o gwbl ohoni. Y mae'r Plutarch hwnnw y soniais amdano
uchod — awdur, Duw a ŵyr, a oedd mor sylweddol ei farn,
mor ddyfnddysg ym mhob math o ddisgyblaethau, mor
gywir a didwyll wrth ysgrifennu hanes (yn groes i arfer y
Groegiaid) — y mae ef, hyd yn oed, a barnu wrth dystiolaeth
y rhai a'i holynodd, wedi llithro weithiau wrth ysgrifennu
am hynafiaethau'r Rhufeiniaid, a hynny am nad oedd yn
deall yr iaith Ladin yn ddigon da. Fe'i hedmygir gan bawb
am ei onestrwydd agored yn y mater hwn, oblegid fe
gyfeddyf hyn oll yn ei waith, ' Bywyd Demosthenes '.[12] Yna
dywedir am Appian, gŵr nad ysgrifennodd neb yn fwy
diwyd a chyflawn am ryfeloedd cartref y Rhufeinwyr nag
ef, ei fod yntau hyd yn oed wedi methu weithiau wrth
drafod hen hanes y Rhufeiniaid, am mai Eifftiwr ydoedd
ac nad oedd yn ddigon medrus yn yr iaith Ladin. Ac er bod
dieithriaid weithiau wedi ysgrifennu hanes cenhedloedd

33

eraill mewn ffordd onest a dibynadwy, ni allaf yn y fan hon basio heibio mewn mudandod farn Nebrissensis,[13] sy'n credu na ellir yn ddiogel ymddiried y cyfrifoldeb o ysgrifennu hanes i ddieithriaid. Dyna, gredaf fi, y rheswm paham yr oedd yn well gan Fferdinand, y doethaf o frenhinoedd ei oes, ymddiried y gwaith o ysgrifennu hanes ei gyflawniadau ef a'i wraig Isabella i Nebrissensis, ysgolhaig o Sbaenwr, yn hytrach nag i Angelo Poliziano, Ermolao Barbaro neu Pico della Mirandola — Eidalwyr, a'r enwocaf y pryd hwnnw am eu dysg a'u dawn ymadrodd. Ysgrifennodd Nebrissensis yr hanes hwn mewn iaith bur odiaeth a chyda gonestrwydd a didwylledd, fel y tystia pawb; yn ei 'Gyfarchiad at Fferdinand'[14] fe ddywed yn blaen ddigon na all dyn estron ysgrifennu o waelod calon am faterion sy'n perthyn i genedl arall, mai'r un oedd maint gwybodaeth Eidalwyr am hanes Sbaen â gwybodaeth Sbaenwyr am hanes yr Eidal, ac (yn debyg) mai dihareb gyffredin oedd honno fod ffŵl yn gwybod llawer mwy am ei gartref ei hun nag a wyddai dyn doeth am gartref rhywun arall. Ond a chaniatáu fod estron yn gallu adrodd y rhan honno o hanes sy'n portreadu dynion a fu byw o fewn ein cof ni, neu o fewn cof ein tadau neu'n teidiau neu'n hen-deidiau, eto i gyd nid yw'n abl i roi ateb boddhaol i'r cwestiwn sy'n codi, wrth drafod hanes, ynglŷn â'r ymsefydlu cyntaf mewn rhanbarthau, neu ynglŷn â tharddiad gwreiddiol rhyw genedl. Oblegid, fel y sylwodd Jean Bodin,[15] cyfreithiwr a hynafiaethydd nodedig o'n cyfnod ni, y mae tri pheth yn angenrheidiol ar gyfer olrhain tarddiad cenhedloedd a'i iawn farnu. Yn gyntaf, hanes y genedl honno yr ydys yn ymchwilio iddi; yn ail, olion diamheuol ei hiaith wreiddiol, hynafol; yn drydydd, profiad o ddaearyddiaeth ei rhanbarth, a'r disgrifiadau ohono. Gadawaf i chwi a phobl bwysfawr eraill farnu p'un a oedd fy nhad, a fu'n astudio ac yn efrydu hanes ei genedl (wedi'i ysgrifennu yn y Frytaneg) ynghyd â holl olion anghynefin yr iaith Frytaneg, a aned ym Mhrydain, ac a welodd y rhan helaethaf ohoni â'i lygaid ei hun — p'un a oedd ef yn

34

rhagori yn y tri pheth hyn ar Polydor, Eidalwr a oedd heb
wybodaeth, nid yn unig o'r Frytaneg, ond o'r Saesneg hefyd.

Byddwn yn treulio mwy o amser nag sy'n iawn ar hyn
o fater, gan groesi'r ffiniau priodol ar gyfer rhagymadrodd,
pe bawn yn ceisio gwarchod y llyfr hwn rhag bob sensor
piwis; gan nad yw neb erioed wedi'u hosgoi hwy, nid oes
unrhyw reswm paham y dylwn i hawlio'r fath ragorfraint.
Ond yn awr fy mod wedi eich dewis chwi i fod nid yn unig
yn Aristarchus[16] ar y gwaith hwn, ond hefyd yn amddiffyn-
nydd iddo, nid oes gennyf fi fy hun fawr o amheuaeth, os
caiff y gwaith eich cymeradwyaeth chwi, na bydd pob dyn
gwir ddysgedig a doeth yn cyduno'n rhwydd i'w gymera-
dwyo, yn unol â'ch esiampl chwi. Felly, yn ôl eich arfer
tuag at bawb, yn rasol derbyniwch, cymeradwywch ac
amddiffynnwch yr arwydd agored a chyhoeddus hwn o'm
parch a'm serch tuag at eich Uchelder, a bwriwch yn ôl bob
ymosodiad o eiddo cynhenwyr. Boed i'r Duw Hollalluog
warchod a chadw eich Uchelder yn fyw ac yn ddiogel am
amser maith, er mwyn Ei Mawrhydi'r Frenhines, a holl
Wladwriaeth Prydain. Llundain, 5 Mawrth 1573.

(ii) Llythyr Annerch John Prys at William Herbert, Iarll Penfro

At yr Arglwydd William, gŵr tra nerthol ac
anrhydeddus ym mhob modd: Iarll Penfro, Barwn
Herbert o Gaerdydd, aelod o Urdd anrhydeddus
Marchogion y Gardys, Marchog Euraid, Meistr
Ceffylau'i Fawrhydi'r Brenin, aelod o'i Gyfrin
Gyngor, Arglwydd Lywydd Cyngor Ei Uchelder
Brenhinol ynglŷn â Gororau Cymru: y Brytaniad
Syr John Prys yn annerch.

Dra anrhydeddus Syr! Am amser maith cefais fy nghynnal
gan obaith mawr y byddai Polydor Vergil yn mynd ati yn
agored ddigon i gywiro rhai pethau yn yr hanes y mae wedi'i
ysgrifennu a'i gyhoeddi am genedl y Saeson — pethau y

rhoddodd ef wybodaeth anghywir amdanynt pan gyhoedd-odd y llyfr gyntaf, ac y gŵyr ef bellach, drwy'r hyn y mae dynion dysgedig wedi'i ddweud yn rhannol ar lafar ac yn rhannol mewn ysgrifeniadau cyhoeddedig, mor wahanol yw'r gwir ynglŷn â hwy. Ond yn awr, gan ei fod wedi dangos trwy lawer o arwyddion nad yw'n fwriad o gwbl ganddo wneud hynny, yr wyf fi wedi penderfynu atgoffa Polydor ei hun mewn byr eiriau am rai pethau y mae ef wedi'u cofnodi'n wahanol i fel yr oeddynt mewn gwirionedd (i'm tyb i, beth bynnag); yr wyf yn gwneud hynny rhag bod rhagfarn yn cael ei chreu yn erbyn y gwirionedd ei hun, a bod gosodiadau amheus yn cael eu derbyn yn ddiweddarach fel ffeithiau profedig — y gau fel y gwir — a hynny o eisiau amddiffyniad ac oblegid tawedogrwydd mor ddwys ac mor faith. Felly gall ef ei hun, ar ôl cael ei hysbysu am y pethau hyn, dderbyn â breichiau agored (fel y dywedir) a chyd-nabod unrhyw beth yn y tipyn nosfyfyrdodau hyn o'm heiddo i a ymddengys yn ddiamheuol deilwng o gael sylwi arnynt — a gwneud hynny'n onest, oblegid ei gariad at y gwir ac er mwyn enw da hanes, a ddylai fod yn beth cysegredig yng ngolwg pawb. Neu, os bydd ef yn gwrthod gwneud hynny, o leiaf gall rhai eraill sy'n farnwyr teg ar bethau benderfynu p'un a yw'r hyn yr wyf fi wedi tynnu sylw ato yn ei hanes ef yn iawn haeddu beirniadaeth ai peidio.

O'm rhan fy hun yr wyf yn cydnabod mai newyddian wyf fi, wrth gwrs, a'm bod mor ddiffygiol mewn gallu ac mewn huodledd fel na allwn fyth obeithio defnyddio geiriau dengar i berswadio neb ynglŷn â'r pethau yr wyf yn mynd i'w trafod, heblaw ei bod yn amlwg fod y gwir noeth ei hun, y mae ei allu yn gyfryw ag i dynnu tuag ato hyd yn oed y rheini sy'n anfoddog, yn fy nghynorthwyo. Fodd bynnag, nid â dadl ynglŷn â geiriau yr ydym yn delio yma, ond â dadl ynglŷn â ffeithiau, ac mewn achos felly y gwirionedd, nid huodledd, sy'n angenrheidiol. Ar y llaw arall, nid wyf heb wybod pa mor fwythlyd eu clustiau yw dynion y

dyddiau hyn, fel nad yw dim yn eu boddio ond yr hyn
sydd, drwyddo draw, yn gaboledig a choeth ei fynegiant,
ac ymboenant fwy bron am addurn eu hymadrodd nag am
ystyried y ffeithiau eu hunain; er nad wyf yn cymeradwyo
barn pobl felly, ond yn meddwl ei bod yn wrthun hollol,
eto'r un pryd yr wyf yn parchu ac yn edmygu'n fawr iawn y
rheini sy'n llwyddo i gyfuno ceinder ymadrodd a difrifoldeb
yn eu mater. Fodd bynnag (fel y dywed y ddihareb) nid oes
hawl gan bawb i fynd i mewn i Gorinth,[17] ac nid yw dull
fy mywyd i, sydd o ddyddiau plentyndod wedi cael ei daflu
o hyd ac o hyd gan donnau gofalon, wedi caniatáu i mi allu
cyflawni'r ddwy dasg. O leiaf fe geisiaf gyflawni un ohonynt,
sef dangos gwirionedd a hygrededd y ffeithiau. Wrth wneud
hynny ni fyddaf (a bod yn onest) yn boddio fy chwant fy
hun yn gymaint ag yn ildio i'r hyn y mae nifer mawr o bobl
eraill, mewn ffordd gwrtais ddigon, yn ei fynnu gennyf. Yr
oeddynt hwy fel petaent yn priodoli i mi ryw gydnabydd-
iaeth â hanes a hynafiaethau Prydain, ac yr oedd yn ddrwg
ganddynt fod materion mor glodfawr, sydd wedi cael eu
moli mor gyson, yn awr yn y diwedd yn cael eu hamau.
Beth bynnag am hynny, yr hyn sy'n cyfrif am mai yn Lladin
yr wyf yn ceisio, rywsut neu'i gilydd, gyflawni hyn o dasg,
ac nid mewn rhyw iaith arall — Saesneg, er enghraifft, iaith
yr wyf yn llawer mwy cyfarwydd â hi — yw'r dorf o
awduron Lladin y mae'n rhaid imi ddyfynnu llawer ohonynt
wrth drafod pwnc fel hwn, ac ni ellir yn briodol gynnwys
dyfyniadau felly mewn cyd-destun Saesneg. Y mae'r gwahan-
iaeth rhwng Lladin a Saesneg mor fawr fel y byddai eu
cyplysu â'i gilydd yn beth amlwg chwerthinllyd, fel gwnïo
clytiau o wahanol liwiau wrth ei gilydd. Ni fyddai ychwaith
yn iawn cyhoeddi mewn iaith estron ateb i ddyn a siaradai
ac a ysgrifennai yn Lladin. A chan na wn i ond am ychydig
iawn o ddynion o blith fy nghydwladwyr ar yr amser
arbennig hwn sydd hyd yn oed yn weddol hyddysg mewn
Lladin ac sydd a chanddynt hefyd ryw gymaint o gynefindra
â hanes Prydain a'r hen iaith Frytanaidd, hynny yw pobl

y gellid dweud amdanynt eu bod yn ymddangos yn gymwys
ar gyfer ymgymryd â'r dasg hon — er fy mod yn cydnabod
fod nifer enfawr o ddynion o fri i'w cael yn y naill iaith
neu'r llall, dynion a fydd yn abl i egluro, addurno a goleuo'r
mater yn fwy clir yn y dyfodol, ar ôl derbyn rhyw fesur o
gyfarwyddyd o'm llyfryn bychan i — penderfynais o'r
diwedd ymgymryd â'r dasg o warchod y gwirionedd, gan
bwyso nid yn gymaint ar wychder ymadrodd ag ar degwch
fy achos.

Penderfynais hefyd, uwchlaw popeth, ymgynghori â chwi
yn eich doethineb, gan mai peth hawdd yw i chwi ofyn barn
dynion sy'n hyddysg yn yr iaith Ladin a'r iaith Frytaneg.
Ac yn wir, os wyf fi yn achos y Frytaneg wedi gwneud rhyw
osodiad sydd heb fod yn gywir, fe ellwch chwi yn hawdd
ei ddarganfod a'i wrthod ar sail eich barn eich hunan. Yna
ymhellach, os bydd i rai pethau gael eu tynnu allan o'u
cyd-destun yn y myfyrdodau hyn er mwyn pwyso a mesur
y gwirionedd sydd ynddynt, amddiffynner hwy rhag brath-
iadau ac enllibion cenfigenwyr o dan darian eich urddas
chwi. Wrth gwrs, nid wyf yn ceisio unrhyw nodded rhag
beirniadaeth gyfiawn a gonest, os wyf wedi rhoi unrhyw
le i feirniadaeth o'r fath yn hyn o waith: y mae'n gwbl
bosibl fy mod wedi gwneud hynny, yn gymaint ag mai
dyn wyf finnau fel unrhyw un arall. Yn unig gofynnaf am
drafodaeth agored ynglŷn â'r gwir, yn rhydd o bob
ymbleidio. Ac wrth imi edrych o'm cwmpas ar bob llaw,
gan chwilio am rywun y gallwn ymddiried iddo, yn anad
neb arall, y dasg o feirniadu'r llafurwaith hwn o'r eiddof,
ni ddôi neb arall i'm meddwl a oedd yn fwy cymwys na
chwi, sydd yn berson mor synhwyrol; oblegid gwn eich bod
yn dra hyddysg yn yr iaith Frytaneg, ac yn ddoeth dros
ben wrth gloriannu pethau. Ni allwn weld chwaith fod neb
yn fwy cymwys na chwi, oblegid bonedd eich tras, i
gymeradwyo'r gwaith bychan hwn, gymaint ag ydyw, i'w
Fawrhydi'r Brenin; oherwydd gwn yn iawn fod eich bonedd
yn annwyl ym mhob rhyw fodd i'w Uchelder Brenhinol,

bonedd sy'n tarddu ac yn deillio o hen wroniaid y Brytan-
iaid, hynny yw o deulu tra hyglod yr Herbertiaid. Cyfadd-
efaf ar unwaith fod holl genedl y Brytaniaid wedi derbyn
llawer mwy o fri ac o urddas oddi wrth eich teulu chwi nag
a roes arno. Oblegid y mae eich teulu chwi wedi adfer
gogoniant y genedl hon — gogoniant a oedd wedi diflannu
bron — a'i alw yn ôl megis o fro marwolaeth a'i ddyrchafu.
Ond ymddengys eich bod chwi eich hun hefyd wedi rhoi
mwy o fri ac anrhydedd ar y teulu hwnnw, er mor hyglod
ydoedd eisoes, nag a dderbyniasoch ganddo, yn gymaint
â'ch bod chwi, drwy eich gwrhydri a'ch mawrfrydigrwydd
nodedig, wedi gwneud teulu a oedd o'r blaen yn ddigon
enwog yn llawer mwy enwog a hyglod. At urddas eich tras
yr ydych chwi wedi ychwanegu holl olud eich meddwl,
ynghyd â gwrhydri mawr sy'n gyflawn ym mhob rhyw fodd;
y mae gennych ddoethineb wedi'i gysylltu â dewrder, a
chymedrolder wedi ei dymheru â chyfiawnder, a hyn oll yn
y fath fodd fel ei bod yn bur anodd penderfynu p'un a
ddylid eich ystyried yn fwy doeth neu yn fwy dewr, yn
fwy cymedrol neu yn fwy cyfiawn. Gwnaethoch hyn yn
glir iawn yn y cynyrfiadau cwbl ynfyd hynny'n ddiweddar
gan ein cyffredin bobl; yn achos y rheini, ar ôl rhoi cynnig
yn gyntaf ar bob ffordd a oedd mor hynaws â phosibl,
penderfynasoch fynd i'r eithaf yn erbyn y werinos druenus
a oedd, er gwaethaf ei thrueni, yn glynu'n rhyfeddol yn ei
chynllun cyfeiliornus; yr un pryd, nid oeddech am estyn
llymder eich cyfiawnder a'ch dewrder yn erbyn y dynionach
truenus yn hwy nag yr oedd angen goruwchlywodraethol
y Wladwriaeth, a diogelwch Ei Fawrhydi'r Brenin, yn ei
fynnu. Ac yr oeddech chwi yn eich hynawsedd am roi'r
gorau i'w cosbi hwy yn llawer iawn cynt nag yr oeddynt
hwy am roi'r gorau i ymddwyn mewn ffordd a haeddai'r
fath gosb.[18]
  Ond rhag imi ordrethu'ch gwyleidd-dra chwi — gwn ei fod
yn gyfryw ag i ddewis *gwneud* yr hyn sy'n ganmoladwy yn
hytrach na chael ei glodfori am hynny — gofynnaf i chwi

ymateb yn deg ac yn ffafriol i'r gwaith bychan hwn o'r eiddof fi, er mor gwbl ddiaddurn ac anghaboledig ydyw. Ac er ei fod yn gyfan gwbl ddiaddurn felly, ceisiwch sicrhau ei fod, ar gyfrif y modd y mae'n dwyn gerbron ddilysrwydd ein hen hanes, yn cael yr un cyfle i fod o ddylanwad ar Ei Fawrhydi'r Brenin â'r gogan caboledig hwnnw o waith Polydor sy'n ceisio dileu'r atgof am yr hen amserau. Fe allwn i ddangos cyn lleied y mae Polydor yn ei ddweud am gynifer o frenhinoedd yr ynys hon, a'i fod, heb unrhyw achos — tebygol, o leiaf — yn mygu gwybodaeth am gynifer o diroedd a enillwyd ganddynt hwy oddi yma ac acw; ond pe bawn yn gwneud hynny, gallai ymddangos fy mod felly yn ceisio ennill cymeradwyaeth a chydymdeimlad ein harweinwyr i ffafrio fy ochr i yn fwy nag sy'n gyfiawn. Ond, gan adael pethau felly o'r neilltu, gadewch imi symud ymlaen i ddechrau trafod y mater yr wyf wedi ymgymryd ag ef. Fy unig ddymuniad yw y bydd i ddarllenwyr gonest ganiatáu imi hyn o gais, sef peidio â dirmygu unrhyw beth sydd wedi'i gynnwys yma o waith awduron annigonol eu Lladin, neu o'r iaith Frytaneg. Cofier nad trafod yr ydys yma faterion Rhufeinig a theyrnas Ladinaidd, ond teyrnas Frytanaidd; ni ddeëllir honno ac nid adroddir amdani gystal gan y Rhufeinwyr â chan drigolion brodorol y wlad hon, hyd yn oed os yw'r rhain yn farbaraidd eu hiaith.

(iii) Rhagair John Prys, wedi'i gyfeirio at y Brenin Edward VI

At Edward VI, Brenin Tra Urddasol a Nerthol Lloegr, Ffrainc ac Iwerddon, Amddiffynnydd y Ffydd, o fewn i'w diroedd Prif Ben Eglwys Loegr ac Iwerddon, o dan Grist: Rhagair y Brytaniad Syr John Prys i'w 'Amddiffyniad Hanes Prydain'.

Anorchfygol Frenin! Arfer dda, i'm tyb i, yw honno sydd wedi'i sefydlu ymhlith holl wŷr llên, sef, pan fo rhywun yn cyhoeddi rhywbeth ym maes dysg sydd yn newydd, neu heb erioed ei glywed o'r blaen, fod eraill cyn gynted ag sy'n bosibl yn ei archwilio a'i bwyso, ac os cânt unrhyw beth yn feius ynddo, eu bod yn dwyn hynny i'r golau ar unwaith ac yn ei ddadlennu; oni bai am hynny byddai'r rheini sy'n orawyddus i ysgrifennu yn brygawthan llawer o bethau'n fyrbwyll hollol, heb aros i ystyried beth y maent ar fedr ei ysgrifennu a'i gyhoeddi. Y mae hon yn arfer ganmoladwy ym mhob cangen o ddysg, ond y mae'n arbennig ganmoladwy mewn hanesyddiaeth, lle y trafodir cofysgrifau sydd yn ymwneud â'r hyn a fu. Oblegid pe bai rhyddid i unrhyw un — trwy osod ei gred mewn damcaniaethau sydd, i bob pwrpas, yn ddi-sail, wedi'u lloffa ganrifoedd lawer wedi'r digwyddiad hanesyddol — i sarhau cofnodion yr hynafiaid a dyfeisio hanes newydd o'i ben a'i bastwn ei hun (fel y dywedir), gan fwrw o'r neilltu awduron hŷn a gofnododd yn rhannol yn eu hiaith eu hunain ac yn rhannol mewn iaith estron naill ai ddigwyddiadau eu hamserau (fel llygad-dystion i'r digwyddiadau hynny) neu ddigwyddiadau a oedd yn ffres yng nghof dynion ychydig bach o'u blaen: pe bai rhyddid i hynny ddigwydd, yna byddai hanes (a iawn ystyrir yn seintwar pob hynafiaeth) yn cael ei beryglu'n agored, a hynny'n arwain at lwyr golli ymddiriedaeth ynddo — yr ymddiriedaeth sy'n sicrhau iddo'r parch mwyaf. Felly yr wyf fi o'r farn ei bod yn llawer diogelach gosod ein ffydd

yn y rheini sydd, er gwaethaf diffyg sglein eu hiaith, wedi
gweld, os nad y digwyddiadau eu hunain, o leiaf gofnodion
o'r digwyddiadau hynny a wnaed pan oedd y cof amdanynt
yn dal yn fyw, a hefyd ddogfennau brenhinoedd, cytun-
debau, cyfamodau, llythyrau a gweithredoedd llofnodedig,
y gellir trwyddynt egluro trefn pethau — neu o leiaf sydd
wedi derbyn adroddiadau cwbl ddibynadwy gan bobl a
welodd y pethau hyn. Y mae'n ddiogelach, meddaf, ym-
ddiried yn y rhain nag mewn pobl sydd yn llunio hanes
mewn iaith addurnedig a llachar, ar ôl i'r cofnodion eu
hunain gael eu dinistrio mewn chwyldroadau gwleidyddol
neu eu difa gan drais amser, yswr popeth. Y mae pobl felly
yn croniclo digwyddiadau sydd wedi darfod amdanynt
ymhell cyn eu cof hwy neu unrhyw un o'u cyfoeswyr, a
heb wneud dim mwy na damcaniaethu'n ansicr cymerant
eu harwain gan ddogfennau sy'n cynnwys manion pur
ddibwys — dogfennau go anghredadwy hefyd, fe ddichon,
a barnu wrth yr olwg sydd ar bethau ar hyn o bryd.

Ond credaf fod llai fyth o ymddiriedaeth i'w osod yn y
dyn hwnnw sydd nid yn unig am i'w lyfr hanes ef gael ei
ystyried yn fwy gwerthfawr nag eraill, ond sydd hefyd yn
awyddus i beidio â llunio hanes sydd mewn unrhyw ffordd
yn seiliedig ar hen, hen hanes yr ynys hon, ond sydd, yn
hytrach, yn ceisio claddu mewn tywyllwch ac anghofrwydd
parhaol fil a mwy o flynyddoedd pan fu gennym ein bren-
hinoedd ein hunain yma. Yn y gwaith hwn, Ardderchocaf
Frenin, yr wyf fi wedi ymgymryd â'r dasg o ddangos mai
dyna y bu Polydor Vergil yn ceisio'i wneud â'i holl egni yn
ei lyfr hanes ef; cymerai arno ei fod yn egluro hanes Prydain,
pan oedd, mewn gwirionedd — ac yntau'n Eidalwr, wrth
gwrs — yn bennaf yn mawrhau buddugoliaethau a gorch-
estion y Rhufeiniaid yn yr ynys hon. Y mae, fodd bynnag,
yn caniatáu i drigolion y wlad hon gyflawniadau pum can
mlynedd neu hyd yn oed fwy, er bod cyfran helaeth o'r
gogoniant hwnnw yn cael ei ysbeilio oddi arnynt ac yn
cael ei ildio i'r Daciaid a'r Normaniaid gan mwyaf. ' Â llaw

hael' (fel y dywedir) y mae'n rhoi'r pum can mlynedd cyn
hynny yn gyfan i'r Rhufeiniaid, ac am y mil blynyddoedd
a mwy o flaen y rheini, pan lywodraethid yma gan Frytan-
iaid, fe gais eu cuddio mewn tywyllwch parhaol. Oblegid
fe wrthyd ef bob hanes sy'n cofnodi digwyddiadau'r amserau
hynny, fel petai'n ddiwerth a dychmygol, a phan yw'n
cynnwys rhywbeth allan ohono yn ei hanes ef ei hun — yn
ddiamau fe'i gorfodir i wneud hynny rhag iddo, yn ei fawr
awydd i lunio hanes cyflawniadau'r Rhufeiniaid, greu
naratif sy'n ymddangos yn llawer rhy fylchog, pe na bai'n
adrodd ond yr hyn a ysgrifennodd awduron Lladin am hanes
y Brytaniaid — gwelir ei fod yn sôn amdano oll mewn dull
dirmygus, fel petai'n rhywbeth i chwerthin am ei ben. Mewn
gair, ei farn ef yw y dylid gwrthod popeth na ellir darllen
amdano yng ngwaith awduron Rhufeinig, a rhydd yr argraff
fod haneswyr Rhufeinig yn dwys ymboeni ynghylch astudio
a bwrw goleuni ar *holl* groniclau a llyfrau hanes *pob* cenedl,
a hynny i'r un graddau â'r eiddynt hwy eu hunain; ond er
eu bod yn awyddus iawn i wneud hynny — ffaith nad
ymddengys ei bod yn wir, yn gymaint â'u bod heb ysgrifennu
am hanes y Brytaniaid yn drefnus a difwlch, ond yn dam-
eidiog, gan neidio o fan i fan — yr oedd yn anochel fod
llawer o bethau'n osgoi eu sylw, gan eu bod mor bell i
ffwrdd yn ddaearyddol. Nid wyf fi, fodd bynnag, o'r farn
y dylid ar unrhyw gyfrif dybio nad oes modd darganfod
ymhlith aelodau eraill o'r hil ddynol ddim sy'n haeddu cael
ei dderbyn, naill ai ynglŷn â'u hanes hwy eu hunain neu
eiddo eraill (barn gwbl annheg fyddai honno ar weddill y
cenhedloedd), ac ni ddylid ychwaith ystyried y cenhedloedd
hynny oll mor farbaraidd ac mor hurt fel na ellir credu eu
bod wedi rhoi unrhyw beth cofiadwy amdanynt eu hunain
mewn cofnod ysgrifenedig, naill ai yn eu hiaith eu hunain
neu mewn iaith arall. Y mae'n bosibl y gellid dod i dybio
hynny am rai cenhedloedd eraill, i'r graddau eu bod wedi
cael eu bwrw allan o'u heisteddfâu eu hunain ac felly wedi
llwyr golli'u gwlad a'u hiaith ynghyd â'u cofysgrifau; ond

43

ni ddylid bod mor fyrbwyll â meddwl felly am y Brytaniaid, oherwydd, fel y tystia hyd yn oed y Rhufeiniaid eu hunain, canfyddir fod y Brytaniaid wedi bod yn ffynnu yma ganrifoedd lawer cyn amser Iŵl Cesar. Yn wir fe ddywed Cesar ei hun[19] eu bod wedi eu geni ar yr ynys hon ac y dylid, mewn gwirionedd, eu hystyried yn frodorion gwreiddiol; ni chawsant ychwaith erioed eu gyrru allan yn gyfan gwbl o'r ynys na'u llwyr ddifodi, er eu bod yn aml wedi dioddef lladdfeydd enbyd, a'u gwasgaru droeon i wahanol gyfeiriadau, rhai i Âl, eraill i'r Eidal a Gwlad Groeg, a hynny'n rhannol ar law eu harweinwyr eu hunain, ac yn rhannol ar law y Rhufeiniaid. Ymhellach, dyma'r math o bobl yw'r rhain — pobl sydd wedi cadw'u hiaith eu hunain, y Frytaneg, yn bur, heb gymysgedd o unrhyw iaith arall neu unrhyw newid trawiadol, hyd at y dyddiau hyn, ac y mae ganddynt lyfrau yn yr iaith honno wedi'u hysgrifennu'n goeth mewn prôs ac mewn mydr, ac ynddynt hwy fe gedwir ac fe ddiogelir olion eu hynafiaeth. Dyma'r union lyfrau yr wyf fi'n dibynnu arnynt, a hynny sy'n cyfrif yn bennaf fy mod o'r diwedd yn ymgymryd â'r gwaith o amddiffyn hanes Prydain, gogoniant ac addurn pob Brytaniad.

Gwnaf hynny'n fwy llawen fyth am fod Eich Mawrhydi Brenhinol yn tarddu nid yn unig o deuluoedd brenhinoedd tra hyglod Lloegr a Ffrainc, ond hefyd o achau tra hynafol a nodedig brenhinoedd y Brytaniaid. Y mae'r rhain oll fel petaent yn llifo ynghyd o wahanol ffynonellau i ffurfio un afon wych. Dyna'r ffordd, o'r diwedd, y cyflawnwyd yn helaeth ddisgwyliad a dymuniad holl drigolion y wlad hon, sef cael yn frenin arnynt un sydd o genedl a llinach frenhinol pob un ohonynt. Y mae'n dra sicr fod hyn yn rhywbeth sydd wedi digwydd inni trwy ddwyfol osodiad, er mwyn i'r holl ymrafaelion, a oedd o'r blaen yn llawer rhy gyson a pharhaol ynghylch y llinach frenhinol, gael eu gostegu a'u tawelu'n llwyr. Y mae'r Saeson yn chwilio am frenin iddynt eu hunain o'u llinach hwy, ac yn awr y mae ganddynt un sydd ym mhob peth yn aruchel ei fonedd, p'un ai edrych a wnânt

i gyfeiriad tylwyth Lancaster, neu Efrog, neu Clarens. Y
mae'r Ffrancod yn dymuno cael brenin a anwyd o'u gwe-
helyth hwy, ac y mae ganddynt frenin tra chyfaddas, p'un
ai ymboeni y maent am olyniaeth naturiol, neu am weld y
frenhiniaeth yn cael ei hennill mewn dull cwbl deg, yn
unol â chyfraith y cenhedloedd, a hynny wedi'i gyflawni
nid yn unig trwy rym arfau ond hefyd gyda chydsyniad y
bobl. Yna'n olaf, y mae'r hen Frytaniaid yn ceisio brenin
sydd wedi codi o'u hen dywysogion hwy, ac y mae ganddynt
un felly, yn gwbl gyfreithlon a naturiol.[20] Oblegid y mae'n
hollol wir — trwy ba ffawd, ni wn i, ond dyma a fyddai'n
angenrheidiol ar gyfer y dyn gorau — fod Eich Uchelder
yn olrhain eich tras dra bonheddig yn ôl at dywysog olaf
Brytaniaid Gwynedd, a elwid Llywelyn, a hynny deirgwaith
drosodd trwy linach tywysogaeth Aberffraw (dyna oedd yr
enw y pryd hwnnw ar dywysogaeth Gogledd 'Wallia');
hefyd at Dewdwr, a gyfenwir 'Mawr', tywysog pobl Dyfed,
a elwir heddiw yn Frytaniaid Deheubarth, a hynny bedair
gwaith drosodd trwy linach tywysogaeth Dinefwr; a hefyd
at Maredudd, tywysog Powys, a hynny ddwywaith drosodd
trwy linach tywysogaeth Mathrafal. Ceir fod achau hyglod
y rhain oll yn cydgysylltu â'i gilydd gyntaf yn Rhodri, a
gyfenwir 'Mawr', tywysog Cymru gyfan (a elwir yn awr
'Wallia'), ac ychydig o'i flaen ef yn Cadwaladr, brenin olaf
yr hen Frytaniaid ac unben yr holl ynys. Y mae ei linach ef
yn estyn yn ôl at ddeg ar hugain o frenhinoedd Prydain. Y
mae'r holl bethau hyn i'w gweld yn gwbl agored mewn
cofysgrifau Brytaneg, ac felly nid wyf fi wedi gallu derbyn
yn gwbl ddigynnwrf y dylid credu nad oes unrhyw goel i'w
osod arnynt. Os yw hynny'n wir, yna nid oes unrhyw sail
i'm cyd-Frytaniaid ddibynnu byth mwy ar ddaroganau eu
Beirdd (fel yng ngwaith Lucan,[21] 'beirdd' — *bardi* — yw
eu gair cyffredin hwy hyd yn oed heddiw am eu *vates*,
gweledyddion). Y mae ganddynt yr hyn y buont yn ei geisio
â phob deisyfiad, sef brenin wedi'i eni, ni ddywedaf o'r un
gwaed â hwy, ond yn hytrach o lawer o gyff ardderchocaf

45

eu Brenhinoedd a'u Tywysogion. Yn y cyswllt hwnnw, cofiaf i un o'n poëtau ni ganu yn gain odiaeth un tro, a hynny ar hyd y llinellau hyn: ar ôl i'r tân ar aelwyd y Brenin Cadwaladr gael ei fygu, cyfododd gwreichionen o Ynys Môn, gan ailennyn, fel y dywed Fyrsil, y tân a fygwyd.[22] Dyna'r rheswm paham, anorchfygol Frenin, y penderfynais gyflwyno fy 'Amddiffyniad Hanes Prydain' i'ch Mawrhydi: nid gyda'r bwriad o sicrhau, o dan addurn eich Mawrhydi aruchel, ryw nodded i'm camgymeriadau fy hun, os dywedais unrhyw beth nad yw'n unol â'r hyn y mae'r gwirionedd yn ei ganiatáu, ond fel y gallo achos ac amddiffyniad Hanes Prydain gael ei glywed gerbron yr un fainc ag y cafodd yr hanes hwnnw ei watwar a'i wrthwynebu ger ei bron o'r blaen. Hynny yw, yn union yn yr un modd ag y dug Polydor Vergil ei achos yn erbyn yr hanes hwn gerbron Ei Fawrhydi Brenhinol, eich ardderchocaf dad, felly hefyd dylid amddiffyn yr un hanes gerbron Eich Mawrhydi gogyfuwch chwi, ei ardderchocaf fab — er fy mod yn cyfaddef fod y ddau ddadleuydd yn yr achos yn bur anghyfartal. Oblegid nid wyf ar unrhyw gyfrif yn tybio fy mod i o'r un radd â Vergil o ran grym huodledd neu o ran celfyddyd mynegiant; ni chredaf ychwaith fy mod i yn ddigon cymwys i ymgymryd ag amddiffyn y diffynnydd yn erbyn cyhuddwr mor huawdl. Fodd bynnag, yr wyf yn gobeithio y bydd i'r hanes — oblegid dyna'r diffynnydd yn y gwrandawiad — ddod allan nid yn orchfygedig oherwydd yr un sy'n dadlau drosto ond yn orchfygwr oherwydd cyfiawnder ei achos, os rhoddir yr ystyriaeth bennaf i'r ffeithiau eu hunain, nid i wychder geiriau. Yr oedd yn wir yn beth a'm poenai'n fawr fod achos mor deg ac mor anrhydeddus heb neb i'w amddiffyn. Ni allwn weld unrhyw un o blith fy nghyd-genedl a oedd yn glynu o gwbl wrth Hanes Prydain, ac a fyddai'n barod i ddisgyn i'r arena hon, a sylwn hefyd fod cofysgrifau ein hynafiaethau ni yn diflannu fwyfwy ac yn cael eu difodi; felly, gan fy mod fy hun wedi fy nhrwytho o'm bachgendod yn iaith gynnar a

hynafiaethau'r Brytaniaid, yr oeddwn yn awyddus fod o
leiaf beth deunydd o blith y cofysgrifau sydd wedi parhau
hyd heddiw yn cael ei arbed. Yn hyn oll fy mwriad, fe
ddichon, ydoedd galluogi rhai o bencampwyr eraill y
gwirionedd, dynion mwy addurnedig eu hiaith na myfi, i
ymgymryd o'u gwirfodd â'r dasg hon, a gwau'r hanes ynghyd
rywdro eto mewn arddull fwy caboledig, gan roi urddas
ac anrhydedd ar y cyfan. Yn y cyfamser, fy erfyniad a'm
deisyfiad yw ar i'ch cysegredicaf Fawrhydi edrych yn
ddaionus ar y gwaith bychan hwn, gymaint ag ydyw, ac ar
sêl eich ufudd was; derbyniwch y gwaith yn llawen, fel
eiddo un a fyddai'n sicr yn dymuno cyflawni pethau mwy
a gwell, pe bai ganddo'r cyneddfau a'r galluoedd ar gyfer
hynny. Yr wyf yn hyderus y bydd i'ch Uchelder, ag ysbryd
gwir deilwng o frenin, bwyso a mesur y gwaith nid yn ôl
unrhyw ragoriaeth a berthyn iddo, ond yn ôl ysbryd a oedd
yn barod — a dyna'r peth pwysicaf oll — i foddhau Eich
Mawrhydi ym mhob modd. Boed i'r Duw Goruchaf lwyddo
Eich Uchelder Brenhinol, a'ch cadw yn ddianaf am hir
amser, er budd y byd Brytanaidd.

IV

DAVID POWEL

Ludovicus Virunnius Ponticus, *Britannicae Historiae Libri Sex,* a Gerallt Gymro, *Itinerarium Cambriae* a *Cambriae Descriptio* (Llyfr 1).

1585

(i) *Llythyr Annerch at Syr Henry Sidney, ar ddechrau'r 'Britannicae Historiae Libri Sex'*

At yr uchelradd Syr Henry Sidney, Marchog o Urdd dra phendefigaidd y Gardys, Arglwydd Lywydd Cymru, Aelod o Gyfrin Gyngor Ei Mawrhydi'r Frenhines, fy Nhra Pharchedig Arglwydd.

Barchus Lywydd! Y mae dau beth sy'n rhoi'r urddas pennaf ar wladwriaeth a hefyd, fel arfer, yn gosod dynion yn y safle fwyaf anrhydeddus ac uchelradd: y naill wedi'i seilio ar ddefnydd o wyddor milwriaeth, ond y llall ar ymroddiad i lên ac ar wladweiniaeth. Oblegid pan yw dyn wedi atgyfnerthu doniau meddwl anghyffredin ag arbenigrwydd dysg ac â chlod ar gyfrif ei athrylith, nid yw unrhyw orchwyl yn rhy fawr iddo allu ei ddirnad â'i ddeall, ei reoli â'i farn, ei gyflawni â'i wrolder, ei warchod â'i uniondeb — a bwrw, wrth gwrs, fod y gallu i'w ddwyn i ben yn beth a ganiateir i ddynion — a hynny oll i'r fath raddau fel mai iawn yw ei ystyried ef yn bendefig ac yn ŵr o fri ymhlith pawb. Yn union yr un modd ag y mae'r dyn hwnnw sydd â dewrder gwych yn amddiffyn ei gyd-ddinasyddion rhag niwed gelynion a rhag grym arfau, yn ceisio gogoniant tragwyddol

48

i'w wrolder ei hun, felly hefyd y mae'n gwbl iawn fod y dyn sydd wedi'i gynysgaeddu â gwybodaeth amryddull mewn llên, sy'n gyfarwydd â delio'n barhaus â gorchwylion sifil, ac sydd wedi ennill iddo'i hun glod am ei ddysg a'i ddoeth-ineb, yn derbyn yr un gogoniant trwy gyfrwng y teitlau a'r anrhydeddau uchaf. O'ch plentyndod cynharaf (fel y dywedir) yr ydych chwi wedi gosod eich holl fryd a'ch llafur ar y pethau hyn, gan ymegnïo gyda'r clod uchaf yn y ddau fath o waith: yn gymaint yn sŵn arfau a gwersyll ag wrth eich astudiaeth ddi-stŵr o lên. Oblegid wedi drachtio gwybodaeth o lên yn helaeth, treuliasoch gyfnod heini blodau'ch dyddiau yn ddyn arfog, ar flaen y gad, yn amddiffyn heddwch y Wladwriaeth; ond yn awr eich bod yn heneiddio, yr ydych yn treulio'r cyfan o'r rhan olaf hon o'ch oes — o leiaf gymaint ag y mae'r gorchwylion a osodir arnoch gan y Frenhines a'r Wladwriaeth yn ei ganiatáu — yn casglu ac yn cyhoeddi hanes y rhanbarthau hynny yr ydych wedi bod yn eu rheoli. Bydd hynny yn sicrhau i chwi ogoniant bythol eich enw a chariad o'r dyfnaf gan bawb — ond yn arbennig ymhlith y cenhedloedd hynny y mae eich ymddygiad mor hael tuag atynt; oblegid

> Tra bo afonydd yn llifo i'r môr, cysgodion yn tramwyo'r mynyddoedd, y ffurfafen yn bwydo'r sêr bwaog, bydd dy anrhydedd a'th enw a'th glodydd di yn parhau byth'.[1]

Ni ellwch chwi gyflawni dim sy'n fwy dewisol gan y cenhedloedd hynny na rhoi anrhydedd ar gyflawniadau llachar eu pobl trwy eu cofnodi mewn llên. Yr ydym yn disgwyl cael yn fuan gan y tra dysgedig John Hooker[2] hanes Iwerddon, wedi'i gasglu ynghyd o lawer o gofysgrifau hynafol yn unol â'ch cynllun ac ar eich cost chwi. Fodd bynnag, eich dymuniad oedd fod hanes Cymru yn cael ei ysgrifennu gennyf fi (gŵr nad wyf, fe ddichon, yn gymwys i ymgymryd â baich mor fawr). I'r graddau yr oedd fy ngallu eiddil yn caniatáu, cyflewnais y llynedd un rhan o'r gwaith a osodwyd arnaf;[3] ac yn awr, wele i chwi grynodeb Ponticus Virunnius, gŵr tra dysgedig, o Hanes Prydain [Sieffre o Fynwy]. Y dasg a ymddiriedwyd gennych i mi oedd fy mod yn cyhoeddi'r gwaith hwnnw yn yr un gyfrol ag ysgrifeniadau Gerallt 'Sylvester' am Gymru. Dyma fi, ynteu, yn danfon gwaith Ponticus Virunnius atoch, wedi'i gywiro yn unol â Llyfr [Hanes] y Brytaniaid,[4] ac wedi'i lanhau o'r llu brychau yr oedd gynt mor llawn ohonynt yn argraffiad Awgsbwrg.[5] Hyd nes bod Gerallt yn ymddangos, gall efrydwyr hynafiaethau Prydain eu difyrru eu hunain yn darllen yr awdur hwn, sydd wedi dod i'r golwg ar eich gorchymyn chwi.[6]

Ynglŷn â Hanes yr Hen Frytaniaid[7]

Er y gall yr hanes hwn ymddangos yn gwbl ddychmygol mewn rhai pethau, fel petai wedi cael ei lenwi i'r ymylon â storïau chwedlonol, eto i gyd fe'i hategir gan hynafiaeth barchus, ac mae dynion mwyaf dysgedig pob oes yn ei gymeradwyo a'i gadarnhau. Gyda golwg ar olyniaeth y personau, cadarnheir rhan ddiweddaraf yr hanes — o ddyfodiad Cesar i'r ynys hon hyd at ddiwedd brenhiniaeth y Brytaniaid — gan awdurdod y mwyaf cymeradwy a llachar ymhlith ysgrifenwyr. Y mae Cesar ei hun, Dio Cassius ac eraill yn adrodd am Cassivellaunus [Caswallon], y daeth Cesar i Brydain yn ei gyfnod.[8] Clywir gan Dio, llyfr 60, am Cunobelinus [Cynfelyn], ac yn yr un man adroddir fel y cafodd ei feibion Caratacus [Caradog] a Togodumnus eu trechu a'u gyrru ar ffo gan Aulus Plautius.[9] Y mae Juvenal yn sôn am Arviragus, a Tacitus hefyd, o dan yr enw Prasutagus.[10] Y mae Cornelius Tacitus, Dio, Eutropius ac eraill yn adrodd am y llywodraethwyr Rhufeinig a ddanfonwyd i'r ynys hon ac y ceir sôn amdanynt yn yr hanes hwn. Y mae Tacitus, Dio a Gildas yn crybwyll Bunduica.[11] Ceir sôn yn Beda, llyfr 1, pennod 4, am y Brenin Lucius ac am gychwyn cyntaf y broffes Gristnogol [ym Mhrydain]. Clywir am safle brenin ac am fraint brenhiniaeth y Brytan-

iaid yng nghyfreithiau Edward y Cyffeswr ac mewn llawer
man yng ngwaith Gerallt. Fe ysgrifenna Herodian a'r holl
haneswyr Rhufeinig am Severus, Bassianus a Geta.[12]
Crybwyllir Carausius, Alectus ac Asclepiodotus yn Eutro-
pius, llyfr 9.[13] Fe ysgrifenna Gildas a Beda am hanes erlid
y Cristnogion ym Mhrydain.[14] Am ymfudiad y milwyr o
Brydain gyda Maximus i'r rhan o Âl a elwir wrth yr enw
Armorica, ceir yr hanes gan Nennius, Beda (*De Temporum
Ratione*), Gerallt Gymro, a Gildas ei hun, sydd hefyd yn sôn
am Ambrosius Aurelianus, y gwarchae ar Mons Badonicus,
Constantinus, Vortiporius a Maglocunus.[15] Ond am yr hanes
am Arthur, sydd wedi cael ei gyfansoddi mewn dynwarediad
o ffug-chwedlau Groegaidd, gyda llawer o bethau yn cael
eu hadrodd sydd y tu hwnt i'r hygrededd sy'n angenrheidiol
mewn hanes, a phroffwydoliaethau ynfyd Myrddin —
dyma'r pethau sy'n gyfrifol am yr holl dramgwydd ac
ymrafael. Eto i gyd y mae'n glir nid yn unig wrth y llu hen
gofebau sydd wedi cael eu henw oddi wrth Arthur, ond
hefyd wrth yr hanesion Sgotaidd a Sacsonaidd ac ysgrifen-
iadau'r mwyaf dysgedig ymhlith amddiffynwyr yr hanes
hwn, fod yr Arthur hwnnw wedi bod yn frenin ar Brydain,
yn ddyn amlwg ei glod mewn rhyfel, ac iddo'n fynych fod
yn fuddugoliaethus ar ei elynion trwy ei gampau tra
rhagorol. Am Geredig [Careticus], Cadfan [Cadvanus],
Cadwallon [Cadvallonus] a Chadwaladr [Cadwallader], a
yrrwyd i mewn i Gymru gan y Sacsoniaid, y mae llai o
amheuaeth.

Y mae rhan gynharaf yr hanes hwn — cyn dyfodiad Cesar
i Brydain — yn llai sicr, ac am nad yw'n cael ei gadarnhau
gan awdurdod ysgrifenwyr o'r tu allan fe rydd fwy o achos
amau i ddynion ymyrgar a drwgdybus. Fodd bynnag, ond
iddynt hwy fodloni i roi sylw i ysgrifeniadau mwyaf hynafol
y Brytaniaid, fe ddarganfyddant ffurf bendant o lywod-
raethu ac olyniaeth ddi-dor a pharhaus o frenhinoedd. Ac
yn fy marn i, ar fater hynafiaeth a tharddiad cenedl, peth
rhesymol yn ddiau yw rhoi mwy o goel ar y genedl honno'i

hun a'i chymdogion, yn hytrach nag ar bobl estron a'r rheini sydd ymhell oddi wrthi — fel yr iawn ddywed Myrsilus o Lesbos yn ei lyfr ar darddiadau'r Eidal a'r Etrwsciaid.[16] Ymhellach, y mae'r hen, hen enwau Brytaneg ar benrhynion, afonydd, mynyddoedd, cilfachau a dinasoedd yr ynys hon, enwau sydd wedi'u cadw hyd y dydd hwn, yn peri fod ein ffydd yn yr hanes hwn yn cynyddu. At hynny nid yw awduron estron, sydd heb fod yn gyfarwydd â hanes y Brytaniaid, yn ddigon gofalus wrth adrodd ein hanes ni, ond arferant fynd yn gyfan gwbl ar gyfeiliorn, fel y mae profiad ein hoes ni'n hunain yn ein dysgu. Er enghraifft, dyna'r hyn a gyhoeddwyd, o fewn ein cof ni, gan Paulus Jovius, Jacobus Meyer, Polydor Vergil, Robertus Cenalis, Natalis Comes, Laurentius Surius a George Buchanan,[17] y cyfan ar sail adroddiadau pobl eraill. Gyda golwg ar awduron Lladin, mae'n dra sicr eu bod hwy, wrth adrodd hanes trigolion y taleithiau, yn arfer dethol yn unig y pethau hynny a oedd yn berthnasol i glod a gogoniant pobl Rhufain, ac nad oedd byth yn arfer ganddynt yn eu cofysgrifau roi ar glawr olyniaeth y tywysogion barbaraidd, pan nad oedd hynny'n gyson â'u bwriadau hwy.

Y mae'n aros gyhuddiad arall yn erbyn yr hanes hwn, un mwy difrifol, sef ei fod, heb unrhyw amheuaeth, yn orlawn o gamsyniadau a ffugchwedlau, ac nad yw'n haeddu cael gosod dim ffydd ynddo. Er mwyn cadarnhau'r fath honiad dyfynnir awdurdod William o Newburgh;[18] yr oedd ef yn gyfoeswr â Sieffre, cyfieithydd yr hanes hwn, ac ef a roes gychwyn i'r ddadl hon, gan wrthwynebu hanes y Brytaniaid yn agored yn ei ysgrifeniadau. Yn gyntaf oll, gyda golwg ar hyn o fater, atebaf fel hyn : ni wnaf fi fyth amddiffyn camsyniadau neu chwedlau; dyger y camsyniadau i'r golwg, bwrier ymaith y chwedlau, cadwer gwirionedd hanes. Os oes modd cael hanes mwy geirwir a phrofedig am yr amser hwnnw, dadlenner ef yn gyhoeddus, derbynier ef, cadwer ef. Yn ail, parthed awdurdod William o Newburgh sydd wedi cael ei ddwyn yn erbyn yr hanes hwn, dywedaf hyn yn unig: nid wyf fi wedi f'argyhoeddi ei fod ef yn un i ymddiried ynddo yn hyn o fater. Oblegid yn ein Croniclau ni, a ysgrifennwyd dri chan mlynedd yn ôl, yr wyf yn cael fod y William hwn (a elwir yno ' Gwilym Bach ', h.y. ' William Parvus '), tua'r flwyddyn 1165 O.C., ar ôl marwolaeth y dywededig Sieffre Arthur, Esgob Llanelwy, wedi ceisio ennill yr esgobaeth iddo'i hun; ar ôl dioddef cael ei wrthod, a'i drin yn wael gan Ddafydd, mab y tywysog Owain, gwnaeth hyn oll yn rheswm dros fod yn enllibus, a dechreuodd chwydu holl wenwyn ei gasineb yn erbyn cenedl y Brytaniaid — ffaith y bydd yn hawdd i'r darllenydd meddylgar ei chanfod oddi wrth lymder a chwerwder ei waith.[19] Ond fe hoffwn i ofyn i'r rheini sydd mor llym eu gwrthwynebiad i hanes y Brytaniaid [yn ôl llyfr Sieffre], a allant hwy ddangos imi unrhyw hanes yr un mor hynafol, yn perthyn i unrhyw genedl (ac eithrio'n unig Yr Ysgrythurau Sanctaidd, nad wyf am ddechrau codi cwestiwn yn eu cylch yma), nad yw chwedlau wedi'u plethu drwyddo. Yr hanes hynaf oll yw hanes Caerdroea: ond tystia Thucydides ei fod, y rhan fwyaf ohono, yn chwedlonol. Y mae Plutarch, wrth fynd yn ôl mor bell â Theseus ar gyfer dechrau ei fywgraffiadau i enwogion, yn cadarnhau fod yr hanes cynharaf yn gymysg o chwedlau. Yna dyna Herodotus, yr hynaf o haneswyr, a elwir gan Cicero yn ' dad hanes ' — oni chyfeirir ato gan Diodorus ac eraill fel petai'n dad chwedlau? Oni chyhuddir Trebellius o gelwydd gan Vopiscus? Ac felly hefyd Tacitus gan Tertwlian ac Orosius?[20] Ac eraill yn yr un modd? Yna edryched y gwrthwynebwyr ar darddiadau'r Persiaid, yr Eifftiaid, y Groegiaid, y Rhufeiniaid — yn wir, holl genhedloedd yr hen fyd; os cânt eu bod yn gwbl rydd o bob chwedloniaeth, croeso iddynt ddiystyru a gwrthod yr hanes chwedlonol hwn am y genedl Frytanaidd. Fodd bynnag, os ydynt, yng ngwaith yr awduron a gofnododd straeon tra hynafol y cenhedloedd hynny, yn gallu canfod a dal ar ryw hen wirionedd hanesyddol yng nghanol y dychmygion chwedlonol, paham na ddylent arfer yr un tegwch wrth farnu ein hanes ni? Felly boed iddynt naill ai gadw at drefn hynafol hanes Prydain, a'r olyniaeth ddi-dor o benaduriaid a geir yn yr hanes hwnnw; neu doed un ohonynt hwy ymlaen ac ysgrifennu hanes awdurdodol yr amser hwnnw, hanes na ellir o gwbl ei wrthddweud ac a fydd yn peri fod pob ffug hanes yn cael ei wrthod gan bawb ac yn cilio ymaith. Hyd nes i hynny ddigwydd, caniataer yn rasol i mi, o dan eich nawdd chwi, ddal at yr hen olion hyn o hanesiaeth ein cenedl, a ysgrifennwyd gan ddynion mwyaf dysgedig eu hoes, ac a arbedwyd am hir amser rhag trais anghofrwydd; yn unig dymunwn wrthod proffwydoliaethau ffôl a chwedlau ofergoelus.

Dichon fy mod wedi ysgrifennu hyn oll atoch yn llawnach nag a oedd yn weddus, Anrhydeddusaf Syr! Ond gofynnaf i chwi faddau imi: oblegid ni soniais am ddim yma oherwydd awydd ymrafaelio neu ddadlau, ond yn unig am imi gael fy nghyffroi i ddyfal geisio'r gwirionedd; dyna'r rheswm paham yr wyf wedi dilyn y trywydd hwn am yn hwy nag yr oedd yn fwriad gennyf ar y dechrau. Boed i Dduw Hollalluog roi i chwi'n helaeth o'i Ysbryd Glân Ef, i gyfeirio eich meddyliau a'ch geiriau a'ch gweithredoedd oll er gogoniant iddo Ef, er iachawdwriaeth i chwi, ac er budd y Wladwriaeth.

Rhiwabon, 31 Mai 1585.

> Ufudd was Eich Anrhydedd, a'ch Caplan
> Teulu, David Powel.

(ii) Llythyr Annerch at Syr Philip Sidney, ar ddechrau'r
' Itinerarium Cambriae '

At Philip Sidney, Marchog Euraid, Gŵr Anrhyd-
eddus a Thra Enwog ar gyfrif yr holl glod sydd i'w
rinweddau a'i ddysg: David Powel yn annerch.

Dra anrhydeddus Syr! Y mae tri pheth i gyd sy'n dwyn
dyn i berffeithrwydd ac yn ei wneud yn wir fonheddig a
hyglod. Seiliwyd y cyntaf ohonynt ar ennill gwybodaeth o
gyflawniadau'r hynafiaid; yr ail ar gyfeirio digwyddiadau'r
presennol er budd cyffredinol pawb oll; a'r trydydd ar ofalu
am fuddiannau'r rheini sydd i ddod ar ei ôl. Oblegid beth
sy'n fwy addas i ŵr bonheddig na'i fod yn troi yn ei feddwl
y cof am yr hen amser a aeth heibio; yn myfyrio wrtho'i
hun uwch gorchestion eithriadol dynion tra amlwg; yn dal
o flaen ei lygaid ffurf, dechreuad, cynnydd a chyflwr gwlad-
wriaethau; yn sylwi ar achosion ac effeithiau digwyddiadau;
yn gwarchod ysgrifeniadau hanes sy'n fawr eu bri a'u dwyn
allan o dywyllwch i oleuni, gan dynnu ohonynt y pethau
hynny y gwelir fod rhinwedd ynghlwm wrthynt a'u cym-
hwyso ar gyfer trefnu bywyd yn iawn? Ymhellach, pa
wasanaeth mwy gweddus y gall dyn da ei roi na'i fod yn
ei gyflwyno'i hun yn gyfan gwbl i fuddiannau'r wladwriaeth,
gan ystyried unrhyw ennill i'w les personol ei hun yn
eilbeth; yn gosod pob llafur, pob gofal a phob meddwl ar
hyrwyddo ffyniant pobl yn gyffredinol; ac yn cadw'i feddwl
wedi'i hoelio ar yr un peth hwnnw'n unig y mae'r enaid yn
ymorffwys o'i ennill, heb ddymuno dim pellach? Yn olaf,
beth sy'n fwy priodol i wir fonedd nag ennill diolch pobl y
dyfodol, darparu ar gyfer y to nesaf, a bod yn gymwynaswr
i'r rheini sydd, hyd yma, heb eu geni? Oblegid o hyn y
daw gogoniant enw sy'n parhau byth; o hyn y deillia'r
enwogrwydd sy'n perthyn i glod bythol; o hyn y cenhedlir
mewn disgynyddion argraff a choffadwriaeth ganmoladwy.
Y mae'r rheini sydd wedi'u cynysgaeddu a'u haddurno â'r

rhinweddau hyn i'w hystyried nid yn unig yn ddynion da, ond hefyd yn ddynion gwir fonheddig: yn ddynion sydd, yn wir, yn haeddu cael ymgynghori â hwy gan dywysogion yn eu cynghorau, eu gosod mewn swyddi o lywodraeth, a'u hanrhydeddu â'r teitlau uchaf.

Y mae gennych chwi, anrhydeddusaf Philip Sidney, esiamplau 'cartrefol' ac 'etifeddol' o hyn oll yn aros yn eich boneddicaf dad, fel petaent yn cael eu harddangos i chwi mewn drych er mwyn eu dynwared. Nid oes ar gael neb sy'n fwy hyfedr nag ef wrth drafod hanes hynafol yr amser a fu; neb yn fwy celfydd wrth nodi a deall ffurfiau gwladwriaethau; neb yn fwy dyfal wrth edfryd buddugoliaethau dynion o fri ac wrth adnewyddu'r coffa amdanynt. Hefyd, yn ei ofal am fuddiannau'r cyhoedd, a hynny trwy wario mawr ar ei fuddiannau ei hun, nid wyf yn petruso ei gymharu ef â'r mwyaf cytbwys o lywodraethwyr mewn llawer oes. Oblegid, a gadael o'r neilltu yr hyn a gyflawnodd mewn rhyfel er y clod uchaf iddo'i hun a budd y Wladwriaeth — cyflawniadau sy'n haeddu ymdriniaeth hwy — yn ystod ei reolaeth o ddeng mlynedd ar hugain (pan fu'n Llywydd ar Gymru ac ar Iwerddon) gofalodd nad oedd gymaint ag un droedfedd o dir yn y rhanbarthau hynny yn cael ei rhoi yn feddiant iddo gan y Frenhines, ac nis derbyniodd ac nis dymunodd ar law'r trigolion ychwaith. Eto i gyd, er mawr glod iddo fe wariodd ar y lleoedd hynny nid yn unig ei gyflog rheolaidd, a oedd wedi'i bennu iddo, ond hefyd ei enillion personol a ddôi o'i waddol ei hun, a hyn oll er budd y Wladwriaeth ac er anrhydedd i'w Frenhines. Oblegid gymaint oedd ei ymroddiad bob amser i les y gymdeithas fel ei fod, yn y cyfamser, yn esgeuluso'i fuddiannau ei hun. Bydd y cestyll a atgyweiriodd, yr elusendai a adferodd, y ffyrdd cyhoeddus a adnewyddodd, y tai adfeiliedig a ailadeiladodd, a'r gweithiau hanes a gasglwyd ganddo ar gost bersonol fawr — rhai ohonynt eisoes wedi'u cyhoeddi, eraill eto i gael eu cyhoeddi'n fuan — yn dystiolaeth i'r oesoedd a ddêl faint fu ei ofal dros y rheini sydd i'w ddilyn yn y genhedlaeth nesaf. Profir yr un peth gan y 'Teithlyfr Gerallt' hwn, gwaith yr ymddiriedodd gopi hynafol iawn ohono i mi ar gyfer ei gyhoeddi. Yr wyf wedi ei gymharu â dau gopi arall, y naill a dderbyniais gan y tra enwog Arglwydd William Cecil, Barwn Burghley, Arglwydd Drysorydd Lloegr, noddwr mawr i fyd llên, a chynghorwr tra doeth a gofalus i'r wladwriaeth hon, a'r llall gan William Awbrey, Doethor mewn Cyfraith, Barnwr Awdiens diwyro Llys Caer-gaint; ar ôl cymharu'r rhain i gyd, paratoais yr argraffiad hwn.[21] Yr wyf wedi ceisio goleuo'r gwaith trwy gyfrwng rhai nodiadau o'r eiddof fi fy hun, er mwyn gallu deall yr hanes yn llawnach a hefyd er mwyn cael sylwi ar ddull chwedlonol yr adrodd. Yn awr fy nymuniad yw ar i'r gwaith gael ei gyhoeddi ynghlwm wrth eich enw chwi, a hynny nid yn unig er mwyn i'r hen awdur hwn, hynafol ei fonedd a mawr ei lên a'i ddysg, gael hefyd noddwr ac amddiffynnydd bonheddig a llengar i'w waith, ond hefyd er mwyn imi, trwy hyn o goffadwriaeth, eich symbylu chwi i efelychu eich tad. Cynyddwch felly mewn rhinwedd, dra anrhydeddus Philip, drwy ddarllen ac astudio'r hen awduron a thrwy gadw golwg ar les cyffredinol y wladwriaeth, a dilynwch yn ôl troed eich tad wrth ofalu am fuddiannau'r dyfodol. Ychwanegwch fwyfwy at anrhyd-edd teulu Sidney, teulu sydd eisoes yn enwog a godidog ar gyfrif ei hynafiaeth a'i gyflawniadau, a pherwch ei fod yn graddio o fod yn deulu hyglod i fod y mwyaf hyglod oll. Boed i Dduw Hollalluog roi i chwi'n helaeth o'i ofn sanctaidd Ef, sy'n cynhyrchu gwir ddoethineb.

Rhiwabon, 29 Mehefin 1585.

(iii) Llythyr at William Fleetwood, ' De Britannica Historia Recte Intelligenda, et cum Romanis Scriptoribus Reconcilianda '.

Am iawn ddeall Hanes Prydain, a'i gysoni â gwaith awduron Rhufeinig: Llythyr gan David Powel at yr anrhydeddus William Fleetwood, Sarsiant wrth Gyfraith, Cofiadur dinas enwog Llundain.

Cofiaf imi ddod a galw arnoch yn ddiweddar, ddiargyhoedd Fleetwood, ac i chwi fynnu fod ysbaid i anadlu, fel petai, yn cael ei ganiatáu i chwi o ganol dwndwr yr achosion cyfreithiol, er mwyn cael sgwrsio'n fwy rhydd â mi am bynciau dyneiddiol, yn ôl eich arfer. Pan oeddech, yng nghanol geiriau tra doeth eraill, yn trafod hen frenhiniaeth y Brytaniaid, dechreuasoch sôn am y modd yr oeddech yn dymuno gweld rhywun sy'n efrydydd hynafiaethau Prydain a Rhufain yn mynd ati i gymharu ein Hanes Prydain traddodiadol ni, y mae cymaint ymrafael ac anghytuno yn ei gylch ymhlith awduron, â gwaith yr awduron Lladin a Groeg hynny sydd wedi ysgrifennu am hanes Prydain, a hyd y bai modd eu cysoni â'i gilydd. Dadleuais i y gellid gwneud hynny yn hwylus ddigon, ac ar eich cais chwi ceisiais ddangos — i'r graddau yr oedd eiddilwch fy ngallu yn caniatáu — batrwm y gymhariaeth honno. Yna aethoch chwi ymlaen a gofyn imi ymfoddloni i roi mewn ysgrifen y geiriau a leferais y pryd hwnnw, geiriau a ddaeth o'm genau megis yn ddifyfyr. Sylweddolais fy mod, trwy fy myrbwylltra fy hun, wedi fy ngwthio'n sydyn i gyfyngder mawr, a gallwn weld un o ddau reidrwydd yn fy mygwth — naill ai bod yn agored i'r gwarth o fod yn wladaidd a dibrofiad, neu gyflawni'n llawn yr hyn yr oeddech chwi yn ei ddymuno — ac felly bûm am gryn amser yn syfrdan betruso. Yna, gan f'adfeddiannu fy hunan, a dychwelyd i'm synhwyrau fel petai, ildiais a chytuno i'r hyn yr oeddech chwi yn eich doethineb yn ei fynnu, ac addewais ei gyflawni.

Felly dyma fi yn awr yn danfon atoch yr hyn a ddywedais, i'r graddau y mae fy nghof eiddil wedi caniatáu imi ei alw yn ôl.

Y peth cyntaf a ddywedais y pryd hwnnw ydoedd fod yn rhaid alltudio dau fath o ddynion o ymgymeriad fel hwn (dynion sydd, oblegid eu haerllugrwydd, yn rhwystro ymgais at y fath gysoni). O'r rhain, y dosbarth cyntaf yw'r rheini nad ŷnt yn petruso haeru fod y cyfan o'r Hanes Brytanaidd yn ffug, a'i fod yn gwbl groes i bob gwirionedd; os dowch chwi ag unrhyw beth allan o hen gofysgrifau'r Brytaniaid sy'n profi i'r gwrthwyneb, dechreuant floeddio ar unwaith ei fod yn ffals, ac fe'i bychanant a'i ddirmygu, gan farnu nad yw'n teilyngu unrhyw wrandawiad; ac ni chredant fod dim arall i gael ei dderbyn ychwaith, ond yr hyn sy'n seiliedig ar awdurdod ysgrifenwyr Rhufeinig — fel pe na bai dim byd arall yn wir ond yr hyn y mae'r awduron hynny wedi'i gadarnhau ar sail tystiolaeth bendant neu wedi'i weld â'u llygaid eu hunain. Yr ail ddosbarth yw'r rheini sydd, i'r gwrthwyneb, yn amddiffyn yr hanes hwn y tu hwnt i bob rheswm ac yn ei warchod yn llawer rhy daer, a hynny i'r fath raddau fel eu bod yn dal yn dynn, heb amau dim, yn unrhyw chwedlau gwag sy'n perthyn i'r hanes hwnnw, y gwyrthiau ynfyd a holl ddaroganau twyllodrus y gaubroffwydi, gan haeru ar ba lw bynnag y mynnoch fod y cyfan hyn yn hollol wir. Y mae'r ddau ddosbarth hyn yn ymladd â'i gilydd gyda chymaint cynnen fel y gellid tybio eu bod weithiau yn ymladd dros eu hallorau a'u haelwydydd : tra bo'r naill â'u holl egni yn amddiffyn y chwedlau Brytanaidd, y mae'r llall yn ymdrechu i saethu drwy lygaid brain.[22] Os ydynt hwy am aros felly, heb fyth lareiddio dim na chael eu denu gan y delfryd o hynawsach anian, yna fy marn i yw y dylid eu danfon hwy ymaith a'u defnyddio, nid i ymchwilio i wirionedd hanes, ond i feddiannu rhyw gaer warchaeëdig a'i hamddiffyn rhag ymosodiadau ffyrnig gelynion; oblegid amddiffyn ystyfnig a diwyro sy'n angenrheidiol mewn sefyllfa felly, nid rhoi

ystyriaeth resymol a phwyllog. Ond y mae'n rhaid ymddiried
y gwaith o drin adferiad ac adnewyddiad yr hanes hwn i
ddynion doeth a chymedrol a fyddai'n abl i roi eu rheswm
dros eu barn eu hunain, i chwalu ymresymiadau ffuantus
eu gwrthwynebwyr, ac i ganfod a glynu wrth y gwirionedd.
At hynny, y mae rhai pethau yn yr hanes hwn na allaf fi
fy hun eu cymeradwyo, nid yn unig am eu bod yn sawru
o ffug-chwedlau Groegaidd, ond hefyd am eu bod wedi'u
hysgrifennu mewn dull sydd y tu hwnt i'r hygrededd sy'n
angenrheidiol mewn hanes : pethau fel y straeon am wedd-
newidiadau syfrdanol, gwyrthiau rhyfeddol, a holl ddarogan-
au amheus Myrddin a'r lleill, a rhai pethau eraill nad ŷnt i'w
cael mewn llyfrau a ysgrifennwyd yn yr iaith Frytaneg, er eu
bod yn cael eu cyflwyno i ni fel pe baent yn hanesyddol;
mae'n bosibl y dylid eu hystyried hwy yn ychwanegiadau'r
cyfieithydd. Pe tynnid y pethau hyn allan, yna peth hawdd
a didrafferth fyddai gwneud y math o gysoni yr oeddech
yn gofyn amdano. Oblegid nid oes fawr ddim anhawster
yn aros, boed hynny ynglŷn â cheisio gwahaniaethu rhwng
llywodraethwyr unigol y wlad, neu ynglŷn ag adroddiadau
am gyflawniadau, neu ynglŷn â deall enwau lleoedd.

Yn gyntaf, gyda golwg ar y rhai a fu'n rheoli, dyma fy
marn i : fod yr ynys hon, heb unrhyw amheuaeth, o amser
Dyfnwal Moelmud ymlaen, bob amser wedi cael ei rhannu
yn llawer o dywysogaethau; ac iddi gael ei llywodraethu
gan nifer o frenhinoedd a ddaliai'r awdurdod pennaf yn eu
taleithiau o ran deddfu a barnu : gellir gweld hyn oll o
weithiau Cesar, Tacitus, Dio, Suetonius ac eraill.

Yn ail, y mae'n dra sicr — pe na bai ond ar dystiolaeth yr
hanes hwn sydd gennym — fod Lloegr, yr Alban, Cernyw,
Dyfed, Gwynedd, Deira a Bernicia bron bob amser wedi
bod a'u brenhinoedd eu hunain ganddynt; ac er bod y rheini,
dro ar ôl tro, wedi arfer ymosod ar ei gilydd mewn rhyfel,
eto i gyd, mewn achos o berygl cyffredin i'w gwlad, er mwyn
troi heibio ymosodiad ffyrnig gan elyn o'r tu allan, arferent
bob amser apwyntio rhyw un o'u plith eu hunain yn brif

arweinydd rhyfel ac yn ymherodr arnynt (pryd bynnag y byddai rheidrwydd yn gwasgu hynny arnynt), a gwnaent bopeth yn ôl ei orchymyn ef. Felly fy haeriad i yw y gall fod llawer o awduron yn sôn yn eu gwaith am wahanol frenhinoedd (a oedd ar yr un adeg yn rheoli mewn gwahanol rannau o'r ynys), ac na ddylid am y rheswm hwnnw feddwl eu bod yn gwrthddweud ei gilydd, y naill y llall, am fod y naill yn ysgrifennu a dweud mai hwn-a-hwn, a'r llall mai rhywun arall a oedd yn frenin ar Brydain — yn arbennig gan fod llawer o frenhinoedd wedi bod yn cydoesi yma. Yn ystod ein sgwrs rhybuddiais chwi hefyd y dylid bod yn wyliadwrus ar fater enwau personau, rhag bod gwahanol enwau wedi cael eu rhoi ar yr un person; os na sylweddolir fod hynny wedi digwydd, gall y fath enwau achosi cymysgu mawr a chamsyniadau amlwg. Oblegid ymhlith y Brytaniaid (fel gyda'r Rhufeiniaid hwythau) yr oedd yn arferol enwi pobl yn ôl nodwedd arbennig ynglŷn â hwy, neu anffurfiad corfforol, megis Elidir Wâr, Uthr Bendragon, Idwal Iwrch, Gwilym Goch, ac yn y blaen.

Ar fater adroddiadau am gyflawniadau, dywedais y dylid, yng ngwaith awduron unigol, nodi a sylwi beth yw eu hagwedd tuag at eu cyd-ddinasyddion neu tuag at y rheini y maent yn ceisio enwogi eu cyflawniadau: a oes unrhyw dueddiad gorgysetlyd yn eu dull o feddwl, gyda'r canlyniad eu bod yn dyrchafu â gormod o eiriau glodydd yr hyn a gyflawnwyd gan wrthrychau eu hanes, gan geisio naill ai ddiddymu'n gyfan gwbl bob drwgweithrediad ysgeler o'r eiddynt, neu yn sicr wneud yn ysgafn ohonynt? Y mae bron bob awdur yn dioddef o'r clefyd hwn; nid oedd Cesar hyd yn oed yn rhydd ohono wrth roi ei adroddiad am ei gyflawn-iadau'i hun yn yr ynys hon, fel sy'n ddigon clir o waith Lucan, Tacitus, Dio a Plutarch. Y mae Awstin yn beirniadu Titus Livius am yr un peth. Pan fo mater yn ansicr, felly, fy marn i yw y dylid ymatal rhag cydsynio, ac y dylid pwyso a mesur yr amgylchiadau yn bwyllog; ac yna, yn y diwedd, dylid gwyro mwy tuag at farn yr awdur hwnnw yr ydym wedi adnabod a chanfod fod ei waith yn fwyaf argyhoeddiadol — a hynny'n unol â'r modd y mae'r hyn sy'n cael ei adrodd yn ymddangos yn debygol neu'n annhebygol. Eithr fy nghasgliad i yw mai'r hyn y dylem ni ddal wrtho uwchlaw popeth yw ein bod yn dwyn meddwl agored i'n hymchwil am y gwirionedd, meddwl sy'n gyfan gwbl rydd o bob opiniwn rhagfarnllyd a gogwydd cysetlyd tuag at ochri gyda'r naill ochr neu'r llall.

Ar fater dulliau neilltuol o roi enwau ar bobloedd, rhanbarthau, dinasoedd, afonydd, mynyddoedd ac yn y blaen, fy nadl i yw y dylem ni fod yn ofalus iawn i geisio deall yn ôl pa ddull y cafodd enw ei roi gyntaf oll; o ba iaith y mae wedi dod; ai'r un yw'r enw Brytaneg a'r enw Lladin, neu a ellir canfod gwahanol enwau yn y Frytaneg ac yn y Lladin; p'un a yw'r hen enw yn parhau heddiw; a phethau eraill o'r math hwn. Gyda golwg ar hyn o fater, ceisiais ddangos i chwi ei bod yr un mor angenrheidiol cael gwybodaeth a dealltwriaeth o arferion y Rhufeiniaid a'r Brytaniaid ag o'r hen iaith Frytaneg. Oblegid y mae awduron Rhufeinig wedi cymryd geiriau Brytaneg a'u haddasu i ffurf yr iaith Ladin, ac i'r gwrthwyneb y mae'n dra sicr fod y Brytaniaid wedi anffurfio geiriau Lladin yn ddychrynllyd, gan eu hysgrifennu a'u hynganu mewn dull cwbl lygredig, a hyn oll yn y fath fodd fel y tybiaf fi mai o'r braidd y gellir yn hawdd ddeall y geiriau hyn, llai fyth eu hadfer a'u cymhwyso i'w hen gywirdeb, heb wybod am y pethau hynny yr oeddynt yn cyfeirio atynt. Fodd bynnag, ar ôl gwneud sylwadau felly, yr wyf yn dal i haeru fod hyn oll y peth hawsaf yn y byd i'r rhai sy'n ymchwilio'n ofalus ac yn fanwl i hynafiaethau, ac sydd wedi'u cynysgaeddu â dirnadaeth graff a phwyllog.

A dyna bron y cyfan a grybwyllais i y pryd hwnnw. Gwaith hawdd fydd i chwi ei gywiro a rhoi gwell ffurf arno, yn ôl y mawr ddoethineb yr ydych wedi'i ennill i chwi eich hun drwy drafod materion y byd, drwy nodi esiamplau, a thrwy ymgydnabod â hen hanes. Yn hyn o fater yr wyf yn gofyn nid yn unig am eich cyngor (yn absenoldeb fy nghyfaill Lambarde)[23] ond hefyd am eich help: sef bod i chwi, sy'n gyfoethog nid yn unig o ran gwybodaeth amrywiol ac amryddull am yr hyn sy'n eithriadol mewn dysg, ond hefyd o ran deheurwydd a chraffter athrylith, beidio â bod yn anfodlon rhoi eich cymorth ym mater adfer hen hanes yr ynys hon.

V

WILLIAM MORGAN

Y Beibl Cyssegr-lan

1588

Cyflwyniad i'r Frenhines Elisabeth I

I'r Dra Anrhydeddus, Nerthol ac Araul Dywysoges
Elisabeth, trwy ras Duw Brenhines Lloegr, Ffrainc
ac Iwerddon, Amddiffynnydd y Ffydd Wir ac
Apostolaidd, etc. Gras a bendith dragwyddol yn
Yr Arglwydd.

Dra brenhinaidd Dywysoges! Y mae llawer peth sy'n dwyn
tystiolaeth gwbl eglur i faint dyled Eich Mawrhydi i'r Duw
Mawr a Goruchaf. Heb sôn am eich cyfoeth a'ch gallu a'ch
cynhysgaeth ryfeddol o ran doniau a chyneddfau naturiol,
dyna eich graslonrwydd dihafal, sy'n peri fod Eich Mawr-
hydi yn destun edmygedd i gynifer o bobl; a'ch dysg, sydd
o ran ei hamlochredd yn eich addurno mewn dull sydd y
tu hwnt i gyrraedd pawb arall; a'r heddwch gwynfydedig
yr ydych chwi'n ei fwynhau rhagor eich cymdogion; a'r
modd y bu i'r heddwch hwnnw gael ei amddiffyn — peth
na ellir fyth ei edmygu'n ddigonol — pan yrasoch eich
gelynion creulon ar ffo yn ddiweddar,[1] a hefyd bob tro y
cawsoch ddihangfa lwyddiannus oddi wrth y llu peryglon
mawrion a'ch amgylchynai. Ond hefyd — ac yn bennaf oll
— dyna eich defosiwn cwbl eithriadol, enwog trwy yr holl
fyd, y mae Duw Ei Hun wedi cynysgaeddu ac addurno Eich
Mawrhydi ag ef; a'r sêl fwyaf eiddgar honno dros ledaenu

ac amddiffyn gwir grefydd sydd bob amser wedi bod yn
llosgi o'ch mewn. Oblegid — imi gael mynd heibio am y
tro i genhedloedd eraill, a'ch cyflawniadau ardderchog eraill
chwi — y mae'r un ffaith hon bob amser yn ddigon i ddangos
maint gofal duwiolfrydig Eich Mawrhydi am y Brytaniaid
ymhlith eich deiliaid, sef eich bod nid yn unig yn raslon
wedi caniatáu fod dau Destament Gair sanctaidd Duw, sef
yr Hen a'r Newydd, yn cael eu cyfieithu i'r Frytaneg, ynghyd
â'r llyfr hwnnw sy'n pennu ffurf gweddïau cyhoeddus a
threfn gweinyddu'r sacramentau, ond hefyd wedi bod mor
ofalus â chadarnhau hynny trwy awdurdod Prif Lysoedd
y deyrnas ardderchocaf hon. Yr un pryd, y mae hynny yn
bradychu ein diofalwch a'n syrthni ni, gan i ni fethu â
chael ein cyffwrdd gan ddifrifwch yr angen na'n hysgogi gan
gyfraith mor fanteisiol, ond yn hytrach adael mater mor
bwysig bron heb ei gyffwrdd am gyhyd o amser — ac ni
ellid byth ddarganfod mater mwy ei bwys na hwn. Oblegid
Y Llyfr Gweddi, ynghyd â'r Testament Newydd yn unig, a
gyfieithwyd gan y Parchedig Dad Richard, Esgob Tyddewi,
o barchus goffadwriaeth (gyda chymorth William Salesbury,
gŵr a roes ei orau posibl i'n heglwys ni) — a hynny ugain
mlynedd yn ôl.[2] Ni ellir yn hawdd fynegi maint y budd a
ddaeth i'n cydwladwyr drwy'r llafur hwn. Yn un peth, y
mae'n pobl gyffredin ni yn ddiweddar wedi dod yn llawer
mwy hyddysg yn yr iaith Saesneg, wrth iddynt fynd ati i
gymharu â'i gilydd yr hyn a ysgrifenasid yn y Frytaneg a'r
hyn a ysgrifenasid yn Saesneg. Ond, ar ben hynny, fe wnaed
cyfraniad o'r mwyaf tuag at y gwaith o hyfforddi yn y
gwirionedd a thuag at ddod yn hyddysg yn y gwirionedd.
Oblegid cyn hynny, o'r braidd fod un neu ddau o ddynion
a fedrai bregethu yn y Frytaneg, gan fod geiriau addas ar
gyfer egluro yn y Frytaneg y dirgeledigaethau sanctaidd a
drafodir yn yr Ysgrythurau Sanctaidd naill ai wedi diflannu'n
llwyr, fel pe bai dyfroedd Lethe[3] wedi eu dileu, neu wedi
bod yn gorwedd, fe pe baent wedi'u cuddio a'u claddu o
dan lwch anarfer. Canlyniad hyn oll oedd fod y rheini a

65

oedd yn athrawiaethu yn methu ag egluro'r hyn a ddymunent yn ddigon clir, na'r rhai a oedd yn gwrando ychwaith yn gallu deall yn ddigon boddhaol yr hyn yr oeddid yn ceisio ei egluro. Yr oeddent mor anghyfarwydd â'r Ysgrythurau fel na allent wahaniaethu rhwng beth oedd tystiolaeth yr Ysgrythurau eu hunain a beth oedd yn esboniad ar yr Ysgrythurau hynny: gyda'r canlyniad eu bod yn heidio'n frwdfrydig i wrando ar bregethau, ac yn rhoi sylw eiddgar iddynt, ond bod y rhan fwyaf ohonynt yn ymadael mewn ansicrwydd ac amheuaeth — fel petaent wedi darganfod trysor mawr, ond yn methu â'i gloddio allan, neu wedi bod mewn gwledd foethus, ond nad oedd rhyddid iddynt hwy gyfranogi ohoni.

Ond yn awr, trwy diriondeb rhagorol y Duw Mawr a Goruchaf, a thrwy eich gofal arbennig chwi, a thrwy ddyfalwch diflino yr Esgobion, a thrwy lafur a gweithgarwch y cyfieithydd y soniais amdano, sicrhawyd inni fodd cael llawer mwy o bregethwyr, a'r rheini wedi eu paratoi yn well, a hefyd wrandawyr sy'n fwy cymwys i ddysgu. Y mae'r ddau bwrpas yma yn agos at galon y duwiolfrydig, ond hyd yma ni welwyd hyd yn oed led-gyflawni eu dymuniad, nac yn y naill gyfeiriad na'r llall. Oblegid yn gymaint â bod y Testament cynharach hwnnw — y Testament sy'n rhagddywediad cuddiedig o'r llall, yn llun gwan ohono ac yn dyst diamheuol iddo — wedi bod yn eisiau i'n cydwladwyr, pa sawl esiampl (gwae ni!) sydd yn guddiedig rhagddynt? pa sawl addewid sy'n llechu o'u golwg hwy? pa sawl gair cysurlon sydd wedi ei gelu oddi wrthynt? pa sawl cyngor, anogiad a rhybudd, pa sawl tystiolaeth i'r gwirionedd y mae'n pobl ni, yn groes i'w hewyllys, yn eu colli — pobl y mae Eich Mawrhydi yn eu rheoli, yn gofalu amdanynt ac yn eu caru? Y mae eu hiachawdwriaeth dragwyddol hwy — sy'n atgas gan Satan yn unig, a'i lu ef — wedi ei pheryglu'n ddirfawr hyd yma, gan mai trwy ffydd y mae pob un yn byw,[4] a ffydd yn wir sydd trwy glywed, a chlywed trwy Air Duw:[5] Gair na fu hyd yma

ond o'r braidd yn seinio yng nghlustiau ein cydwladwyr,
gan ei fod yn guddiedig mewn iaith estron. Felly pan
sylweddolais i fod cyfieithu gweddill yr Ysgrythurau i'r
iaith Frytaneg yn beth mor fuddiol, nage, yn beth mor
angenrheidiol (er imi gael fy atal am hir amser gan ymdeim-
lad o'm gwendid fy hun, aruthredd y gwaith, ac ysbryd
maleisus rhai pobl), ildiais i geisiadau'r duwiolfrydig a
goddef iddynt fy narbwyllo i ymgymryd â'r dasg bwysfawr
a thrafferthus hon, tasg nad yw'n gymeradwy o gwbl yng
ngolwg llawer. A minnau ond prin wedi ymgymryd â'r
gwaith, byddwn wedi syrthio (fel y dywedir) ar y trothwy,
wedi fy llwyr lethu gan anawsterau'r dasg a chan faint y
gost, ac ni fyddwn wedi gallu gweld argraffu ond y Pum
Llyfr, oni bai i'r Parchedicaf Dad yng Nghrist, Archesgob
Caer-gaint,[6] Maecenas rhagorol i lên a dysg, amddiffynnydd
mwyaf eiddgar y gwirionedd, a gwarcheidwad tra doeth
ar drefn a gweddustra — oni bai iddo ef lwyddo i gael
gennyf barhau gyda'r gwaith, a'm cynorthwyo â'i haelioni,
ei ddylanwad a'i gyngor. (O'r amser pan fu, o dan Eich
Mawrhydi, yn Llywydd tra doeth a chyfiawn ar y Brytan-
iaid, pryd y sylwodd pa mor hydrin a chraff eu meddwl
yw ein cydwladwyr, bu ef yn fwyaf ffafriol ei agwedd tuag
atynt, yn yr un modd ag y maent hwythau bob amser yn
fawr eu clodydd iddo ef.) A chan ddilyn ei esiampl ef, y
mae dynion da eraill wedi rhoi imi'r cymorth mwyaf.

Ar ôl cael f'ysgogi, fy nghynnal a'm cynorthwyo'n fynych
gan eu hanogaeth, eu diwydrwydd a'u llafur hwy, ac ar
ôl imi nid yn unig gyfieithu'r cyfan o'r Hen Destament ond
hefyd ddiwygio'r Newydd a'i lanhau o'r dull go wallus o
ysgrifennu a oedd ynddo[7] — yr oedd yn frith o hynny —
fe'm caf fy hun yn awr mewn penbleth ac amheuaeth ynglŷn
â phwy y mae'n iawn ac yn briodol imi gyflwyno'r gwaith
iddo. Pan gofiaf fy annheilyngdod mawr fy hun, neu pan
edrychaf ar wychder eithriadol Eich Mawrhydi, neu pan
ystyriaf fel y mae mawredd gogoneddus Duw Ei Hun yn
disgleirio ynoch (oblegid Ei ddirprwy Ef ydych chwi), yr

wyf yn dychrynu rhag nesáu at y fath lewych sanctaidd. Ond, ar y llaw arall, y mae'r teilyngdod a berthyn i'r gwaith ei hun — sydd yn ôl ei haeddiant cynhenid, megis, yn hawlio eich nodded — yn fy llanw â gwroldeb o'r newydd. Yna, o gofio iddi fod yn wiw gennych mewn ysbryd mor gyfiawn, graslon a brenhinaidd arddel yr argraffiad o'r Testament Newydd yn y Frytaneg, barnaf mai arwydd o ddiffyg doethineb ac o ysbryd sarhaus ac anniolchgar fyddai i mi chwilio am noddwr arall i'r gwaith hwn. Ni chredaf ychwaith y dylid gwahanu dau waith sy'n cydglymu yn ei gilydd ac yn cyfateb mor glòs, ond, yn hytrach, gan mai'r un peth ydynt mewn gwirionedd, dylid cadw'r ddau gopi yn yr un llyfrgell.[8] Yn wylaidd gofynnaf ac erfyniaf, plediaf â'ch Mawrhydi â'r gweddïau mwyaf taer, ar i chwi gydsynio i edrych mewn ysbryd ffafriol a charedig ar f'ymdrechion, yn gymaint â'u bod yn pwyso ar awdurdod eich cyfreithiau chwi, yn gwasanaethu achos iachawdwriaeth eich pobl, ac yn edrych tuag at ogoniant eich Duw chwi. Fy hyder hefyd yw y byddant yn gofeb barhaol nid yn unig i'ch sêl chwi dros y gwirionedd a thros y Brytaniaid, ond hefyd yn arwydd o serch mwyaf ffyddlon y Brytaniaid tuag at Eich Mawrhydi.

Os myn rhai pobl, er mwyn ceisio sicrhau cytgord, y dylid gorfodi'n cydwladwyr i ddysgu'r iaith Saesneg yn hytrach na chael cyfieithu'r Ysgrythurau i'n hiaith ni, fe ddymunwn i ar iddynt, yn eu sêl dros undod, fod yn fwy gwyliadwrus rhag sefyll yn ffordd y gwirionedd; ac yn eu hawydd i hyrwyddo cyd-ddealltwriaeth, dymunaf iddynt fod yn fwy awyddus fyth i beidio â disodli crefydd. Oblegid er bod cael trigolion yr un ynys yn defnyddio'r un iaith a'r un ymadrodd yn beth sydd i'w fawr ddymuno, eto dylid ystyried ar y llaw arall fod maint yr amser a'r drafferth a gymerai i gyrraedd at y nod hwnnw yn golygu ewyllysio, neu o leiaf ganiatáu, fod pobl Dduw yn y cyfamser yn marw o newyn am Ei Air Ef,[9] a byddai hynny'n beth llawer rhy farbaraidd a chreulon. Yna, ni ellir amau nad yw cyffelyb-

rwydd a chytgord mewn crefydd yn cyfrif mwy tuag at
undod na chyffelybrwydd a chytgord iaith. Heblaw hynny,
nid yw dewis undod yn hytrach na defosiwn, cyfleustra yn
hytrach na chrefydd, a rhyw fath o gyd-ddealltwriaeth
allanol rhwng dynion yn lle'r tangnefedd hwnnw y mae
Gair Duw yn ei argraffu ar enaid dyn — nid yw hyn oll yn
arwyddo duwioldeb digonol. Yn olaf, mor ddiffygiol mewn
synnwyr yw'r rheini sy'n tybio fod gwahardd cael Gair Duw
yn y famiaith yn rhywfaint o gymhelliad i ddysgu iaith
estron! Oblegid os na ddysgir crefydd yn iaith y bobl, fe
erys yn guddiedig ac yn anhysbys. Pan yw dyn heb wybod
rhywbeth, nid oes ganddo wybodaeth ychwaith am y
defnyddioldeb, y melystra a'r gwerth a berthyn i'r peth
hwnnw, ac ni bydd yn barod i ddygymod â'r llafur lleiaf
er mwyn ei ennill. Am hynny rhaid imi erfyn ar Eich Mawr-
hydi i beidio a chaniatáu fod unrhyw rith rheswm yn eich
rhwystro — gwn yn iawn na ddigwydd hynny — rhag
ewyllysio cyfoethogi ymhellach â'ch ffafrau y rheini yr ydych
eisoes wedi dechrau eu bendithio. Yr ydych eisoes wedi rhoi
un Testament iddynt; boed yn wiw gennych roi'r llall iddynt
hefyd. Yr ydych yn barod wedi estyn iddynt un o fronnau
Gwirionedd; moeswch iddynt y llall. Ymdrechwch i ddwyn
i berffeithrwydd yr hyn yr oeddech yn fawr eich sêl dros
weld ei gyflawni, sef bod eich pobl oll yn cael clywed
rhyfedd weithredoedd Duw yn eu hiaith eu hunain, a bod
pob tafod yn gogoneddu Duw. Boed i'r Tad nefol hwnnw
y gwelir ei fod, ym mherson Eich Mawrhydi, wedi addurno
gwendid y natur ddynol, a'r rhyw fenywaidd, a nodweddion
naturiol morwyndod, â'r fath rinweddau arwrol fel eich
bod hyd yr awr hon wedi sefyll allan bob amser yn solas
i'r rhai mewn trueni, yn ddychryn i'ch gelynion, ac yn
Ffenics i'r byd[10] — boed iddo Ef yn rasol ganiatáu eich
bod yn cael eich cyfarwyddo gan yr Ysbryd Nefol, yn cael
eich harddu â doniau Duw, ac yn cael eich amddiffyn i'r
dyfodol o dan adenydd y Goruchaf. Felly byddwch yn fam
hirhoedlog yn Israel, yn famaeth dduwiolfrydig i'r Eglwys,

a chan fod bob amser yn ddiogel rhag eich gelynion parhewch yn elyn eich hun i bob drwg: hyn oll er gogoniant tragwyddol i'r Duw Mawr a Goruchaf, i'r Hwn y bo pob gallu, anrhydedd a chlod yn oes oesoedd. Amen.

At Eich Areulaf Fawrhydi,
gyda phob dyledus barch,
Eich Mwyaf Ufudd

WILLIAM MORGAN.

Enwau'r rheini a ymdrechodd yn arbennig i hyrwyddo'r gwaith hwn:[11] Y Parchedig Dadau, Esgobion Llanelwy a Bangor:[12] rhoesant hwy ar fenthyg imi y llyfrau y gofynnais amdanynt, a gwelsant yn dda archwilio, cloriannu a chymeradwyo'r gwaith hwn.

Gabriel Goodman, Deon Westminster: dyn gwirioneddol dda, mewn gweithred yn ogystal ag mewn enw, a llwyr ymroddedig i bob duwioldeb. Arferwn ailddarllen yr hyn yr oeddwn wedi'i gyfieithu yn ei gwmni ef, ac yr oedd mor barod ei gymorth imi, gan fy helpu'n fawr iawn â'i lafur ac â'i gyngor. Hefyd rhoes imi nifer helaeth o'i lyfrau ei hun, a chaniataodd imi ddefnyddio'r gweddill yn rhydd. Trwy gydol y flwyddyn y bu'r llyfr yn y wasg rhoddodd lety imi, gyda chydsyniad mwyaf caredig aelodau'r Cabidwl:[13] cynigiwyd yr un gymwynas imi gan y Parchedicaf Archesgob, y soniais amdano'n gynharach yn y llythyr hwn, ond fe'm gorfodwyd i wrthod ei gynnig ef am fod Afon Tafwys yn rhannu ac yn gwahanu ei dŷ oddi wrth y wasg. Nid dibwys ychwaith oedd yr help a gefais gan:

David Powel, Doethor mewn Diwinyddiaeth,
Edmwnd Prys, Archddiacon Meirionnydd,
Richard Vaughan, Profost Ysbyty S. Ioan, Lutterworth.

VI

SIÔN DAFYDD RHYS

Cambrobrytannicae Cymraecaeve Linguae Institutiones

1592

(i) Cyflwyniad i Syr Edward Stradling

At Edward Stradling, Cymro, Marchog Euraid; gŵr anrhydeddus, eithriadol ei ddysg a'i ddoethineb; noddwr arbennig i lên ac i wŷr llên. Cyfarch!

Anrhydeddus a bonheddig filwr! Cofiaf i mi, a minnau wedi dod ar ymweliad â chwi a'ch gwraig uchel ei thras yng Nghastell enwog Sain Dunwyd, eich cartref hynafol chwi a'ch cyndadau, marchogion amlwg eu hurddas — cofiaf imi daro yno drwy siawns ar gerdd swynol gan y Dr. Thomas Leyson, gŵr o allu arbennig mewn meddygaeth yn ogystal ag mewn barddoniaeth. Cerdd wedi ei chyfansoddi mewn mesurau Lladin ydoedd, ac ynddi (gydag Apolo¹ yn ddigon ffafriol) yr oedd y bardd wedi canmol safle'r castell hwnnw, cadarn ei amddiffynfeydd — y safle mwyaf cymwys am ymhell ac agos. At hynny canmolai'r adeiladau drudion yr oeddech chwi wedi tynnu eu defnydd bron i gyd o greigiau'r môr ei hun, a hynny nid heb gost enfawr — adeiladau a godwyd gennych ar ymyl eithaf yr arfordir, mewn dull i'w ryfeddu. Yno y mae'r môr llidiog yn berwi ac yn rhuo yn y fath fodd nes bod y tonnau cynddeiriog, ddydd ar ôl dydd, yn hyrddio creigiau o faint anghredadwy yn erbyn muriau'r adeiladau hyn — ond i ddim pwrpas. Wedi darllen y gerdd drwyddi bernais ei bod yn dra theilwng, a'i bod

71

ei hun yn gymeradwy ar gyfrif y modd yr oedd yn cyhoeddi clodydd yr holl bethau ysblennydd hyn. Dechreuais sôn wrth rai pobl a oedd wrth law fod cerdd o'r fath fel petai'n seinio ag utgorn drwy'r byd am weithiau a oedd o'r fath ansawdd ag i haeddu pob edmygedd; yn wir, yr oedd hen feirdd, ac nid rhai isel eu clod chwaith, wedi moli llu mawr o weithiau salach, a hynny heb gyfyngu dim arnynt eu hunain. Gallai cerdd fel hon, meddwn, gael ei hystyried yn rhywbeth o harddwch cwbl nodedig, pe bai ond yn cael ei chyfieithu'n glir i'r Gymraeg gan fardd neu brydydd o Gymro; y mae nifer o feirdd felly yn ffynnu yn y gelfyddyd hon yng Nghymru hyd yn oed yn awr, beirdd na fyddai gofyn iddynt, o fewn i'w ffurfiau llenyddol eu hunain, ildio dim i'r beirdd Lladin a Groeg. Wrth imi siarad, fe ddaethoch chwi i mewn yn ddiarwybod imi, a chlywed yr hyn yr oeddwn yn ei ddweud; os cofiaf yn iawn, dyma oedd eich ateb (neu eiriau tebyg): "Nid wyf erioed wedi ymboeni o gwbl am fy nghlodydd fy hunan; ar y llaw arall, nid wyf am 'gau genau '[2] unrhyw un sydd, o garedigrwydd a chwrteisi, am ganmol rhywbeth — dim ond i'r gwir beidio â mynd ar goll o'i eiriau." Hyd yr amser hwnnw nid oeddech wedi ymroi â'ch holl egni i astudio'r iaith hon, er i chwi fod yn fwyaf hael eich croeso i rai o'n beirdd ni, beirdd a oedd yn ddiweddarach i roi enghraifft o'u gallu hwy eu hunain wrth drin y thema hon.[3] Felly, er mwyn amlygu i chwi yr arbenigrwydd y gellid ei ddarganfod yn yr iaith, gofynasoch yn daer i mi roi rhagflas i chwi drwy gyfieithu'r gerdd hon i'r Gymraeg. O ran hwyl fe wneuthum hynny — yn ddifyrrwch oriau hamdden, fel petai.[4] Yna fe'i dangosais i chwi i'w darllen, ac fe gawsoch chwi fwynhad dirfawr yn holl gyfoeth adnoddau mynegiant yr iaith doreithiog honno.

Yna gwelsoch yn dda osod tasg arall arnaf fi, sef gofyn imi gyfieithu i'n hiaith ni ein hunain lythyr a ysgrifennwyd mewn Eidaleg gan Alberto Lollio; llythyr gyda'r mwyaf swynol, yn ddiau — yn gwrthgyferbynnu, â nifer o ddadleuon, fywyd y wlad a bywyd y ddinas, ac yn rhoi'r

flaenoriaeth i fywyd y wlad am nifer o resymau arbennig o
gadarn — a llythyr a arddangosai hefyd athrylith ffrwythlon
iawn ei awdur yn herwydd hyfrydwch rhyfeddol ei ieith-
wedd. Fe'i cyfieithais rywfodd, ac fe'ch taniwyd ganddo â
chymaint awydd i feddu ein hiaith ni (awydd a oedd eisoes
wedi cael ei ennyn) nes i chwi yn y diwedd, â brwdfrydedd
o'r eiddgaraf, fynnu gennyf roi cyfarwyddyd, yn ôl trefn
gramadeg, ynglŷn â natur yr iaith Gymraeg — a hynny yn
Lladin, fel y gallai gwybodaeth am yr iaith hon gael ei
lledaenu gymaint yn haws at genhedloedd eraill yn ogystal.
Minnau, rhag ofn imi ymddangos yn afresymol o gyndyn i
farchog mor gyfeillgar, a'm Maecenas i, penderfynais osod
ffrwyth fy llafur yn agored i anadliad y maleisus, yn hytrach
na chael fy nghyfrif yn esgeulus o'm dyletswydd, er fy mod
bellach yn heneiddio, a chennyf ofal nid yn unig am y claf,
ond hefyd am faterion teuluol; ac at hynny yr wyf yn cael
fy maglu gan enllibion cwbl annheg, celwyddau digywilydd
hollol, a chyfreithio diddiwedd o gyfeiriad sycoffantiaid a
chynffonwyr, dihirod ac asynnod tafotrwg a thrwyadl
ddrygionus, a hynny i gymaint graddau nes o'r braidd y
gallaf anadlu'n rhydd. Yn ddiamau, fe ddaw ar y rhai hyn,
trwy gyfiawn farnedigaeth y Duw Mawr a Goruchaf, y
distryw eithaf y mae eu gweithredoedd yn ei haeddu, oni
ddychwelant i'w hiawn bwyll yn wir. Ond o'r diwedd (gyda
chymorth amynedd) yr wyf bellach wedi gosod arnaf fy
hun y dasg hon, sef ystyried fod cyhuddiadau a goganau
twyllodrus y rhain (ac eiddo asynnod, bygegyr a chwilod
drewllyd ac annymunol tebyg iddynt) mor ddibwys, nes bod
fy nghlustiau bellach wedi caledu yn erbyn eu crochlefau
cas — fel petaent grochlefau brogaod yn crawcian — a
hynny i gymaint graddau fel na allant darfu arnaf ddim
braidd, os o gwbl. Nid fy mod yn cael unrhyw anhawster,
yn y cyfamser, i broffwydo pa fath feddyliau sydd eisoes
gan rai o'r bobl genfigennus hynny sy'n ochri gormod gyda'r
asynnod hyn, ac sy'n byw o fewn i'n ffiniau ni, a pha fath
feddyliau a fydd ganddynt yn y dyfodol. Ond, gan bwyso

ar gymorth Duw trugarog ac ar gyngor cyfeillion, nid oedaf
ddim gyda'r pethau hyn; yn hytrach gadawaf iddynt, a
phopeth cywilyddus arall sy'n debyg iddynt, a'r materion
hynny sy'n peri trallod oblegid eu bod yn anghyson mewn
rhyw fodd neu'i gilydd â'n pwrpas ni, ynghyd â'r dynion
sy'n gyfrifol amdanynt — gadawaf iddynt (am y tro, o leiaf)
ildio'u lle i fater sydd yn haeddu'r teilyngdod a gysylltir
ag ef.

I ddychwelyd, felly, atoch chwi, Farchog hyglod. Yn sicr
yr oedd llawer rheswm a'm gyrrodd, fel petai, i ufuddhau
i'ch ewyllys. Yn gyntaf oll, am eich bod chwi eich hun yn
ŵr sydd wedi ymroi i lên a dysg, a hynny gyda llwyddiant
neilltuol. At hynny, y mae'r hyfrydwch sy'n perthyn iddynt
yn gymaint rhan o'r ddelw sydd arnoch chwi nes bod eich
cartref bob amser yn agored i bob dyn dysgedig. Yr ydych
yn cael pleser o ymuno mewn sgwrs â hwy, yn arfer eich
athrylith ym melyster yr ymddiddan â hwy, a thrwy hynny
yr ydych yn adfer egni eich meddwl lluddedig. Yn ogystal,
yr ydych wedi treulio amser helaeth yn yr Eidal, y wlad
ardderchog honno yr wyf fi'n ddyledus iddi am y rhagoriaeth
a berthyn i'm dysg i (os oes gennyf ddysg o gwbl); ac nid
hynny'n unig, oblegid yr ydych wedi teithio drwy'r rhan
helaethaf o weddill Ewrop. Canlyniad hyn oll yw fod profiad
wedi cynhyrchu ynoch ddysg, a dysg gynifer o rinweddau.
Yn sicr fe roes y teithio yma enghraifft arbennig o'ch dewrder
gwrol, a phleser mawr bellach yw cael cofio'r pethau hyn :
gan ddiystyru'r balchder ffroenuchel a'r meddalwch ysbryd
na all oddef caledi — elfennau sydd bron bob amser i'w
cael mewn dynion a anwyd mewn safle mor anrhydeddus
ac sydd wedi derbyn addysg mor ardderchog â chwi — nid
oedd yn ddirmygus gennych deithio cynifer o gannoedd o
filltiroedd, a hynny ar droed. At hyn oll, gyda golwg ar
eich hanes ar ôl i chwi ddychwelyd o'r parthau tramor, fe
welir eich bod wedi ymddwyn gartref gyda'r fath anrhydedd,
a hynny am gyhyd o amser, nes ei bod yn hollol eglur eich
bod bob amser yn berson cwbl ddianwadal. Pa angen sydd

imi sôn am y nifer mawr o ddynion cryfion sy'n cael eu cynnal gennych yn osgordd i chwi, pa angen sôn am eich ceffylau tryryw? Pa angen sôn am yr offer sydd gennych gartref, yn cynnwys cymaint o beiriannau ac arfau rhyfel — offer ar gyfer amddiffyn eich brenhines a'ch gwlad? Maent oll o'r fath ansawdd fel mai ychydig iawn o ddynion y gallwn eu darganfod i'w cymharu â chwi, a braidd neb i'w ddewis yn eich lle. Yn ddiau yr ydych chwi bob amser wedi bod yn warcheidwad ac yn ddilynwr diwyro i wir rinwedd; yr ydych bob amser wedi rhagori ar bawb fel gwneuthurwr tangnefedd. A pha syndod? Oblegid ni ddichon pren da ddwyn ffrwythau drwg.[5] Rhai o'r un fath oedd y pymtheg marchog euraid hynny o'ch blaen chwi — eich hynafiaid, dynion o fri neilltuol. (Pymtheg o farchogion anrhydeddus yw'r nifer y mae'n cydwladwyr ni yn eu cofio, gan ddechrau gyda'r William hwnnw a oresgynnodd Forgannwg gyda Robert FitzHammon).[6] Gyda pharch mawr bu'r rhain yn dal Castell Sain Dunwyd yn nhrefn eu holyniaeth. Yr ydych chwi yn ddisgynnydd uniongyrchol iddynt, yr unfed ar bymtheg yn yr olyniaeth; nid ydych i'ch ystyried yn ail i'r un ohonynt o ran rhinwedd, yr ydych yn hyglod ar gyfrif bonedd eich hynafiaid ac mae gennych eich lle yn sedd eich hynafiaid ynghyd â'ch gwraig fonheddig ei thras, y Fonesig Agnes Gage, o deulu o farchogion — merch dra urddasol i rieni urddasol. Y mae ei lledneisrwydd swynol, ei phurdeb Penelopeaidd, a doniau eraill o ran corff a meddwl sy'n eiddo iddi, doniau sy'n gwbl deilwng o'r fath arwres — y mae'r rhain oll yn cystadlu ag arwresau'r hen amser. Mor gyfan gwbl wynfydedig ydych eich dau, gyda chwlwm di-dor yn eich dal wrth eich gilydd, a'r un meddwl, yr un duwioldeb, yr un cariad cytûn yn gyffredin rhyngoch. Ond os wyf fi am adrodd yr holl nodweddion sy'n perthyn i chwi ac iddi hithau — athrylith, cymeriad, rhadlonrwydd wedi ei flasu â difrifoldeb, crefyddolder, cywirdeb — bydd yn rhaid imi gyfaddef nad wyf fi'n gymwys i'r dasg; ni bydd gennyf mo'r geiriau ar gyfer datgelu y syniad neu'r

drychfeddwl sydd gennyf. Ac yn sicr nid yw'n rhan o'm
bwriad adrodd eich clodydd yn eich gŵydd chwi eich dau,
rhag ofn i'r pethau hynny a ddywedir wedi cryn bwyso a
mesur, gael eu priodoli i dueddfryd personol, a rhag ofn i
neb dybio fod y pethau sy'n deillio o gilfachau dyfnaf y
meddwl yn cael eu dweud ar gyfer eich clustiau chwi.

Gadawer felly i'm haraith ddychwelyd i'r man y cychwyn-
nodd ohono. Y mae'r rheolau gramadeg hynny, a ddysgwyd
gan yr hen Gymry a oedd gynt o fri yn y gelfyddyd hon,
bellach wedi darfod (gwae ni!) oblegid barbareiddiwch yr
amseroedd; nid oes yn aros i ni ond darnau ohonynt (a
dynion anghelfydd wedi eu llygru trwy ychwanegu atynt,
tynnu oddi wrthynt, a'u newid), ynghyd â rhyw dameidiau
bach o athrawiaeth wedi cael eu clytio at ei gilydd yn hollol
anfedrus gan ryw goegramadegwyr mwy diweddar, ond o'r
braidd eu bod yn werth eu darllen. Y mae'r dysgedicaf o
ysgolheigion, y mwyaf eithriadol o athrawon[7] ein hoes, y
Cymro Dr. Gruffydd Robert, wedi ysgrifennu yn dra ysgol-
heigaidd, ac yn yr iaith Frytaneg, am un rhan o Ramadeg
(ond un rhan yn unig), sef Orgraff, ac argraffwyd y gwaith
ym Milan.[8] Cyflwynodd y gwaith i William, tra phendefig-
aidd Iarll Penfro, tad hyglod y Cymro a'r Marchog Euraid,
Edward Herbert, y gŵr eithriadol hwnnw mewn bri a dysg,
gŵr sydd wedi ei gynysgaeddu â chrefyddolder arbennig,
ac yn llawn deilyngu pob clod a ffafor — fy nghyfaill i'w
anrhydeddu dros byth. Yr wyf fi, fodd bynnag, mewn dull
gwahanol, a chwbl nodweddiadol ohonof fy hun, wedi
ysgrifennu am y *cyfan* hynny y gellid ei ystyried mewn rhyw
fodd yn berthnasol i waith ar Ramadeg; a chan gydym-
ddwyn â'ch dymuniad chwi, yr wyf yn danfon y rhodd
lenyddol hon atoch (rhodd yr ydych wedi bod yn disgwyl
amdani gydag eiddgarwch mawr), yn arwydd, ernes a choffa
o'm cariad mwyaf pleidiol tuag at Faecenas mor fawr. Nid
wyf fi yma yn dwyn bron ddim i'r amlwg na sylwyd arno
gan eraill o'r blaen, cyn fy ngeni i. Os clywaf eich bod chwi

wedi cael eich bodloni gan yr ernes hon — o gofio mai chwi gyntaf oll, a chwi yn unig, a roes imi'r cyfle a'r achos i ymgymryd â'r dasg hon — yna gellwch ddisgwyl yn fuan am grynodeb gennyf o'r Fetaffiseg;[9] gan eich bod mor eiddgar dros yr iaith hon, fe gyflwynaf y gwaith hwnnw ichwi (gyda ffafor Duw) yn Gymraeg. Ynddo fe fydd yn gwbl eglur mor doreithiog, mor gyfoethog yw'r iaith Gymraeg; sut y mae'n abl i drafod unrhyw gelfyddyd neu wyddor drwy gyfrwng rhagddodiaid, geiriau syml a chyfansawdd, a geiriau tarddiadol; a pha fodd nad oes raid iddi ildio i gyfoeth ymadrodd yr Arabeg, y Roeg, na'r Lladin.

Yn awr fe erys (anrhydeddus Farchog!) ichwi dderbyn yn llawen, yn unol â'ch dynoliaeth arferol, fy llafurwaith hwn, fel coffa a thystiolaeth i'm defosiwn a'm parch tuag atoch. O gofio mai yn herwydd y gofyn a'r annog taer a ddaeth oddi wrthych chwi, a chwi yn unig, yr wyf wedi mentro i'r maes hwn, cofleidiwch fi â'ch cariad ac â'ch ffafor arferol; amddiffynnwch fi â'ch awdurdod, megis â tharian Aiax,[10] rhag enllibion anwar y cenfigennus, os bydd rhai o'r cyfryw. Oblegid yng nghanol cymaint o amrywiaeth barn yn yr oes hon, oes sydd mor dueddol i feio popeth, o'r braidd y gall neb obeithio bodloni pawb. Nid bychan yw ein gobaith y bydd y Gramadeg Cymraeg hwn, sydd mor ffodus â chael ei gyflwyno i chwi, yn rhoi boddhad nid yn unig i'n cyd-Gymry, ond hefyd i rai pobloedd y tu allan i Gymru, yn enwedig yn Llydaw. Oblegid, yn y gramadeg hwn, nid yn unig fe ellwch ddarganfod, wedi ei egluro gyda gofal a manyldeb, bron bopeth a ymddangosai'n berthnasol ar gyfer deall natur yr iaith Gymraeg yn fwyaf boddhaol, ond ar ben hynny y mae'n bosibl casglu gwybodaeth hynod dderbyniol mewn perthynas â'r pwyntiau unigol hynny a ddysgwyd ynglŷn ag egwyddor barddoniaeth Gymraeg gan hen hen feirdd a oedd yn hyddysg yn yr iaith hon, ganrifoedd lawer yn ôl.

Boed i'r Arglwydd Iesu eich cadw chwi a'ch gwraig

ragorol yn ddiogel am hir amser — er ein mwyn ni ac er
mwyn y Wladwriaeth. Aberhonddu, 6 Gorffennaf 1590.

Yn wir, eich mwyaf annwyl ac ufudd,

Siôn Dafydd Rhys.

(ii) Rhagymadrodd Humphrey Prichard

Humphrey Prichard, o Fangor yng Ngwynedd, at
y Darllenydd.

Os byddai gan fy ngwlad hawl ar ran o'm twf i, a minnau'n
gwarafun iddi'r hawl honno; neu os dyletswydd pob dyn,
fel yr honna Pythagoras, fyddai ymddwyn â'r un cariad at
ei wlad ag y dylai ei ddangos wrth gyflawni ei ddyletswydd
tuag at ei fam, ac eto heb i mi wneud hynny; yn wir, pe na
bawn i'n llawenhau yn enw fy mam — fy mamaeth hefyd
— sef fy ngwlad, a fu unwaith yn blodeuo yn nydd ei
hieuenctid, ond sydd yn awr wedi cael ei llethu gan wendid
henaint; yr hon oedd unwaith wedi ei haddurno â iaith
gyfoethog, a chan feibion dysgedig a feithrinwyd ar ei
llaeth hi, ond a fu wedi hynny yn eiddil ac mewn angen
cymorth meddygon, yn crwydro drwy leoedd tywyll, ac
wedi ei hamddifadu o ogoniant ei hymadrodd; eithr sydd
yn awr, trwy Ragluniaeth Duw Hollalluog, fel petai wedi
cael ei chodi o'r llwch ac yn adfywio, yn rhannol trwy waith
caled dynion eraill, ond yn arbennig trwy weithgarwch yr
awdur hwn: pe na bawn yn llawenhau yn hyn, meddaf,
yna cawn yn gwbl gyfiawn fy ngwarthnodi gan bawb â'r
cywilydd o gael fy ystyried yn anniolchgar ac annynol. Ac
nid i mi yn unig, ond i bob Cymro sydd â gofal am ei iaith
ei hun, fe roddir yr un cyfle i gydlawenhau â mi. Oblegid
yr oedd yr iaith hon gynt wedi ei chuddio dan gymylau,
ond yn awr y mae wedi cael ei rhyddhau o'r tywyllwch trwy
gymorth y 'Gramadeg Cymraeg' hwn. Y mae'r rhesymau

am syniad gwreiddiol, neu darddiad, y gwaith hwn yn amrywiol a niferus : eto i gyd, bydd yn ddigon am y tro fy mod wedi adrodd rhai ohonynt.

Y rheswm cyntaf am y gwaith, cyn belled ag y gallaf fi ddyfalu, oedd rhyw elfen arbennig o dduwiolfrydedd, ac o grefydd sanctaidd a chywir, ar ran yr awdur, a'i eiddgarwch diflino dros ledaenu ac amddiffyn yr Athrawiaeth. Oblegid pan welodd ef na allai gweinidogion y Gair ddeall ym mhob dim, ac yn ofalus gywir, yr iaith goeth, ysgrifenedig honno, gwir iaith y Cymry, fel y mynegwyd hi yn y fersiwn mwyaf cysegredig a dysgedig hwnnw o'r Ysgrythurau Sanctaidd,[11] ac na allent ei mynegi i'w pobl er eu budd ysbryd-ol, heb gymorth rhai egwyddorion gramadeg wedi cael eu gosod i lawr yn ofalus i'r pwrpas hwnnw; ac yn arbennig gan fod yr idiom sy'n hanfod yr iaith hon yn galw am yr union beth yma : fe gyhoeddodd yr awdur y Gramadeg hwn yr wyt yn ei weld — i gyflawni'r diben arbennig hwnnw, er ei fod yr un pryd mewn ateb i gais pobl eraill hefyd. Oblegid y mae priod-ddulliau amrywiol a niferus i'w canfod ymhlith cenedl y Cymry, ac amryw dafodieithoedd; ac yn unol â'r amrywiaeth sydd rhwng y rhain i gyd fe ganfyddir ffurfiau amrywiol a niferus — mewn ffurfdroadau, berfau, gwahanol acenion, hyd sillafau, geiriau sy'n amwys neu a dau ystyr ganddynt, ymadroddion, cystrawennau, geiriau tywyll eu hystyr. Gallai'r holl bethau hyn — neu, o leiaf, y rhan fwyaf ohonynt — beri fod ystyr rhai darnau o'r Ysgrythurau Sanctaidd yn aneglur neu'n amwys, a hynny nid yn unig i'r werin, ond i gyfran helaeth o'r gweinidogion hefyd. Ond gyda chymorth y Gramadeg hwn, nid yn unig caiff y gweinidogion eu hunain eu gwaredu o'r fath anawsterau, ond trwy eu gofal a'u dyfalbarhad hwy fe gaiff y bobl hefyd ran yn yr un waredigaeth. Yr un pryd bydd defnydd o'r iaith odidog hon (sydd wedi bod yn gorwedd cyhyd fel petai wedi darfod amdani) yn ailafael o ddydd i ddydd yn ei hen nerth ymhlith y bobl, y nerth sydd yn gyfiawn ddyledus iddi. At hynny, gofynnodd ei gyfeillion

i'r awdur hwn yn gyntaf, ac o flaen pawb arall — ac iddo
ef yn unig — ymgymryd â'r dasg hon; ac yn deilwng felly,
oblegid yn ychwanegol at ei wybodaeth naturiol o'r iaith
— gwybodaeth y sugnodd ef hi i mewn yn gyfoethog gyda
llaeth ei famaeth, ar drothwy ei fachgendod — y mae ef yn
cael ei ystyried y perffeithiaf a'r mwyaf hyddysg o bawb yn
y gelfyddyd farddol yn ogystal â'r rhannau eraill o Ramadeg
Cymraeg, ac felly yn wir y mae. Heb unrhyw amheuaeth
fe ymddengys ef yn gyfryw fel na allai neb arall, yn fy marn
i, ymgymryd o wirfodd calon â'r dasg hon, tra bo ef yn fyw.
Eto, fel y dywedais eisoes, ni byddai ef, o'i ran ei hun, wedi
ymrwymo i'r gwaith hwn — er mor eiddgar yw dros
ledaeniad gwir grefydd — pe na bai'r marchog anrhydeddus
hwnnw, Edward Stradling (darllenwr eiddgar o'r Ysgry-
thurau Sanctaidd, a'r gŵr sy'n teilyngu os nad y cyfan, yn
sicr y rhan fwyaf o'r clod) wedi ei ysbarduno â'i holl ynni
pan oedd yn petruso, a chyda'i gyfoeth a'i nodded wedi
gweld fod y gwaith yn cael ei osod yn agored i farn dynion.
Yn sicr, nid yw neb yn fwy cymwys ar gyfer y fath bwrpas
na'r awdur hwn; oblegid, yn ychwanegol at ei wybodaeth
ragorol ym mhob agwedd ar ddysg, a'i lwyddiant arbennig
yn ennill gradd doethur gyda'r clod uchaf mewn meddyg-
aeth, y mae ef hefyd, yn herwydd ei deithio hir, a'i arhosiad
ymhlith cenhedloedd tramor a'i ymgydnabod â hwynt, wedi
ennill profiad o lawer o ieithoedd brodorol, ac fe eill ef
felly yn gywir gymharu ein hiaith ni â'r rheini. Ac er nad
yw'r awdur hwn yn ail i neb yn ei ddysg Gymraeg, eto i
gyd, er mwyn cydymddwyn â dymuniad y marchog
Stradling, mawr ei enwogrwydd, fe ymgynghorodd â holl
feirdd a phrydyddion mwyaf profiadol yr oes hon. Oblegid
mor fawr oedd cariad y marchog clodfawr hwnnw tuag at
y genedl a'r iaith Gymraeg (yn gymaint â'i fod ef ei hun
wedi ymwisgo â holl arfogaeth dysg mewn llên ac mewn
ieithoedd, yn dangos cariad haelionus tuag at fyd llên, a
bob amser wedi bod yn Faecenas ac yn noddwr mwyaf
caredig i'r rhai sy'n ymroi i ddysg, ffaith sydd yn wybodaeth

gyfrinachol iddynt hwy yn unig, y rhai sydd yn cael diferu arnynt o gawod helaeth ei haelioni) fel y bu iddo — nid am ei fod wedi cael ei gyffroi mewn unrhyw fodd tuag at wag ogoniant, ac yn sicr nid heb gost fawr — roi gorchymyn i rai dynion o ddysg deithio drwy Gymru gyfan â'u rhwydi fry,[12] gyda'r diben o chwilio ymhlith y beirdd a'r prydyddion mwyaf coeth am gyfrinion iaith mor ardderchog. At hynny yr oedd y Fonesig Agnes, ei briod nodedig, sydd yn arbennig gyfoethog nid yn unig ar gyfrif gwychder ei theulu a'i thras, ond hefyd yn herwydd ei chyfoeth o ran meddwl a chorff, Saesnes, o deulu Firle yn Swydd Sussex — yr oedd hi yn fawr ei hanogaeth i'w gŵr (a oedd eisoes yn prysuro ymlaen ag eiddgarwch o'r un faint), gan ddwyn rhesymau pwysfawr ger ei fron, fel petai mater arbennig iddi hi yn cael ei drafod. Y canlyniad yw ei bod yn anodd penderfynu pa un ai hi, ar gyfrif ei hanogaeth, oedd fwyaf awchus, ai ef oedd bwysicaf ar gyfrif ei ymroddiad i'r gwaith.

Yr ail reswm sy'n ei gyflwyno ei hun dros gynhyrchu'r gwaith hwn yw ardderchowgrwydd arbennig yr iaith; iaith nad yw, oblegid ei chymesuredd, cyfoeth ei hymadrodd, a cheinder ei geirfa, i'w hystyried yn ail i'r un o'i chwiorydd; iaith sydd, heb unrhyw amheuaeth, mor gyfoethog yn ei tharddiadau, yn ei geiriau cyfansawdd, yng nghymhwyster ei geirfa ac yn swyn ei hymadrodd, fel na ellid dymuno dim mwy hyblyg na mwy toreithiog ar gyfer mynegi gwybodaeth o unrhyw gelfyddyd. Mewn ieithoedd eraill — hyd yn oed Hebraeg a Groeg — peth poenus iawn, o bosibl, yw gweld gair sydd yn un o ran ei gyfansoddiad, ond â phedwar gair yn dod allan ohono. Gair Hebraeg sydd yn gyfansawdd o bedwar gair (yn null y geiriau hyn i gyd) yw hwn, sef מַלְּפָנֶיךָ [13] yn golygu yn llythrennol *a apud faciem tuam* [o ' ym mhresenoldeb dy wyneb '], hynny yw *a facie tua* [o'th ŵydd]. I lunio'r gair hwn mae dau arddodiad yn dod at ei gilydd ar ei ddechrau, mae un rhagenw fel petai wedi cael ei ddodi ar ei sawdl, gyda'r enw yn y canol, fel hyn, ךָ / פָּנִים / ל / מִן. Yna eto, y mae'r gair Groeg hwn,

81

er enghraifft, yn cynnwys pedwar o eiriau: εὐεπανόρθωτος, hynny yw, *y gellir ei gywiro*. Ond y mae geiriau Groeg sy'n cynnwys mwy o sillafau na hynny yn cael eu hystyried naill ai yn rhy wrthun, neu wedi cael eu cyfansoddi gan ffyliaid: er enghraifft, βομβαρδοξιφεσισχοινεγχεσιπυρδιάλεκτοι. Y mae'r gair hwn yn cynnwys saith gair Groeg, a dyma'i ystyr yn llythrennol: *Bombardagladiofunhastaflammilo-quentes*, yn cynnwys chwe gair Lladin.[14] Ond am yr iaith Gymraeg, y mae hi ar ei mwyaf prydferth ac effeithiol pan fydd nid yn unig bedwar, ond hefyd bump, neu chwech, neu efallai fwy o eiriau wedi cael eu cynnwys gyda'i gilydd o fewn yn union yr un gair cyfansawdd; fel,

Cymhletheurgrwydrgeindorch	Chwe elfen
Gorlathrgeindegbhryn	Pum elfen
Lhindagdostlym [oedh yr hoenyn]	Pedair elfen
Lhathrgeindlosbhryn	Pedair elfen eto

Gwelir y rhain, a llawer o'r un fath, yn y Mabinogi ac yn Hanes y Cewri. At hynny, gyda golwg ar darddiad geiriau, maent yn eu cynhyrchu a'u cenhedlu eu hunain yn y fath fodd nes bod geiriau tarddiadol yn codi yn y modd mwyaf hyfryd o bob un o'r rhannau ymadrodd, ac eithrio'r fannod. Yna y mae terfyniadau bachigol a dirmygol, a hefyd eiriau sy'n perthyn i bethau o fwy sylwedd, yn cael eu portreadu mor fyw gan y gynneddf gyfansoddeiriol hon, fel nad oes yr un iaith a all ragori ar y Gymraeg. Pa angen i mi sôn am gelfyddyd barddoniaeth?[15] Y mae'r mesurau Cymraeg yn cario'r fath arbenigrwydd, y fath gywreinrwydd yn eu cyfansoddi, fel nad yw'n ddigon gwasgu'r geiriau i gorfannau, a gofalu am nifer y sillafau; ond y mae gan linellau unigol eu hodlau mewnol eu hunain, wedi cael eu gweithio allan â medrusrwydd mawr, ynghyd â'r dewis mwyaf manwl o sillafau'r goben a'r sillafau olaf ond dwy, yn unol â rheolau caeth yr hen feirdd, sydd wedi cael eu crynhoi at ei gilydd gyda gofal mawr i'r diben hwn. Ac nid yw hyn, hyd yn oed, yn ddigon, ond y mae'n rhaid i'r llinellau odledig hyn bob un ailadrodd yr un llythyren neu synnwyr ar ddechrau llinellau, sef yr hyn y maent yn ei alw yn ' gymeriad '; a hynny mewn dwy, tair, pedair, neu hyd yn oed fwy o linellau; yn unig dylai natur y gerdd ei hun fynnu hyn. Ac oni thybit fod hyn oll yn ddigon? Y mae yma fwy, efallai, nag sy'n arferol a chyffredinol mewn deunydd o'r fath mewn Groeg, Lladin, Hebraeg, Eidaleg, Ffrangeg, Sbaeneg, Is-almaeneg neu Saesneg. Ond y mae'n rhaid symud ymlaen ymhellach eto, er mwyn sylwi ar hanner cyntaf y llinell, sydd yn ateb nifer y cytseiniaid yn yr ail hanner; at hynny, nid yn unig y mae'n rhaid i'r cytseiniaid unigol yn eu tro fod yr un yn eu plith eu hunain, ond hefyd rhaid i gytsain gyntaf yr holl linell fod yr un â chytsain gyntaf yr odl.[16] Ac nid yw hynny chwaith yn ddigon; oherwydd yn union fel y mae'n rhaid i'r holl gytseiniaid, wrth gwrs, gyfateb i'w gilydd, felly y mae'n rhaid i lafariaid a diptoniaid un hanner llinell fod, i raddau helaeth, yn wahanol ac yn amgen i lafariaid a diptoniaid yr hanner arall. Fe ellid ychwanegu llu o bethau eraill yn y fan yma i ddangos arbenigrwydd eithriadol y farddoniaeth hon; yr wyf, yn fodlon ddigon, yn eu gadael allan — er mwyn bod yn fyr, ac am na ellid yn gyfleus eu cynnwys mewn unrhyw ragymadrodd. Y pethau hyn oll, wedi cael eu clymu ynghyd mewn barddoniaeth Gymraeg, sydd yn rhoi'r fath gytgord a harmoni i'r pethau hynny sy'n cynnwys yr ystyr, ac yn dwyn y fath bleser i'r glust nes eu bod i'w gweld yn tra rhagori ar linellau barddoniaeth mewn ieithoedd eraill. Ar ben hynny, sylwer ar hyn: y mae barddoniaeth Gymraeg yn ymgyrraedd at bopeth sy'n brydferth yng ngherddi cenhedloedd ac ieithoedd eraill, boed hynny mewn dyfeisgarwch, synnwyr, barn, trefn, neu unrhyw beth arall. Ac felly, i'r diben hwnnw, fe gasglodd y beirdd ynghyd, yn eu hiaith briodol eu hunain, y rheolau a'r sylwadau rhethregol a barddonol sy'n cyfrannu tuag at hyn.

Y trydydd rheswm dros dwf y gwaith hwn yw hynafiaeth,
gan nad oes eto gytundeb barn o ble y mae'n hiaith ni, y
Gymraeg, yn tarddu o ran ei harfer a'i hynganiad o eiriau,
nac o ba iaith gysefin arall y mae, ar ôl benthyg rhai pethau,
yn deillio. I'r graddau y mae geiriau wedi cael eu tynnu,
yn niwyg y Gymraeg, o'r Lladin, Groeg, Hebraeg, Eidaleg,
Ffrangeg a'r Sbaeneg, fe welir canlyniad rhyw hen gydna-
byddiaeth â'r cenhedloedd a'r ieithoedd hyn: efallai fod
geiriau o genhedloedd eraill wedi cael eu gadael ymhlith y
Cymry am fod trefedigaethau wedi cael eu sefydlu yma, a
phobloedd eraill wedi ymgymysgu â hwy. Ond y mae gan
yr iaith hon eiriau heblaw'r rhain a'r un ystyr yn union
iddynt, geiriau sydd yr un mor rymus â'r rheini a fenthyc-
iwyd. Nid ydynt nac yn anghynefin nac yn anghofiedig, a
dylid yn wir eu defnyddio, fel y gwnaed unwaith gan ein
hynafiaid, a chael gwared ar y geiriau benthyg. Y mae'r
geiriau hyn — y rhai a genhedlwyd neu a blannwyd yn ein
pobl ni gan natur, neu a dywalltwyd ynom gan Dduw —
mor arbennig a hynod i ni, fel y profwyd nad ydynt wedi
cael eu tynnu o unrhyw iaith arall; y maent mor gain ac
mor bersain i'r glust fel na ddichon neb adnabod eu gwell.
Ond am weddill ieithoedd y Gorllewin,[17] y mae'n amlwg
yn farn gyffredin ymhlith rhai o'r dysgedigion mwyaf eu
bod yn tarddu o ieithoedd eraill, ieithoedd sy'n ddechreuol
iddynt, fel petai: Sgoteg a Saesneg o'r Sacsoneg, Sacsoneg
o'r Slafoneg, Slafoneg o'r Arabeg, Arabeg o'r Galdaeg, a
honno o'r Hebraeg. Yn yr un modd, Eidaleg, Sbaeneg a
Ffrangeg o'r Lladin, a Groeg gyffredin o'r hen iaith Roeg
glasurol. Ond y mae'n hiaith ni, y Gymraeg, mor gysefin (os
caf fi ei osod felly) fel nad ymddengys ei bod yn dibynnu
ar unrhyw iaith ddechreuol arall, fel petai honno yn sail
ac yn famiaith iddi. Ymhellach, y mae'r Cymry eu hunain,
hyd y dydd hwn, bob amser yn eu galw eu hunain yn rhai
cysefin, yn rhai a blannwyd yma o'r dechreuad, yn drigolion
gwreiddiol; a hynny nid o gwbl am eu bod yn gwrthod
credu fod tarddiad eu cenedl i'w olrhain i rywle arall, ond

am na wyddant beth oedd dechreuadau sicr eu llinach, o
gofio ei bod mewn bodolaeth cyn dyfodiad Brutus yma.
Oblegid fe ysgrifenna rhai awduron dysgedig iawn a dweud
mai oddi wrth yr Hebreaid, y Caldeaid, yr Armeniaid, yr
Eifftiaid a'r Arabiaid (a'r rhain, yr hynaf o'r holl bobloedd,
gyda'i gilydd yn ffurfio mewn gwirionedd yr un genedl, a'u
hiaith yn gwahaniaethu o ran tafodiaith yn unig) y deillia'r
holl bobloedd eraill sy'n bod er adeg y Dilyw, ynghyd â'u
hieithoedd, er mor wahanol yw'r rheini i'w gilydd; ânt
ymlaen i honni fod ieithoedd priod y Phoeniciaid, yr Ioniaid,
yr Asiaid, y Persiaid, yr Indiaid, y Mediaid, yr Ethiopiaid a'r
Sabeaid wedi tarddu'n benodol o ieithoedd y rhain [sef yr
Hebreaid, y Caldeaid, a'r lleill uchod], yn yr un modd hefyd
ag y tarddodd Lladin o'r Roeg driphlyg, Ioneg, Aeoleg a
Doreg; Eidaleg, Ffrangeg a Sbaeneg o Ladin; a'r Saesneg
a'r Sgoteg yn dafodieithoedd a dyfodd o'r Ermaneg yn
ganlyniad i sefydlu trefedigaethau. Yna eto dywedant fod y
Lladinwyr, y Groegiaid, yr Eidalwyr, y Ffrancod a'r Sbaen-
wyr â modd i ddangos rhyw elfen o'r Scytheg a'r Gotheg
yn eu hieithoedd hwy (o'u cymharu â chenhedloedd eraill);
felly hefyd y Saeson parthed y Gymraeg, y Sacsoniaid
parthed yr Isalmaeneg, y Ffrancwyr parthed y Sacsoneg, y
Persiaid mewn perthynas â'r Bartheg, y Phoeniciaid a'r
Parthiaid mewn perthynas â'r Arabeg, a'r Groegiaid mewn
perthynas â'r Dwrceg, y Dartareg a'r Slafoneg; ac ar ben
hyn oll fod y Cymry yn gallu blasu'r holl ieithoedd hyn wedi
eu huno â'i gilydd yn eu hiaith hwy trwy lygriadau a
chyfnewidiadau mewn geiriau; ond ar yr un pryd, meddant,
y mae gan y Cymry eu geiriau cysefin hwy eu hunain, yn
dynodi'n llwyr yn union yr un pethau, a heb fod wedi eu
cyrchu, hyd y gwyddys, oddi wrth unrhyw genedl arall.
Ymhellach cytunir bod y Poloniaid, y Bohemiaid, y Rwsiaid,
y Lithwaniaid, y Moscofitiaid, y Bosiniaid, y Bwlgariaid, y
Serbiaid, y Croatiaid, y Dalmatiaid, a'r Fandaliaid oll yn
defnyddio, hyd y dydd heddiw, iaith Sgandinafaidd y
Slafiaid, gyda gwahaniaethau tafodieithol yn unig. Fe

gytunir hefyd fod y Cimbriaid, yr Adwaticiaid, y Nemetiaid, yr Wbiaid, y Twngriaid, y Fangioniaid, y Sicambriaid, y Sacsoniaid, y Gothiaid, y Langobardiaid, y Gepidiaid, y Pictiaid, y Normaniaid, y Getiaid, yr Alaniaid, yr Herwliaid, yr Hwniaid, y Twrcilingiaid, y Fwinwliaid, y Rwgiaid, a'r Sweciaid neu'r Swisiaid wedi goresgyn Ewrop o Sgandia Fawr, a bod y rhan helaethaf o'u hiaith hwy, sydd wedi ymledu a chael ei chwalu drwy'r cyfan o Ewrop a'r ynys-oedd cyfagos, wedi tarddu o'r Slafoneg. Felly, pe dargan-fyddid rhai geiriau dieithr — geiriau sy'n gwbl estron i'r iaith Gymraeg — ymhlith y Cymry, geiriau na ellid ystyried eu bod, trwy lygriad, wedi cael eu tynnu o Roeg, na Lladin, na Ffrangeg, na Sbaeneg, na Germaneg, na Saesneg, na Sgoteg, na Gwyddeleg, yna'r tebygrwydd yw fod y rhain i gyd, neu o leiaf y rhan fwyaf ohonynt, naill ai heb fod wedi tarddu o unrhyw iaith, neu wedi tarddu o'r Slafoneg. Ond fe glywais ein hawdur yn sicrhau iddo ef, ar ei deithiau yn yr Eidal a pharthau Groeg, a mannau eraill, osod cynifer o eiriau Cymraeg ag a oedd yn bosibl, mewn ysgrifen ac mewn sgwrs, gerbron Poloniaid, Slafiaid, Twrciaid, Iddewon a Germaniaid, er mwyn iddynt hwy geisio eu dirnad; ond ni allent hwy eu dehongli, na deall o ble y tarddent trwy lygriad neu ddirywiad. Felly, cyn belled ag y gallwn ni ddyfalu, dylid ystyried pob gair o'r math hwn yn syml yn air Cymraeg (neu ' Gambrobrytaneg '); dyna natur y geiriau a ganlyn : *Phelaic, Phygl, Phrawdh, Senw, Menwyd, Mysb, Mawa, Mawedh, Mychedyn, Banan, Rhyon, Adoyw, Rhwyl, Edmic, Alawr, Pedroc, Lhilhen,* ac eraill sydd bron yn rhy niferus i'w cyfrif.[18] Nid yw'r rhain — a dyma y dylid sylwi arno — yn tarddu o unrhyw iaith estron. Gadawer i'r rhain fod yn ystyron y geiriau hyn : *ymherodr, gwynt, brys, grym, llawenydd, craig, llonyddwch, cyfoeth, haul, ofn, milwr, ysbardun, llys brenhinol, urddas ac anrhydedd, pwrs, profedig, gafr.* O ganlyniad, fe deilwng ystyrir yr iaith Gymraeg gan lawer fel yr unig un, ymhlith holl ieithoedd gorllewin Ewrop, sydd heb fod ganddi darddiad pendant, ac fe feddylir am y bobl eu hun hwythau fel rhai a blannwyd yma o'r dechreuad, yn drigolion gwreiddiol, yn rhai cysefin — a hynny fel casgliad rhesymegol, nid o ran unrhyw sarhad arnynt. Ond dyna ddigon, a mwy na digon, am y mater hwn.

Y mae hefyd bedwerydd rheswm dros ledaenu a diogelu yr iaith Gymraeg hon, a'r rheswm hwnnw yw'r pennaf o ddigon yn fy marn i, ac ym marn yr awdur; sef, bid siŵr, am fod Elisabeth, ein brenhines araul, arwres o'r dras fwyaf urddasol, yr hon sydd yn rhagori ar ddoniau arferol gwragedd yn nerth ei hathrylith, yn ei chynefindra â llên, ym monedd ei meddwl, ac yn ei moesau tra godidog, (pe baech yn ystyried ei dysg hi, ac nid eiddo Aspasia; amryw-iaeth ei gwybodaeth hi o ieithoedd, nid eiddo Zenobia; uniondeb ei bywyd hi, ac nid un Plantina; ei dewrder arwrol hi, ac nid un Camilla; ei sêl dros ddoethineb, ac nid eiddo Nicaula;[19] yn fyr, pe baech yn ystyried hynawsedd ei meddwl a'i chrefyddolder, gwelech fod ei dynoldeb hi'n gymaint, a'i bod wedi'i hyfforddi yng nghyfraith Duw i'r fath raddau fel nad yw hi'n ildio i neb yn yr holl bethau hyn; neu os nad yw hi'n rhagori ar wragedd unigol yn y pethau hyn fesul un, yn sicr y mae hi, a hi yn unig, yn gyflawn gyfartal â phob un ohonynt ym mhob maes) — am ei bod hi, meddaf, ein brenhines fwyaf hyglod, wedi cael ei geni o dras hen frenhinoedd ac ymerawdwyr Cymru, dynion a gafodd eu llunio, o ran natur a lle, gan yr iaith ardderch-ocaf hon. Pe bawn i'n adrodd amdanynt hwy yma, ynghyd â'u cyflawniadau arbennig, neu pe bawn i'n ceisio, neu yn gallu, clodfori mewn molawdau teilwng yr holl nodweddion canmoliaethus a berthyn i'r frenhines fwyaf urddasol hon a'i hynafiaid, yna yn sicr byddai'r lle sydd gennyf ar gyfer siarad yn rhy gyfyng imi, a byddai amser a dawn yn pallu yn gynt na deunydd i ysgrifennu amdano.

Y mae'r Gramadeg hwn wedi cael ei gyhoeddi mewn iaith gyffredinol, sef mewn Lladin, am fod y Marchog urddasol hwnnw yn dymuno hynny'n fawr iawn, er mwyn i'r gwaith gael cylchrediad ehangach. Oblegid ni ellid egluro dulliau ymadrodd y Gymraeg mor hwylus yn yr iaith Saesneg, er mor gyfoethog yw honno mewn cyfeiriadau eraill, ac ymddengys nad yw'r iaith Ladin yn cyfateb yn nes i unrhyw iaith nag i'r Gymraeg.

Ymhellach, y mae'r Gramadeg hwn o gyfansoddiad mor ddillyn, ac y mae mor gaboledig ym mhob rhan, fel na ellid ychwanegu dim ato nac, yn fy marn i, dynnu dim oddi wrtho — heblaw fod awdur y gwaith ei hun yn dwyn ail argraffiad i aeddfedrwydd yn y dyfodol. Ac er bod rhai dynion basddysg a choegramadegwyr, o ran cenfigen, cyn iddynt hyd yn oed weld yn llawn â'u llygaid y gwaith godidog a thra defnyddiol hwn — cynnyrch cadw'n effro yn hwyr y nos, yn ddiamau — er eu bod yn ceisio (yn ôl a glywais i) frathu ein hawdur hwn â dant fel un Theon,[20] a rhwygo'n ddarnau ei lafurwaith â'u cegau maleisus, eto i gyd bydded hysbys iddynt oll ei fod ef, yng nghwmni niferus y dysgedigion pennaf, yn sefyll allan ar gyfrif ei amryw raddau yn ymrysonfa dysg; bu hefyd yn fawr ei ofal am safonau addysg uwchradd, nid yn unig ymhlith ei bobl ei hun yn Lloegr a Chymru, ond hefyd ymhlith pobl Pistoia yn Etrwria; yno fe fu'n brifathro ar yr un fath o ysgol,[21] ac oherwydd yr amrywiaeth mawr yn y llyfrau gramadeg a oedd yn arferol yno (oherwydd y fath amrywiaeth mewn ysgolion ac ysgolfeistri), a hefyd er budd newyddianod, fe gyfansoddodd, yn gymwys ac yn briodol iawn, waith tra dysgedig ar gystrawen yr iaith Ladin, wedi ei ysgrifennu yn nhafodiaith Fflorens, a'i argraffu yn Fenis;[22] erbyn hyn, yn dâl am ei lafur, y mae'r defnydd a wneir o'r gwaith hwn wedi lledu drwy bron y cyfan o'r Eidal, fe ddywedir. Yna eto, fe gytunir fod y llyfryn bychan ar ynganiad yr iaith Eidaleg[23] — llyfr a argraffwyd ym Mhadua — yn haeddu yr un clod: llyfr y mae ef wedi ei ymddiried i'r oes sydd i ddod, fel cymwynas â'i bobl ei hun ac ag estroniaid eraill. Am hynny, gadawer i'r sibrydwyr bach dibwys hyn, yn ddwbl ddall gan glefyd eu malais, ddwyn eu cyhuddiadau

hyd at syrffed yn erbyn ein hawdur hwn: y mae ei fri ef
i'w weld yn amlycach fyth o'r herwydd, ac ni phoena ef
fwy am eu goganau hwy nag y poena eleffant yr India am
frathiad chwannen! Oblegid, er mwyn osgoi ymddangos
yn gwbl anwybodus maent yn barod i fentro rhoi eu barn
ar ddail y Sibyl,[24] a hefyd i gario arwyddion awdurdod
sensor.[25] Ond derbyniant hwy eu hunain fwy o glwyfau nag
a achosir ganddynt. Y mae'r pethau haerllug a ddywedir
gan ddynion penwan yn diflannu â chyflymder sy'n gymesur
â'u ffalster hwy eu hunain. Diwerth yw'r awdur hwnnw nad
oes ganddo gynifer o Archilochi[26] ag o rai i gyhoeddi ei fri.
Nid amcanodd ein hawdur fodloni pawb, yn sicr nid y
rheini sydd bob amser yn darnio llafur ysgrifenwyr â'u
hewinedd beirniadol: pobl nad oes ynddynt, er hynny, fwy
o ymennydd wrth farnu'r achos hwn nag sydd o waed mewn
chwannen. Yn hytrach ystyria'r awdur mai llawn digon yw
ei fod wedi bodloni dynion o ddysg. A thithau, wrth-
wynebydd, nid oes le i ti edliw mai casgliad o ddarnau o
waith pobl eraill yn unig yw'r gwaith hwn, a bod ein
hawdur wedi bod yn nyddu'r un rhaff ac yn curo'r un eingion
â hwy.[27] Os wyt yn meddwl hynny, yr wyt yn llwyr gyfeil-
iorni:[28] peth cwbl newydd yw hwn, heb fod erioed wedi
cael ei fyfyrio yn y dull hwn, nac erioed, o fewn cof dynion,
wedi cael ei ddwyn i olau dydd yn y drefn hon. Ef, wrth
groesi'r afon hon, oedd y cyntaf i fentro defnyddio'r modd
hwn i'w rhydio, gan herio holl berygl ac enbydrwydd ffawd.
Os dywedir fod y gwaith yn anhrefnus, yr wyt yn gwrthod
wynebu'r sefyllfa'n onest; yn sicr ni allai dim fod yn fwy
cryno a chywasgedig, o ystyried y deunydd, heblaw dy fod
yn dymuno gweld mater sydd eisoes yn dywyll yn cael ei
osod gerbron mewn modd sydd yn dywyllach fyth oherwydd
gormod cynildeb. Ac, eto, fe fynni di y gallem ni fod wedi
gwneud yn iawn heb y gwaith hwn. Nid byth! Oblegid ar
wahân i hwn, ni chei di ddim wedi cael ei gyhoeddi yn yr
iaith Gymraeg hyd yma, dim un drafodaeth fedrus a
chyflawn, a allai fod yn rheswm dros hepgor y Gramadeg

hwn. A'r fersiwn Cymraeg o'r Ysgrythurau Sanctaidd sydd
fwyaf oll mewn angen am help y gwaith hwn, fel y galler
ei ddeall yn fwy clir. Ac nid yw hwn yn llai buddiol i'n
pobl ni nag yw gramadegau ieithoedd eraill i'w siaradwyr
hwy. Ni fynnit, meddi, fod gŵr mor fawr â hwn, ac yntau
mewn gwth o oedran, a bron yn ddeg a thrigain mlwydd
oed, gŵr sydd wedi cael ei goethi trwy amryw ddisgybl-
aethau — fod hwn yn treulio'i amser ar fater mor ddibwys
ac ar ddadlau achos mor ansylweddol.[29] Yn wir, yr wyf yn
alaru arnat ti, yn chwilio am gwlwm ar frwynen[30] fel hyn.
A dybi di mai peth bychan yw trafod unrhyw un o'r celfydd-
ydau breiniol? Ysgrifennu rheolau pendant ar gyfer hen
iaith; dangos drwy gyfrwng esiamplau y wybodaeth sy'n
gynwysedig yn yr iaith Gymraeg; mynegi'n gryno a chelfydd
yr hyn a ddysgodd natur heb unrhyw drefn; trosglwyddo
rheolau ynglŷn â llefaru i'r rhai dibrofiad; addurno ei genedl
ei hun â gwir ddysg; cymharu'r iaith Gymraeg â'r wir safon,[31]
ac yn ôl honno ei dysgu: a wyt ti'n credu mai rhywbeth
dibwys yw hyn oll? Pe gosodid y baich hwn ar dy ysgwyddau
di, fe ddywedit yn glir ddigon, 'Y fath dasg, y fath
orchwyl'.[32] Ond, a chaniatáu mai gwaith distadl ydyw; a
chaniatáu, meddaf, mai pwnc digon dibwys a ddewisodd
ef i ysgrifennu amdano; beth am hynny? Fe gyhoeddodd
Antonius lyfr am ei Feddwdod ei hun, Fyrsil lyfr am
Chwannen, Homer am Ryfel y Brogaod, Pythagoras am
Yr Oddfau, Diocles am Feipen, Phanias y naturiaethwr am
Y Danadl.[33] Felly naill ai dos ati i gnoi a brathu'r holl
ddysgedigion hyn, neu ynteu rhyddha ein hawdur ni o'r
cyhuddiad, megis hwy. Fodd bynnag, ymataliaf rhag i'r
araith hon redeg ymlaen yn hwy nag sy'n gymwys, wrth imi
ddal i frwydro â'r enllibiwr. Yn unig fe ddymunwn dy fod
ti, ddarllenydd hynaws, wedi dy berswadio i ystyried gwerth
y gwaith hwn — cynnyrch cadw'n effro yn hwyr y nos,
gwaith a baratowyd ar dy gyfer di, a gasglwyd ynghyd er
budd pawb yn gyffredinol ac a gyhoeddwyd er mantais i'r
Cymry oll — i ystyried ei werth, meddaf, yn ôl fel y mae,

ar gyfrif ei haeddiannau, yn gwir gyrraedd at gydraddoldeb â llyfrau eraill yr wyt wedi ymboeni i'w darllen yn ofalus.

Beth bynnag am hynny, beth sy'n fwy clodwiw, neu'n fwy anrhydeddus, na gweld gwahanol genhedloedd, a rannwyd gan wahaniaeth ieithoedd, wedi cael eu dwyn o dan reolaeth yr un tywysog? Ond y mae bod yr ieithoedd hynny'n cael eu dal yn gyffredin gan bawb, a'u bod yr un mor hysbys i'r holl ddeiliaid — y mae hynny'n rhywbeth brenhinaidd, ac yn llwyr deilyngu cael ei hynodi â chlod tragwyddol. Maddau imi felly, ddarllenydd didwyll, os bydd imi drafod y mater hwn yn rhy angerddol mewn unrhyw fodd. Yr ydym ni oll yn trigo ar yr un ynys, yr ydym yn ddinasyddion yr un wladwriaeth; y mae'r un gyfraith yn bod i'r naill a'r llall ohonom, a'r un Frenhines dra hyglod; y mae materion busnes, cyfeillachau, cydgynulliadau, priod-asau, materion cyfraith a chrefydd — mewn gair, popeth sy'n weddus ac anrhydeddus — yn gyffredin rhyngom ni a'r Saeson. Y mae eu hiaith hwy hefyd yr un mor adna-byddus i ni; a'n hiaith ni — paham, gofynnaf, na ddylai honno fod mewn safle tebyg i'r llall? — yn fwy dieithr iddynt hwy. Y maent ar dân i gyd gan awydd i ddysgu ieithoedd eraill, llai defnyddiol; ond am yr iaith hon, iaith y mae ei defnyddioldeb yn fwy eglur a'i dysg yn fwy ardderchog — nid oes arnynt unrhyw awydd o gwbl i'w dysgu. Os gofynni am eu rheswm, atebant fod y Gymraeg wedi ei gordoi gan dywyllwch dudew, a'i bod yn guddiedig rhagddynt. Paham felly? Am fod unrhyw beth yn anodd i'r dyn anewyllysgar, ac nid am unrhyw reswm arall. Y mae ganddynt Reolau, Gramadegau, llyfrau wedi cael eu cyhoeddi yn yr iaith, athrawon dysgedig, cysylltiad beun-yddiol â'n pobl ni, ymwneud â'r iaith yn eu cartrefi bron bob dydd.[34] Beth, ynteu, y gellir ei ychwanegu at hynny, heblaw eiddgarwch diwyd dros ei dysgu? Rhag imi ddweud gormod, a'th flino di, ddarllenydd myfyrgar, a gaf fi yr un deisyfiad hwn o blith fy holl ddymuniadau, yn ôl dy hynawsedd arbennig, a hynny yn fy enw i ac yn enw'r awdur — sef ar i ti dy ddangos dy hun yn wir yn feirniad teg ar y gwaith hwn, nid yn sensor anghyfiawn. Paid â gwyntyllu pwyntiau unigol yn rhy ddyfal, gan fod man geni i'w weld weithiau ar yr wyneb harddaf; ond os bydd unrhyw wallau wedi digwydd, naill ai trwy frys yr ysgrifennwr neu oblegid diofalwch yr argraffydd, noder hwy ag obelus,[35] neu, os hynny sy'n dy fodloni, dilëer hwy ag ysgrifbin dy ddysg di. Trwy wneud hynny fe beri fod ein hawdur, sydd â'i ofal yn gyfan gwbl am dy fuddiannau di a buddiannau ei wlad, yn fawr ei ddyled i ti; ac os clyw ef dy fod yn derbyn y gwaith hwn, ffrwyth ei lafur, yn ddiolchgar, fe fyddi'n ysbrydoliaeth iddo i ymegnïo'n fwy ewyllysgar fyth — y mae'n prysuro ymlaen llawn digon eisoes, o'i wirfodd ei hun — gyda thasgau uwch, tasgau sydd ganddo yn rhannol mewn llaw, a hyn oll er mwyn y Wladwriaeth ac er dy fwyn di dy hunan. Yn iach.

VII

HENRY SALESBURY

Grammatica Britannica

1593

(i) Cyflwyniad i Henry Herbert, Iarll Penfro

At y Tra Anrhydeddus ac Aruchel Syr Henry, Iarll
Penfro, Barwn Herbert o Gaerdydd, Marmion a
S. Quentin, Marchog Euraid o Urdd dra urddasol
y Gardys, a theilyngaf Lywydd Cyngor Cymru.

Sylweddolaf ei bod, ers rhai cenedlaethau bellach, yn arfer
ymhlith y rhan fwyaf o wŷr llên i gyflwyno cynhyrchion
llafurfawr eu nosfyfyrdodau, a hwythau ar fin dyfod i'r
golau, i ryw wron y byddai ei fri a'i enwogrwydd yn ennill
iddynt dderbyniad mwy croesawgar gan bawb. Felly yr
wyf wedi penderfynu ceisio sicrhau rhywun, yng nghanol
holl wallgofrwydd y byd, na fyddai'n rhy amharod i estyn
ei nodded i'r llyfr bach hwn. (Fe'i hysgrifennwyd gyda'r
dduwies Minerfa'n ddigon ewyllysgar, er mor ddigelfydd
ydoedd.)[1] Oblegid yn y ffordd honno yr wyf yn hyderus y
bydd y llyfryn hwn yn abl i wrthsefyll yn ddiogelach yn
erbyn stormydd disymwth enllib, yn gymaint ag mai peth
bach ansylweddol ydyw yng nghanol nosfyfyrdodau tra
phwysfawr awduron eraill; a hefyd wedi'i amddiffyn â'r
wialen,[2] megis, sydd yn ei law, bydd yn abl i gerdded o
gwmpas yn ddiogel ac yn rhydd ymysg y dynionach cenfi-
gennus hynny sy'n ymgynddeiriogi ac yn bytheirio'u
geiriau cableddus yn erbyn pawb. Ond — a bwrw pob

amwysedd o'r neilltu — ni allaf ddarganfod neb, anrhydedd-
usaf Syr, ac eithrio chwychwi eich hun, y gallwn feddwl am
ffoi ato yn y storm hon, megis at angor cysegredig neu at
dduw trugarog. Oblegid — a phell y bo unrhyw weniaith
o'm geiriau —

> 'Fel y mae'r winwydden yn ogoniant i'r coed y mae'n
> tyfu arnynt, a'r grawnwin i'r gwinwydd; fel y mae teirw
> yn ogoniant i'w gyrroedd, a'r cnydau i'r meysydd
> toreithiog; felly chwi yw holl ogoniant eich pobl.'[3]

Dyna'r rheswm paham y mae pawb oll, ledled Cymru,
yn eich llongyfarch chwi, seren ddisglair a llachar y genedl
Frytanaidd, ac ers blynyddoedd bellach ein Llywydd tra
theilwng, o dan ein hareulaf frenhines Elisabeth — yn eich
llongyfarch am y modd yr ydych wedi gwarchod ein
buddiannau cyhoeddus a chyffredin, trwy weithredu cyf-
iawnder a thrugaredd; at hynny, fel y mae popeth ynglŷn â
chwi yn arwyddo, y mae gennych y fath reolaeth arnoch
eich hun, fel nad oes angen i chwi ildio i neb o ran eich
dynoliaeth; ac y mae buddiannau llên a dysg mor agos at
eich calon fel bod llawer yn honni mai chwi yw tad pob
dysgeidiaeth gymeradwy, a phawb oll yn eich cydnabod
yn Faecenas cyffredinol ym mhopeth perthynol i lên. Ni
thybiais ychwaith y byddai'n briodol fy mod i, a minnau'n
ysgrifennu ar fater yn ymwneud â Chymru, yn ceisio nodded
gan unrhyw un ond chwi — heblaw fy mod am ymddwyn
yn sarhaus ac anystyriol. Oblegid (fel sy'n gwbl glir oddi
wrth yr hen lawysgrifau achyddol, os ydym i osod unrhyw
ffydd yn ein beirdd, sy'n gryn awdurdodau ar y mater hwn)
yr ydych chwi'n disgyn ar ochr eich tad o Gamber ei hun;
wrtho ef, ac yntau'n frenin yma tua'r flwyddyn 2874 wedi
creu'r byd, sef 1092 cyn Crist, dechreuwyd rhoi'r enw
'Cambria' ar drydydd rhanbarth Prydain. Yn olaf — a rhoi'r
peth yn fyr — pwy a ddylai dderbyn materion perthynol i
Gymru yn fwy i'w ddiogelwch a'i nodded na Llywydd
Cymru: dyn y mae'n arfer ganddo ffrwyno a disbyddu holl

drais a llid pob gwrthwynebydd, ac sydd hefyd yn ddigon cryf i'w gorfodi oll i fod yn dawel?

Derbyniwch yn garedig, felly, dra dethol noddwr yr Awenau, y gwaith hwn — blaenffrwyth fy llafur i — ar gyfrif eich cariad tuag at eich henwlad; oblegid trwy hynny fe'm gwnewch yn llawer parotach i ymgymryd â thasgau trymach a mwy buddiol. O'r hyn lleiaf, maddeuwch fy hyfdra yn mentro aflonyddu ar Eich Anrhydedd gyda'r petheuach distadl hyn o'm heiddo, a chwithau a'ch meddwl ynghlwm wrth faterion o'r pwys mwyaf i'r wladwriaeth; oblegid, yn awr fy mod i wedi cael hyn o gyfle, hwyrach y bydd i rai o ddilynwyr mwy addurnedig yr Awenau, a phencampwyr cryfach ym maes Gramadeg — hwyrach y bydd iddynt hwy ymgymryd â'r pwnc hwn, a'i addurno a'i egluro.

Am yr hyn sy'n aros, erfyniaf yn daer ar i'r Duw Mawr a Goruchaf eich cadw am gyhyd o amser ag sy'n bosibl yn gonswl, yn dad ac yn Faecenas, er mwyn eich Brenhines, eich Henwlad a'r Awenau, a hynny mewn doethineb, duw-ioldeb a nawdd. Dinbych, 3 Chwefror 1593.

Ufudd Was Eich Anrhydedd,

Henry Salesbury.

(ii) Rhagymadrodd. At y Darllenydd

Y mae llu o ddynion gwir fawr, ac amlwg eu dysg — o blith ein hynafiaid a rhai mwy diweddar — wedi ymboeni i fwrw goleuni ar y Frytaneg; pobl fel Edern, a gyfenwir Tafod Aur, Einion Offeiriad, Minwynn, Dafydd Ddu (mathemategydd amlwg), Gruffydd Robert, ac yna'n ddiweddar John Davies, y meddyg o Siena,[4] gŵr toreithiog ei athrylith, amlwg ei wybodaeth o lên ac o ieithoedd, a thra phrofiadol yn herwydd ei deithio hir i gynifer o barthau tramor, a'i arhosiad yno.[5] Y mae'n bosibl y bydd rhywun yn synnu fy mod *i*, fel petawn yn ceisio saethu drwy lygaid brain,[6] wedi dymuno disgyn i'r maes hwn,[7] maes sy'n ddarostyngedig i sensoriaeth lem y beirniaid — a minnau'n ddyn na ellir ar unrhyw gyfrif ei gymharu â'r mawrion uchod; ond pe bai rhywun sy'n teimlo felly yn aros i bwyso a mesur yn ddiduedd fy rheswm dros yr hyn yr wyf wedi ymgymryd ag ef, fe fyddai'n rhoi'r gorau i'w chwilio cwlwm ar frwynen[8] a'i wrthwynebiad i'm hymdrechion i. Oblegid dyma'r seithfed flwyddyn er pan rois fy Ngramadeg hwn i'w ddarllen i gyfaill annwyl a oedd yn mynnu cael ei weld; yr oeddwn wedi llunio'r gwaith yn rhannol ar gais cyfeillion, ac yn rhannol ar gyfrif parch tuag at fy henwlad, a hynny yn nhŷ fy nhad, lle'r oeddwn wedi mynd ar y pryd i geisio adferiad iechyd. Er bod y gŵr a fu'n darllen y gwaith yn gyfaill mynwesol imi, ni lwyddodd ar hyd yr holl amser, mewn unrhyw ddull na modd, i gael gennyf gyhoeddi fy Ngramadeg; yn hytrach o lawer, ar ôl darllen yr 'Egwyddorion Gramadeg' gofalus a argraffwyd yn ddiweddar yn Llundain[9] yr wyf yn wir wedi cael fy nghyffroi gan awydd Sadyrnaidd am allu mewn rhyw fodd fwrw allan a dinistrio fy epil erthyl fy hun,[10] nad yw, fel y mae'n amlwg, yn haeddu cael gweld golau dydd. Ar ôl i rai o'm cyfeillion a'm cydwladwyr ddeall hynny, buont yn ceisio dwyn perswâd arnaf i adolygu'r llyfryn ac yna'i gyhoeddi, a hynny ar gyfrif enghreifftiau gwahanol a gynhwysir ynddo, na ellid ond trwy anhawster gael gafael arnynt, ac y tybient hwy eu bod yn siŵr o fod yn llawn camgymeriadau [yn y llawysgrifau] oblegid diofalwch copïwyr — ond gwrthodais i; yna buont yn ceisio fy mherswadio drwy ddal amlygrwydd o'm blaen, amlygrwydd a fyddai'n deillio o ddull cryno'r gwaith, a'r disgrifiad cain o'r elfennau a geid ynddo — ond ni wrandawn i arnynt; yn olaf gosodasant fy ngwlad a'm disgynyddion o flaen fy llygaid, ac o'r diwedd cefais fy nhrechu gan eu hawlio taer, a wnaed mewn dull mor ymdrechgar — ac ildiais. Oblegid, fel y dywed Cicero, 'y mae rhieni'n annwyl, y mae plant, perthnasau a chyfeillion yn annwyl; ond y mae'n gwlad, ynddi hi ei hun, yn cofleidio'r holl deimladau cariadus sydd gennym tuag at bawb: oblegid pa ddyn da a fyddai'n petruso mynd i gwrdd â marwolaeth dros ei wlad, pe bai hynny o fudd i'r wlad honno? '[11] At hynny, bu llawer o bobl yn barod iawn i estyn help llaw er mwyn cael y gwaith drwy'r wasg yn hwylus a llwyddiannus; byddwn wedi cynnwys eu henwau yma fel arwydd o'm diolchgarwch, oni bai fy mod yn gwybod o'r gorau mai gwell ganddynt hwy fyddai fod y pethau hynny sy'n brawf o'u haeddiannau yn cael gorwedd yn guddiedig yng nghalonnau dynion, yn hytrach na'u bod yn cael eu bwrw oddi amgylch ar darth ansylweddol canmoliaeth gyhoeddus.

Ymhellach, nid wyf fi'n poeni dim am ddrygair y rheini sy'n gweiddi a dweud fod iaith y Brytaniaid yn anodd ac yn drwsgl. Clywaf eu hymadroddion, ond caf nad oes ynddynt ddim rheswm yn y byd, neu o leiaf mai ar seiliau go ansicr y mae eu rheswm wedi ei osod. Oblegid lawer gwaith fe glywais wladwyr a gwerinwyr di-ddysg yn mynegi'r un math o syniad am Ladin, Groeg a Hebraeg; oblegid eu hanwybodaeth credent hwy, yn ynfyd hollol, fod yr ieithoedd hynny — ieithoedd yr Awenau — fel mwmial gwybed, gan feddwl mai'r unig beth derbyniol oedd yr hyn yr oeddynt hwy eu hunain yn ei wybod. Ffarwél, felly, i'r difenwyr bach sarrug hyn, y mae eu holl wybodaeth wedi ei gynnwys mewn anwybodaeth, a'u doethineb mewn cablu iaith a allai gystadlu â ieithoedd mwyaf hynafol Ewrop oll o ran swyn, rhesymoldeb a rheoleidd-dra. Ac nid oes unrhyw sail i honiad yr enllibwyr hynny sy'n edliw inni fod ynganiad y llythrennau yn rhwth a gerwin; oblegid bydd yn rhaid iddynt gyfaddef nad yw'r cyfan hynny y maent hwy yn honni ei fod yn rhwth a gerwin yn erwin mewn gwirionedd, ond yn hytrach mai yn eu tyb hwy y mae felly, ar gyfrif eu hanghynefindra â'r iaith (p'un ai ydynt hwy am gydnabod hynny ai peidio). Oblegid nid oes dim sy'n well gan natur na dwyn y caled a'r meddal, y

97

garw a'r llyfn, y trebl a'r bâs i gysylltiad â'i gilydd; oblegid
felly, fel gyda'r delyn, y llwyddir orau i gael harmoni cytûn
a chynganeddol wedi'i greu allan o synau gwahanol ac
annhebyg.[12] Ymddengys hefyd fod areithwyr, y bobl orau
am lunio iaith ac ymadrodd, yn cytuno â hyn; oblegid y
maent hwy yn ein hannog a'n cymell i fritho ein siarad ar
dro â geiriau mawreddog, geiriau melodaidd, geiriau croch,
geiriau gerwin. Felly nid huodledd y Frytaneg y mae'r
sensoriaid hynny yn ei wrthwynebu, ei enllibio a'i geryddu,
yn gymaint â natur ei hun, sy'n llawn o'r peth hwn. Yn olaf,
ynglŷn â'u dadl hwy, ni ddylid meddwl fod iaith yn llai
urddasol am fod ansawdd ei llythrennau yn fwy anniwyll
a gerwin. Oblegid y mae ieithoedd yn meddalhau o gael
eu defnyddio. Diau dy fod heb sylweddoli hynny, ond mewn
achosion eraill hefyd ni byddai pethau sydd â bri mawr
arnynt yn ildio'u budd ar wahân i rywbeth tryblus sydd
ynglŷn â hwy. Fe ddwg yr asparagus ffrwyth gyda'r melysaf,
ond planhigyn ydyw sy'n llawn pigau; mae'r llysieuyn
' Moly '[13] yn effeithiol uwchlaw pob llysieuyn arall er dwyn
gwellhad, ond gydag anhawster mawr y mae ei ddiwreiddio;
y rhosyn yw'r hyfrytaf o'r holl flodau, ond o ddraenen y
mae'n tyfu. Yn yr un modd, i'r graddau y mae'r Frytaneg yn
fwy garw na'r [rhelyw o] ieithoedd brodorol, i'r un graddau
hefyd y mae'n fwy hynafol ac yn debycach i'r Iaith Sanc-
taidd,[14] yn fwy cyflawn o ran tarddeiriau, yn berffeithiach
o ran ynganiad, yn gyfoethocach mewn geiriau cyfystyr,
yn fwy nodedig ei mater, yn fwy toreithiog mewn pob math
ar gerdd dafod; yn wir y mae'r Brytaniaid hyd yn oed
heddiw yn gosod gwerth mor rhyfeddol ar gerdd dafod fel na
thybiwn i y gellid darganfod unrhyw genedl arall a chanddi
gynifer o wahanol fathau o fydrau, yn arbennig iddi ei hun,
neu a chanddi arbenigrwydd tebyg wrth eu gosod gyda'i
gilydd — fel y gall unrhyw un sydd a llygaid ganddo weld
yn hawdd o Ramadeg y Dr. John Davies.[15] Gyda golwg ar
hynafiaeth, hyd yn oed pe na bai dim arall yn tystio iddo,
y mae ynganiad arbennig elfennau'r iaith yn llawn ohono;

felly hefyd yr amrywiaeth sy'n nodweddu'r iaith o ran
llythrennau cyntaf geiriau; gwahanol derfyniadau pendant
geiriau wrth ffurfio rhif; y dulliau rhyfeddol o redeg berfau;
y cydosod cain ar eiriau, sy'n galluogi mynegi pa wybodaeth
bynnag a fynnoch; priod-ddull neilltuol ymadroddion y
Frytaneg, a'i chystrawen arbennig ragorol wrth osod geiriau
gyda'i gilydd. Y mae'r holl bethau hyn yn peri ein bod yn
go hyderus wrth faentumio nad yw'r iaith Frytaneg wedi
codi o unrhyw iaith arall, ond ei bod wedi dod i fod fel
mam pob iaith yn y parthau hyn ar ymyl eithaf y byd; yn
arbennig felly gan ei bod, am gyfnod o dair mil a mwy o
flynyddoedd (cyfnod pan fu gwahanol Ymerodraethau yn
rheoli yma), a hyd at yr amseroedd diwethaf hyn yn hanes
y byd, wedi cael ei chadw, trwy gyfrwng llyfrau a ysgrifen-
nwyd yn gain odiaeth mewn prôs a mydr, yn bur a chyfan
a dihalog, heb i unrhyw iaith arall ymgymysgu â hi, a heb
iddi newid mewn unrhyw ffordd neilltuol.

Ond gyda golwg ar y pethau clodwiw eraill a berthyn i'r
iaith hon, nid yw fy ngallu i'n ddigonol ar gyfer eu mynegi,
ac felly fe'u gadawaf heb eu cyffwrdd, yn hytrach na'u
trafod yn wael. Oblegid a bwrw fy mod yn ymgymryd â'u
mynegi, cyn gynted ag y dechreuwn siarad naill ai fe gawn
fy llethu gan y llu o bethau manteisiol a berthyn i'r iaith,
a syrthiwn i'r llawr o dan faich fy myrbwylltra rhyfygus,
neu, gan ddibynnu ar fy ngallu eiddil, fe dynnwn yn
ddigywilydd oddi wrth ogoniant yr iaith. Felly bodloner ar
y ffaith fy mod i fy hun yn edmygu'r pethau clodwiw a
berthyn i'r iaith, ac wrth gyfansoddi'r Gramadeg hwn (neu,
os yw'n well gennyt, y 'Traethodyn' hwn ar egwyddorion
gramadeg), yr hyn yr wyf yn ei wneud yw casglu at ei
gilydd waith sy'n gymwys ar gyfer ceisio cael gan y myfyr-
gar gymryd a phrofi blodeuyn a ffrwyth y Frytaneg — a
dim mwy uchelgeisiol na hynny. A siarad yn blaen, nid oes
dim yn yr iaith ei hun i beri i ti ŵyro oddi wrth ei hastudio,
neu i fod yn hirymarhous rhag ymgymryd ag ef. Oblegid
y mae gennyt reolau pendant a hawdd ynglŷn ag acennu;

nid yw ffurfiau enwau a berfau yn amrywio ond y peth
lleiaf; nid oes unrhyw gymhlethdod ynglŷn â ffurfiau
afreolaidd; nid oes llawer iawn o wahanol ffurfiau tafod-
ieithol; y mae'r dull o drin geiriau yn gain dros ben; y mae'r
gystrawen yn dra threfnus ac yn arbennig o wych. Gellir
prynu'r gwaith yn ddigon rhad, ac felly bydded y Gramadeg
yma yn dy law ddydd a nos, a ' thra bo nerth a blynyddoedd
yn caniatáu hynny ' (ys dywed y bardd), ' bydd yn barod
i oddef pob llafur wrth y gwaith '.[16] Yn awr, yn iach; a'r un
pryd, gweddïa â gweddïau diflino ar y Duw Mawr a
Goruchaf, ar iddo — gan fod seiliau gramadeg bellach wedi
cael eu gosod yn sicr — adfer i olwg y byd ac i olau dydd
weithredoedd a chofysgrifau nodedig ac aruchel y Brytan-
iaid, sydd hyd yma wedi bod yn gorwedd yn guddiedig o
dan laid trwchus anghofrwydd sydd yr un mor drwchus.
Boed iddo Ef gyfeirio a chadw ein holl astudiaethau ar gyfer
gwneud yn hysbys ogoniant Ei Enw a'i Allu Ef. Unwaith
eto, yn iach, a myn fudd o'r gwaith.

Dolbeleidr, cartref fy nhad, 3 Chwefror 1593 O.C.

VIII

RICHARD PARRY

Y *Bibl Cyssegr-Lan*

1620

Cyflwyniad i'r Drindod Sanctaidd, ac i'r Brenin Iago I

I'r Drindod Sanctaidd ac Anwahanol, Yr Un Duw
Mawr a Goruchaf, fel y sancteiddier Ei Enw; ac i
Iago, trwy ras yr un Duw Brenin tra gogoneddus
Prydain, Ffrainc ac Iwerddon, fel y bo iddo
fwynhau pob llwyddiant: gweddi creadur isel, a
deiliad ffyddlon.

Byr yw bywyd y neb sy'n byw ond un waith, sef cyfnod ei
hoedl ar y ddaear; annedwydd yw bywyd yr anniolchgar;
crintach yw bywyd y dyn sy'n byw yn unig iddo'i hun; ac
am y dyn segur, yn wir nid yw ef yn byw unrhyw fywyd
o gwbl. Oblegid y mae ef, ac yntau'n fyw o hyd, wedi marw,
ac y mae'r cof amdano'n darfod gydag ef. Am hynny daeth
arnaf fi awydd mawr gadael ar fy ôl ryw dystiolaeth i faint
fy niolchgarwch ysbryd i'm Duw ac i'm Brenin, rhywbeth
a fyddai o fudd i'm cydwladwyr, rhyw arwydd fy mod i —
a minnau'n bryf, nid gŵr,[1] yn crwydro ar wyneb y ddaear
— wedi ewyllysio'n dda, yn ôl yr ychydig allu sydd ynof,
i Eglwys Crist. Gyda'r diben hwnnw mewn golwg, bernais
nad oedd dim y gallwn i ei wneud a oedd yn fwy teilwng
ynddo'i hun, nac yn fwy derbyniol (fel y tybiwn i) gan fy
Nuw a chan fy Mrenin, nac ychwaith yn fwy priodol er
iachawdwriaeth y Brytaniaid, na'm bod â'm holl egni yn

ceisio gwneud yn achos fersiwn Brytaneg y Beibl yr hyn sydd eisoes wedi'i wneud mor llwyddiannus yn achos y fersiwn Saesneg;[2] a hynny'n arbennig yn awr, gan fod y Beiblau sydd yn y rhan fwyaf o'n heglwysi ni naill ai ar goll neu wedi treulio, heb fod neb, hyd y gellais i gael ar ddeall, yn meddwl am argraffu rhai newydd.

Bron o'r dechrau fe'm dychrynwyd gan y gair hwnnw o eiddo Sant Jerôm ynglŷn â gwaith tebyg o'i eiddo ef: 'Yn ddiau, gwaith peryglus yw hwn, ac un sy'n agored i gyfarthiadau athrodwyr.'[3] Yr un hefyd oedd effaith gair arall gan yr un dyn: 'Nid peth dibwys yw gwybod terfynau eich gwybodaeth; rhan dyn doeth yw gwybod mesur ei gyraeddiadau, a pheidio â gwneud y byd i gyd yn dyst i'w ddiffyg profiad.'[4] Ond wrth imi betruso, fe'm calonogwyd gan air yr Arglwydd wrth Moses, 'Mi a fyddaf gyda'th enau',[5] a hwnnw a lefarwyd wrth yr Apostol, 'Fy nerth i a berffeithir mewn gwendid'.[6] Felly gan bwyso, O Dduw graslon, ar Dy gymorth Di, ac wedi f' ysbarduno, O Frenin, gan eich gorchymyn chwi i'r Saeson (fel y tystiant hwy, er clod i'ch duwiolfrydedd chwi);[7] a hefyd wedi fy nenu gan esiampl dduwiol fy rhagflaenwyr parchedig — Richard Davies, Esgob Llanelwy i ddechrau, ac yna Dyddewi, a ddaeth â'r Testament Newydd yn yr iaith Frytaneg i olau dydd, gyda William Salesbury yn ei gynorthwyo; a William Morgan, cyn-Esgob Llanelwy, a gyfieithodd y cyfan o'r Ysgrythurau Sanctaidd i'r Frytaneg — trois i fy llaw at eu cyfieithiadau hwy, yn enwedig yr olaf, a lle'r ymddangosai fod angen, ymgymerais ag atgyweirio'r hen adeilad, megis, â gofal o'r newydd. 'Beth ynteu?' — ys dywed Jerôm — 'A ydym ni yn condemnio'r hynafiaid? Dim o gwbl. Ond gan ddilyn yn ôl eu hymdrechion hwy yr ydym yn rhoi o eithaf ein llafur yn Nhŷ Dduw.'[8] Ar ôl cynaeafu'r grawnsypiau fe ganiateir codi'r grawnwin sy'n weddill; ar ôl cywain yr ŷd, fe ganiateir lloffa'r tywysennau. Felly hefyd mewn adeilad sydd, er clod ei adeiladydd, wedi'i lwyr gwblhau, fe fydd caniatâd i ddyn sicrhau fod y to'n ddiddos, symud ymaith bopeth diangen,

ailgodi'r hyn sydd wedi syrthio i lawr, a chyplysu'n iawn
wrth ei gilydd yr hyn sy'n cydasio'n wael. Am hynny, yn yr
un modd ag y diogelodd yr Atheniaid long Theseus 'trwy
dynnu ymaith y darnau pren a oedd wedi pydru gan henaint,
gan osod rhai cadarnach yn eu lle, a chydgysylltu'r cyfan
yn y fath fodd nes i ddadl godi yn ei chylch, gyda rhai yn
dal mai'r un llong ydoedd hon, ac eraill nad yr un mohoni ': *
felly'n union yr wyf finnau, yn fawr fy moliant i'm
rhagflaenydd, wedi cadw rhai pethau, ac, yn enw Duw,
wedi newid pethau eraill, gan gydglymu'r cyfan yn ei gilydd
yn y fath fodd fel bod yma hefyd enghraifft deg o fater
sy'n agored i amheuaeth, a'i bod yn anodd dweud a ddylid
ystyried mai'r hen fersiwn sydd yma, neu un newydd, ai
eiddo Morgan, neu yr eiddof fi.

Ond bid a fo am hynny, eiddot Ti ydyw yn y lle cyntaf,
O Dduw; oblegid ohonot Ti, trwot Ti, ac er Dy fwyn Di, y
mae popeth yn bod. Nyni yw'r pibau, ond eiddot Ti yw'r
anadl sy'n eu chwythu. Ti yw'r Awdur, a ni yw'r offerynnau
y mae'r Brytaniaid yn cael clywed drwyddynt, yn yr iaith
yn yr hon y ganed hwy, fawrion weithredoedd Duw.[10] ' Y
mae dyn yn estyn ei ddeheulaw, ond Duw sydd yn ei rheoli
hi.'[11] Felly, os gwnaethpwyd unrhyw beth yn dda, fe'i
gwnaed â'n dwylo ni, y mae'n wir, ond yn Dy nerth Di. A
chwithau, Eich Mawrhydi, yr anrhydeddusaf ymhlith bren-
hinoedd a'r gorau ymhlith dynion, nid wyf yn gwneuthur
yn annheg â chwi wrth roi yn uwch na chwi y Duw a'ch
gwnaeth ac a'ch gosododd mewn awdurdod. 'Nid yw'n
sarhad ar neb fod yr Hollalluog Dduw yn cael Ei roi yn
uwch nag ef.'[12] Ond yn nesaf ar ôl Duw, Eich Mawrhydi,
eiddoch chwi yw'r cyfieithiad hwn, gan nad oes neb yn
uwch na chwi, ond Duw Ei Hun. Os meddyliwch amdano
fel yr hen gyfieithiad, y mae gennych chwi hawl etifeddol
arno; ac os fel cyfieithiad newydd, y mae gennych hawl
meddiant ar hwnnw. Oblegid, ar wahân i'r ffaith fy mod i,
ynghyd â phawb arall, yn ddeiliad i chwi, y mae fy niwyd-
rwydd i, gymaint ag ydyw, yn ddyladwy i'ch Mawrhydi ar

gyfrif eich hawddgarwch arbennig, a chwbl wirfoddol, tuag ataf; tuag ataf fi, meddaf, dynionyn anghenus, gŵr dieithr i'r Llys, un sy'n treulio'i ddyddiau yng nghefn gwlad, ymhlith gweddillion y Brytaniaid: cydnabyddaf hyn bob amser ac ym mhob man, yn wylaidd iawn, a chyda phob diolchgarwch. Felly, er nad yw'n bosibl i mi dalu'n ôl yr hyn sy'n ddyledus, ac er na ellir disgwyl y bydd fy ngallu eiddil i yn abl i roi dim sy'n deilwng o'ch Mawrhydi, eto i gyd hyderaf y gellir canfod, oddi wrth hyn o ymdrech, beth yr wyf yn ffyddlon yn ei ewyllysio. Ac os caniateir imi fodloni fy Nuw a'm Brenin, a bod o fudd i'r Brytaniaid, yna byddaf wedi derbyn yr hyn a oedd flaenaf yn fy ngweddïau, yr hyn yr oeddwn yn eiddgar amdano yn fy ngwaith, a'r hyn a fydd yn gysur imi tra bwyf byw.

Boed i'r Duw Unig Ddoeth, a mawr Ei drugaredd, eich llwyddo a'ch cadw chwi a'r eiddoch, areulaf Frenin, ar yr orsedd, a'ch holl ddeiliaid yn ddarostyngedig i chwi — hyd at ddyfodiad gogoneddus Crist. Yn y dyfodiad hwnnw, boed iddo Ef eich cael chwi yn teyrnasu mewn heddwch, a ninnau'n ufuddhau o wirfodd calon. Eiddo Ef, ynghyd â'r Tad a'r Ysbryd Glân, yw'r deyrnas, y gallu a'r gogoniant, yn oes oesoedd. Amen.

RICHARD, Esgob Llanelwy.

IX

JOHN DAVIES

Antiquae Linguae Britannicae . . . Rudimenta

1621

Llythyr Annerch at Edmwnd Prys

At Edmwnd Prys, Archddiacon Meirionnydd:
hynafgwr eithriadol oblegid amlochredd ei ddysg,
gŵr sydd i'w barchu'n fawr ar lawer cyfrif, fy
nghyfaill mwyaf annwyl bob amser. Cyfarch!

Hybarch Syr! A minnau'n prysuro i ymgynghori â chwi
mewn ychydig eiriau ynglŷn â chyhoeddi'r Gramadeg
anghaboledig hwn — gwneud hynny oedd yr unig beth yr
oeddwn wedi ei fwriadu yn hyn o Ragymadrodd — dech-
reuais ragdeimlo fod Momus[1] ar fin saethu ei bicellau yn fy
erbyn i hyd yn oed, er mor ddibwys ydwyf, ac yn erbyn ein
hiaith Frytaneg ni; yn y pen draw, nid yw neb yn llwyddo
i osgoi ei enllibion ef, ac eithrio'r dyn sy'n orofalus ohono'i
hun ac yn cadw'n ormodol at ddiogelwch y cysgodion, heb
ddyfod allan byth i olwg y cyhoedd. Felly bernais na fyddai
dechrau trwy ddelio â'i sibrydion ef nac yn flinder i chwi
nac yn groes i'm pwrpas innau. Y mae ef yn achwyn arnaf
fi, naill ai am fy mod wedi mentro ychwanegu'r ymgais
fechan hon o'm heiddo i at lafur dynion eraill, sydd wedi
ymegnïo, a hynny'n llwyddiannus, yn y maes hwn o'm
blaen: cyfansoddi 'Iliad' ar ôl Homer, fel y dywedir; neu
ynteu y mae'n cwyno am nad ystyriais i mai tasg afreidiol
ydoedd hon. Fodd bynnag, nid oes eisiau iddo synnu

gymaint, pe bai ond yn dewis cofio hyn: hyd yn oed os nad oedd yn dda gan Hippias glywed 'yr un pethau bob amser', eto i Socrates y pleser mwyaf ydoedd 'clywed yr un pethau bob amser, a chlywed yr hyn a oedd yn ymwneud â'r un pethau';[2] a'r un pryd dylai sylwi nad yw neb, o leiaf o blith ysgolheigion diweddar, wedi cyrraedd pinacl perffeithrwydd wrth gyflwyno rheolau gramadeg yr iaith Frytaneg. Cyfaddefaf fy mod wedi cael fy helpu'n fawr gan lafur dynion eraill, oblegid y mae pob ychwanegiad mewn dysg yn dibynnu, i raddau helaeth, ar y seiliau sydd eisoes wedi cael eu gosod. Eto i gyd, 'nid yw'r rhai a fu'n ysgrifennu o'n blaen ni yn feistri arnom ni', yn rhai y mae'n rhaid i ni dyngu llw i wirionedd eu geiriau; 'yn hytrach, arweinwyr i ni ydynt hwy', rhai y mae'n iawn i ni ddilyn yn ôl eu troed, pan rodiant ar hyd y llwybr iawn. 'Y maent hwy wedi gadael llawer ar eu hôl i'r rhai sydd i'w dilyn. Arwydd o feddwl gor-ddiog yw bodloni ar y pethau hynny sydd eisoes wedi cael eu darganfod gan eraill; ni welir dim byth yn cael ei ddwyn i berffeithrwydd cyflawn os bodlonwn bob amser ar yr hyn sydd eisoes wedi cael ei ddarganfod'.[3] Felly pe gwelswn i fod llafur dynion eraill wedi boddio'r dysgedigion, yna buaswn wedi ymatal yn llawen rhag ymgymryd â'r dasg hon. Ond gan fod pawb yr wyf fi wedi digwydd gweld eu llyfrau wedi eu hargraffu, yn cyfaddef nad oes ganddynt wybodaeth ynglŷn â barddoniaeth Frytaneg, sut y gellid disgwyl iddynt hwy ddweud unrhyw beth sylweddol a phendant ar fater Gramadeg, gan fod Cerdd Dafod, sef y bedwaredd ran o Ramadeg, yn eisiau ganddynt? Ond nid yw'n rhan o'm bwriad warthnodi'r diffygion yng ngwaith y dynion dysgedig hyn, ac anwybyddu'r pethau perffaith. Yn unig gobeithiaf y bydd cael fy ngwaith bach i yn ychwanegol at y lleill o ryw ddefnydd i'r Eglwys Frytanaidd, ac y bydd rhyw fudd o'm llafur i yn cyrraedd rhywrai. Os llwyddaf i wneud cymaint â hynny, yna fe dybiaf fy mod wedi 'ennill pob mawrglod',[4] ys dywed y bardd adnabyddus. Os na lwyddaf yn hynny, yna

fe fydd yn ddigon o wobr am fy ngwaith os gallaf, drwy fy
ymdrechion i, ddenu dynion sy'n fwy toreithiog eu hathrylith
i astudio'r iaith Frytaneg yn fwy diwyd a darganfod pethau'n
llawnach.

Ond nid ag un bicell yn unig y mae Momus yn ymladd.
Fe hyrddia lawer ar yr un pryd, gan ddweud, 'Pa arbenig-
rwydd a berthyn i'r iaith hon? Pa ddefnyddioldeb? Pa
reidrwydd sydd i'w hystyried hi yn deilwng o gael ei
choleddu? A beth sydd a wnelych DI â Gramadeg?'

Gyda golwg ar iaith, yr hyn sy'n rhoi iddi wir flaenoriaeth
o ran anrhydedd ac urddas, ac sy'n fater ymgiprys rhwng
ieithoedd a'i gilydd, yw hynafiaeth; heb ddweud mwy na
hynny, ni bydd ar y Frytaneg unrhyw ofn disgyn i'r fath
arena gyda'r rhan fwyaf o ieithoedd brodorol. Nid oes gan
ieithoedd brawf mwy cyntefig o'u hynafiaeth na bod eu
tarddiad yn anhysbys. Felly gyda'r Frytaneg. Os llwyddwch
chwi i olrhain ei tharddiad, cewch fod yn fy ngolwg i yn
Apolo mawr eich gallu.[5] Ond ynglŷn â holl ieithoedd eraill
Ewrop, y mae'r rhan fwyaf o bobl o'r farn eu bod wedi cael
eu cenhedlu gan Ladin a chan y Slafoneg, merch yr Arabeg
ac wyres y Galdaeg. Am y rhai sy'n cyfrif bod mwy o fam-
ieithoedd cynhwynol yn Ewrop,[6] ieithoedd y mae eu rhieni
yn gwbl anhysbys, nid ydynt hyd yn oed wedi beiddio
awgrymu nad yw'r Frytaneg yn deilwng o'r anrhydedd sy'n
perthyn i famiaith. Ymddengys fod y dywediad hwnnw o
eiddo Tacitus yn awgrymu hynafiaeth yr iaith hon yn ddigon
eglur: 'Prin y gellir gwybod i sicrwydd ynghylch trigolion
cyntaf Prydain, ai yno y ganed hwy, ai ymfudo yno a
wnaethant.'[7] A geiriau Cesar eto: 'Cyfanheddir canolbarth
yr ynys gan lwythau sydd, yn ôl eu traddodiad hwy eu
hunain, yn bobl a anwyd ar yr ynys'.[8] Ac eto Diodorus
Siculus: 'Yn yr hen amserau yr oedd Prydain yn rhydd o
lywodraeth unrhyw oresgynnwr estron'.[9] Efallai mai dyna'r
rheswm pam y meddyliodd rhai ei bod yn arfer gan y
Brytaniaid eu galw eu hunain *Cymro*,[10] yn y lluosog *Cymry*,
h.y., 'Pobl wreiddiol' (os nad yw'r enw hwnnw wedi tyfu

o *Gomer*,[11] fel y myn rhai, neu o *Camber*, sy'n fwy tebyg o
fod yn wir), ac enwi eu hiaith *Cymraeg*, sef llafar gwreidd-
iol neu gysefin: nid am eu bod yn meddwl fod y genedl
wedi tarddu allan o'r ddaear fel caws llyffaint, a'r iaith
gyda hi, ond am fod dechreuadau'r genedl a'r iaith yn hŷn
na dim sydd ar gof dynion. Oblegid ynglŷn â'r hyn y mae
rhai pobl yn ei fynnu, sef bod y Frytaneg, o ran ei geirfa,
wedi ei thynnu o iaith Gâl trwy broses 'dychlamiad geiriol'
(*vocabula Britannica palpitando* — a defnyddio ymadrodd
Richard White o Basingstoke)[12] — y maent yn dwyn gerbron
ddamcaniaethau sydd mor wan a dibwys fel nad oes angen
eu hateb hyd yn oed. Fodd bynnag, ynglŷn â'r hyn y maent
yn ei haeru fod 'trigolion Gâl ar un adeg wedi defnyddio'r
iaith Frytaneg,[13] ar sail geiriau sy'n cael eu dyfynnu gan
Rhenanus, Sidonius a Lazius', y mae Humphrey Llwyd wedi
dangos fod hynny yn 'gwbl gyfeiliornus'.[14]

Yn ail, os ar y sail hon y dylid barnu fod iaith yn fwy
urddasol, perffaith, hynafol, cymwys ar gyfer mynegi teim-
ladau'r galon, a defnyddiol, sef i'r graddau y mae'n
cydweddu fwyfwy â'r Hebraeg, unig iaith yr hil ddynol am
1,700 o flynyddoedd, fwy neu lai, a mam, ffynhonnell a
chynddelw yr holl ieithoedd;[15] yna, yn hyn o fater, nid oes
unrhyw iaith sydd yn rhagori ar y Frytaneg, gredaf fi, nac
i'w chymharu â hi. Oblegid os edrychwch ar y llythrennau,
y maent yn cyfateb mor rhagorol i lythrennau'r Hebraeg
o ran eu sain. Os ystyriwch yr amrywiad digyflwr sy'n
digwydd mewn enwau a rhagenwau, h.y., heb ddefnyddio
gwahanol achosion, ond yn dangos y gwahaniaeth rhwng
unigol a lluosog yn unig; gwreiddyn y berfau, sef y trydydd
person unigol; terfyniadau'r rhagenwau, yn ffurfio un gair
trwy gynglynu wrth y rhagenw ei hun; cyfnewidiadau yn y
rhannau ymadrodd, hyd yn oed y rhai direidiad; yn olaf,
ffurfiau cysefin a threigledig geiriau: [16] bron na ddywedech
mai Hebraeg sydd yma. Os edrychwch ar y rheolau ynglŷn
ag acennu, nid yw'r acen byth yn disgyn ond ar y sillaf
olaf neu'r sillaf olaf ond un, fel yn yr Hebraeg. Os ystyriwch

droadau ymadrodd, dulliau mynegiant a chystrawen, fe
welwch nad yw Groeg na Lladin, llai fyth unrhyw iaith
frodorol, yn mynegi priod-ddull yr Hebraeg mewn dull mor
fyw â'r Frytaneg. Daw hyn yn glir ddigon yn y llyfr hwn,
lle yr wyf wedi casglu rhai enghreifftiau at ei gilydd, cyn
belled ag yr oedd amgylchiadau'r gwaith presennol yn
caniatáu; pe bai'n rhan o'm bwriad eu crynhoi i gyd at ei
gilydd, byddai'r llyfryn wedi tyfu i fod yn gruglwyth rhy
fawr o lawer ac yn gyfrol helaeth, gan nad oes braidd
dudalen o'r Hen Destament oll lle nad yw priod-ddull y
Frytaneg yn fynych yn dynwared i'r dim briod-ddull yr
Hebraeg. Fodd bynnag, nid wyf fi yma yn hela priod-
ddulliau Hebraeg â'm holl egni, nac ychwaith, â ffug
ddiwydrwydd, yn bathu rhai newydd; nid yw'r idiomau yr
wyf yn eu dwyn gerbron yn ddim ond rhai Brytaneg sy'n
gwbl adnabyddus, ac yn cael eu defnyddio'n gyffredin gan
bawb a phobun,[17] y di-ddysg, y werin, a chan blant. Yna, os
edrychwch ar farddoniaeth, nid oes unrhyw iaith, hyd y
gwn i, yn cyfateb i'r Hebraeg fel y mae'r Frytaneg, p'un
ai ystyried yr ydych yr odl, boed honno'n syml ac yn
cynnwys un sillaf, neu'n ddwbl ac yn cynnwys dwy
sillaf, neu ynteu'n proestio; ai sylwi yr ydych ar y
rheolau ynglŷn a chymeriadau, acenion a chynghanedd:
daw hyn oll yn amlwg yn yr adran ar Gerdd Dafod.[18] Mewn
gair, y mae'n eglurach na haul canol dydd fod cryn
berthynas rhwng yr iaith Frytaneg a'r ieithoedd dwyreiniol,
y mae pob iaith yn tarddu ohonynt, ond nad oes odid ddim
perthynas rhyngddi a'r ieithoedd Ewropeaidd eraill. Oblegid
er iddi gael ei dwyn o dan iau Ymerodraeth Rhufain, a
gwneud rhai geiriau Lladin yn eiddo iddi ei hun; ac er iddi
fenthyca rhai geiriau oddi ar ieithoedd eraill, trwy fod
masnachu rhwng pobloedd; eto i gyd mae ganddi ei geiriau
ei hunan, ac iddynt yr un ystyr yn union, geiriau nad yw'n
ddyledus amdanynt i unrhyw iaith estron.

At hynny, y mae'r iaith hon, o ran ei pharhad, yn
maeddu'r rhan fwyaf, os nad y cyfan, o ieithoedd — ieith-

oedd brodorol, beth bynnag. Y mae'n beth i ryfeddu ato fod dyrnaid o Frytaniaid a oedd yn weddill wedi gallu diogelu hyd yr amseroedd diwethaf hyn 'nid yn unig eu hen enw, ond hefyd eu hiaith gynhwynol',[19] a hynny mewn congl fach mor gyfyng, a thros gynifer o ganrifoedd, heb i ormes y Sacsoniaid na'r Normaniaid eu rhwystro; nid yw'r iaith wedi newid mewn unrhyw ffordd arwyddocaol, nid yw unrhyw iaith arall wedi ymgymysgu â hi, y mae'n 'gwbl iach ei chyflwr',[20] bron yn hollol ddianaf a dilwgr. A hyn oll (sy'n fwy o beth eto) yn groes i ewyllys y Rhufeiniaid, 'dinasyddion dinas ymerodrol', ys dywed Awstin, pobl a geisiai, ym mhob dull a modd — hyd yn oed trwy ddeddf — osod 'iau eu hiaith eu hunain'[21] ar bob cenedl a oedd yn ddarostyngedig iddynt, nes iddynt 'beri fod taleithiau Gâl a Sbaen yn daleithiau cyfan gwbl Ladin eu hiaith',[22] a bod 'bron pob cenedl yn siarad Lladin'.[23] Oblegid yr oedd yn rhaid i'r cyfreithiau a ddefnyddid i reoli'r taleithiau fod yn Lladin, ac i farnwyr y taleithiau roi eu dedfryd yn Lladin. Y mae enghreifftiau i'w cael[24] o hawliau dinasyddiaeth yn cael eu diddymu ar gyfrif yr un diffyg hwn, sef anwybodaeth o'r iaith Ladin. Rhag imi fethu â rhoi unrhyw enghraifft, y mae Suetonius[25] yn adrodd am 'ŵr ardderchog, un o brif ddinasyddion Gwlad Groeg, y dilëwyd ei enw oddi ar restr y rheithwyr, a'i yrru yntau'n alltud' am na fedrai'r iaith Ladin. Yn yr ysgolion hefyd Lladin yn unig a oedd yn gymeradwy.[26] Ac nid oedd caniatâd i lysgenhadon, wrth ymbil neu wneud apêl, siarad yn y Senedd mewn unrhyw iaith heblaw Lladin.[27] Yn hytrach 'gorfodent y Groegiaid eu hunain i siarad Lladin, nid yn unig yn Rhufain, ond hefyd yng Ngwlad Groeg ac yn Asia, er mwyn i anrhydedd ac urddas yr iaith Ladin gael eu gwasgar ar led dros yr holl genhedloedd, ac felly gynyddu' — a dyfynnu Valerius Maximus.[28] Oblegid, er eu bod wedi eu gwneud yn llywodraethwyr ar weithredoedd dynion, ni thybient eu bod yn goncwerwyr cyflawn, neu eu bod wedi ennill meistrolaeth lwyr ar bethau, os nad oeddynt hefyd yn llywodraethwyr ar lafar pobl. Ond am y Brytaniaid, meddaf, 'fe ddaliasant hwy eu hiaith yn ddiysgog, ynghyd â'u crefydd, yn groes i ewyllys eu holl goncwerwyr, ac yn groes i ewyllys y paganiaid' — yr wyf yn defnyddio geiriau Gerallt.[29]

Ymhellach, y mae bron pob iaith arall, o fewn un ganrif unigol ymron, yn profi'r fath gyfnewidiad mawr fel mai o'r braidd y gallech gredu mai'r un iaith ydyw. Yn wir, y mae llawer o eiriau Lladin wedi ymlusgo i mewn i'r iaith Roeg ei hun,[30] yn enwedig ar ôl symud canolfan yr Ymerodraeth Rufeinig i Gaer Gystennin — ac yn ddiweddarach eiriau Eidaleg, Slafoneg, Arabeg a Thwrceg hefyd. Fe ddywed Festus, a flodeuai yn amser Augustus Cesar, fod iaith lafar Latium wedi newid cymaint, nes o'r braidd fod yr hen ffurf arni yn ddealladwy erbyn ei ddydd ef.[31] Ac fe dystia Polybius mai ond gydag anhawster y gallai dynion mwyaf galluog ei amser ef ddeall cymalau'r cyfamod heddwch a wnaeth pobl Rhufain gyda'r Carthaginiaid.[32] Ac fe ddywed Quintilian fod Llinellau'r Salii (a gyfansoddwyd gan Numa) yn annealladwy i'r offeiriaid eu hunain.[33] Gyda golwg ar yr iaith Saesneg, y mae'n bosibl gweld cymaint o newid sydd wedi dod trosti hi mewn cenedlaethau unigol drwy edrych yn 'Hanes Lloegr' Holinshed (ar ddiwedd y cronicl o deyrnasiad Gwilym Gwncwerwr);[34] ac mae'r un peth i'w weld yn glir o edrych ar gerddi Chaucer, neu ysgrifeniadau unrhyw un cyfnod yn y gorffennol. 'Cymaint â hynny,' meddir, 'y mae ysbaid hir o amser yn abl i'w newid'.[35] Ond yr un oedd idiom y Frytaneg fil o flynyddoedd yn ôl, gredaf fi, ag ydyw yn awr, fel sy'n gwbl glir o gerddi'r ddau Fyrddin — Myrddin Wyllt[36] a Myrddin Emrys[37] — Aneirin[38] ac Emrys Taliesin;[39] 'y mae'r gweithiau hyn yn cytuno gystal â'r dull o siarad sydd wedi cael ei drosglwyddo i'n dyddiau ni fel y gellir eu deall gan y rheini nad ydynt ond i raddau cymedrol yn hyddysg yn yr iaith Frytaneg':[40] oherwydd paham y mae Camden yn hollol deg yn dweud 'mai'r Frytaneg yw'r lleiaf cymysg a'r hynaf o bell ffordd o'r holl ieithoedd'.[41] Yn ddiweddar iawn, bid siŵr, oblegid masnach feunyddiol gyda'r Saeson, a'r ffaith fod ein dynion ieuainc yn cael eu haddysg yn Lloegr, a'u bod, o'u plentyndod (a siarad yn gyffredinol) yn fwy cyfarwydd â'r Saesneg nag â'u hiaith eu hunain, fe oresgynnwyd ein hiaith ni gan rai geiriau Saesneg, a chan ffurfiau Saesneg, ac y mae hynny yn digwydd fwyfwy bob dydd.

At hyn oll ychwaneger y ffaith yma: drwy'r holl genedl-aethau er yr ymraniad oddi wrth y Cernywiaid ac ar ôl sefydlu'r taleithiau, un yn Llydaw[42] a'r llall yn America,[43] nid yw'r iaith hon wedi ymrannu'n fwy o ieithoedd, ond yn hytrach y mae bob amser wedi aros yr un. Y mae'r iaith Eidaleg, er enghraifft — plentyn gordderch y Lladin — yn cael ei rhannu yn ieithoedd Genoa, Lombardi, Etrwria, Rhufain, Napoli, Calabria, Sicilia, Bergamo, Fenis, Trent a Piedmont,[44] ond y mae'r Frytaneg, yng nghwrs cynifer o flynyddoedd, wedi aros bob amser yr un.

Perthnasol iawn i hyn yw'r ateb a roddodd yr henwr rhagorol hwnnw o Frytaniad, pan ofynnwyd iddo gan Harri II, brenin Lloegr, ' beth a feddyliai ef am nerth y Brytaniaid, ac am ei adnoddau ef fel brenin yn eu herbyn; ei ateb oedd: " Fe all y genedl hon gael ei gorthrymu heddiw, ac i raddau helaeth iawn ei distrywio, O Frenin, gan eich nerth chwi a nerth dynion eraill — fel y digwydd-odd iddi o'r blaen ac fel y digwydd lawer gwaith eto. Fodd bynnag, ni chaiff ei *llwyr* ddileu trwy ddigofaint dyn, heblaw fod digofaint Duw yn cydredeg â hynny. Ac ar Ddydd y Farn dostlem, yng ngŵydd y Barnwr Terfynol, beth bynnag a ddigwydd i rannau eraill y ddaear, ni chredaf fi y bydd unrhyw genedl, ond cenedl y Cymry, nac unrhyw iaith arall, gan mwyaf, yn ateb dros y cornelyn hwn o'r byd ".'[45] Hefyd y mae proffwydoliaeth y bardd Taliesin yn berthnasol yma; ar ôl darogan dinistr y Brytaniaid, eu cyfyngder a'u caeth-iwed, fe ychwanegodd yn y diwedd,

> Eu Nêr a folant,
> Eu hiaith a gadwant,

Eu tir a gollant,
ond gwyllt Wallia. *[sic]*

Gellir cyfieithu'r geiriau i Ladin fel hyn:

Vsque laudabunt Dominum creantem,
Vsque seruabunt idioma linguae,
Aruaque amittent sua cuncta, praeter
Wallica rura.[46]

Nid yw hyn, bid siŵr, yn beth a ddylai beri syndod i
unrhyw un sy'n pwyso a mesur y mater gyda rhyw fesur
o ofal. Arfer cenhedloedd eraill bob amser ydoedd ym-
gyrraedd at wybodaeth o ieithoedd eu cymdogion[47] ac at
ennill geiriau newydd: ond yr ydym ni yn wastad wedi cilio
mewn cymaint braw oddi wrth hynny nes llunio rheolau
pendant i sicrhau na byddai'r beirdd yn defnyddio geiriau
newydd, ond yn hytrach eu bod i'w gosod yn warcheidwaid
ar yr hen iaith, gyda gwobrwyon wedi cael eu pennu am
wneud hynny. Hefyd fe ddigwydd yn gyffredinol fod hen
ieithoedd yn parhau'n ddianaf, a hynny dros genedlaethau
lawer, mewn ardaloedd mynyddig, diffrwyth, garw ac
annymunol, o'r math sydd yn unig ar ôl inni bellach: nid
oes yno gnu aur i ddenu unrhyw Iason. Yn yr un modd
dywedir fod 'rhan ogleddol a mynyddig Sbaen, na chafodd
ei goresgyn gan y Carthaginiaid, y Mwriaid na'r Rhufein-
iaid oherwydd ei diffrwythder,[48] hyd yn oed yn awr 'yn dal
at ei hen iaith Gantabriaidd'.[49] Yr un yw tystiolaeth
Thucydides am drigolion Attica ac Arcadia; dyna paham y
galwai pobl Attica eu hunain yn αὐτοχθόνες, rhai a aned
o'r ddaear, rhai a gododd o'r ddaear, a phobl Arcadia eu
hunain yn προσελήνοι, 'cynleuadwyr'.[50] Felly yn Granada,
un o daleithiau Sbaen, y mae disgynyddion y Mwriaid yn
dal at yr iaith Arabaidd, *Araviga* fel y gelwir hi yn Sbaeneg;
ond y mae'r rheini sy'n trin gwell tir wedi dysgu iaith
Castîl. Yn yr un modd hefyd y mae'r Epiroteg yn parhau
hyd heddiw ym mynyddoedd Epirus.[51] A'r un peth yn union

sydd wedi digwydd i ni, 'y Brytaniaid, sydd wedi eu gwahanu'n llwyr oddi wrth yr holl fyd'.[52]

Ond, fe ddywedwch, y mae'r Frytaneg yn iaith arw ei hynganiad, yn drafferthus ac afrwydd, yn drwsgl ac annymunol, yn anhyfryd a diflas. Oherwydd eu hanwybodaeth y mae pobl yn dweud felly. 'Oblegid y mae pawb o'r farn fod yr iaith y maent hwy yn ei deall yn bersain, yn hawdd, ac yn ddymunol';[53] ond am yr ieithoedd nad ŷnt yn eu medru, credant, 'yn unol â barn drahaus eu clustiau dynol',[54] mai baldordd disynnwyr a chwerthinllyd yw'r rheini — a hyn oll am y rheswm hwn yn unig, sef nad ydynt yn eu medru. Dyna paham y geilw'r Proffwyd Eseia iaith anadnabyddus iddo ef yn atal dweud a bloesgni gwefusau, yn wawd, ac yn watwaredd tafodau, yr hyn y mae'r Apostol yn ei gyfieithu τὸ ἑτερόγλωσσον, 'gwefusau estronol'.[55] Fodd bynnag, yn hyn o fater y mae'n rhoi anrhydedd ar yr iaith Frytaneg, yn gymaint â bod yr Hebraeg hefyd — meistres, mam a chynddelw yr holl ieithoedd — yn cael ei chyhuddo o fod yn arw, yn anodd ac yn annymunol. Ond, o ddifrif, a oes unrhyw iaith sy'n fwy garw na'r Hebraeg, a bron hanner ei llythrennau ac ynddynt radd o erwinder mor wyllt ac anniwyll? Fe ddywed Rabbi Aben Ezra[56] fod rhai o lythrennau'r Hebraeg[57] mor galed ac anodd eu hynganu fel na all neb eu hynganu hwy'n iawn ond rhywun sydd wedi ymgynefino o'i blentyndod cynnar â'r ffordd o wneud hynny. Fodd bynnag, y mae'r holl bobloedd dwyreiniol, y mae pob iaith, fel y dywedwyd, wedi tarddu oddi wrthynt, yn peri i'w geiriau wrthdaro yn eu gyddfau trwy ddefnyddio anadliad cryfach. Efallai mai dyna paham yr oedd yr holl ieithoedd yn yr hen amser yn arw a thrwsgl. A hynny sy'n peri fod gerwinder yn profi hynafiaeth. Oblegid arferai'r hen Ladinwyr ysgrifennu *Leciones, Cartacinenses, Macistratos,* etc., am *Legiones, Carthaginenses, Magistratus*: tystia Celsus mai felly yr oedd yn ysgrifenedig ar hen golofn a oedd wedi ei chysegru i ryw Duillius.[58] Y mae pob oes ar ôl hynny wedi

114

cynhyrchu ffurf feddal, lefn a del ar eiriau, gan lygru a chnoi ymaith fwyfwy o ddydd i ddydd synau naturiol geiriau. 'Felly yr hen ynganiad yw ynganiad cywir geiriau, ac ynganiad gau yw'r un newydd'.[59]

Ond, medd un awdur dienw,[60] a chaniatáu ei bod yn hynafol, eto i gyd y mae orgraff yr iaith hon yn ansicr, a hefyd holl ddull ei hysgrifennu a'i darllen. Ei honiad ef yw iddo fethu â darganfod, o blith deg o ysgrifenwyr y Frytaneg, gynifer â dau a ysgrifennai'r un frawddeg yn yr un ffordd, h.y., trwy ddefnyddio'r un llythrennau. Ond nid yw ef yn sylwi ein bod ni, am yn agos i gan mlynedd, wedi arfer dysgu'r wyddor, a sut i ddarllen ac ysgrifennu, trwy gyfrwng y Saesneg, nid y Frytaneg, a bod yr iaith Ladin yn cael ei dysgu yn ein hysgolion trwy gyfrwng y Saesneg yn hytrach na'r Frytaneg. Ond fe fentrwn i haeru yn ddiwyro, pe na bawn i ond unwaith yn dysgu grym llythrennau'r Frytaneg yn berffaith i unrhyw un, boed hwnnw yn Frytaniad, neu'n Sais, neu'n Ffrancwr, neu'n siaradwr unrhyw iaith arall, yna fe fyddai ef yn gallu darllen yn gywir beth bynnag a ysgrifennid yn y Frytaneg, ac fe ysgrifennai'n gywir beth bynnag a arddywedid — heb unrhyw anhawster neu betruster. Ac yr wyf yn adnabod Saeson, cwbl anwybodus o'r Frytaneg, a oedd yn abl i ddarllen beth bynnag a ysgrifennid yn y Frytaneg (unwaith yr oeddynt wedi meistroli grym y llythrennau), a gwneud hynny mor groyw ac agored a chlir fel y gallai unrhyw Frytaniad ddeall, ac fe dybiai fod y dyn a oedd yn darllen hefyd yn deall yr hyn yr oedd yn ei lefaru. Y mae'r rheolau ynglŷn ag ysgrifennu mor sicr a chyflawn fel nad oes raid i ni ildio i unrhyw iaith yn hyn o fater. Ond y mae'n beth da fod yr awdur hwnnw yn dweud nad yw'r drafodaeth a geir yn ei lyfryn yn rhyw ddifrifol iawn.

Ond mor fynych y mae Momus afradlon yn codi yn fwy ffyrnig fyth yn erbyn yr iaith, gan ei chyhuddo o fod yn amrwd ac anghywrain. Ymhle, mewn difrif, y canfyddir yr elfen amrwd hon? Oblegid, os edrychwch ar ei geirfa, yna'n sicr 'nid yw, oblegid cymesuredd ei geiriau, ei gwedduster a'i chymhwyster, ei cheinder a'i chyfoeth, ei tharddiadau a'i geiriau cyfansawdd, i'w hystyried yn ail i'r un o'i chwiorydd '. Os ystyriwch ei phrôs a'i rhyddiaith, 'y mae mor llawn, ffrwythlon a chyfoethog yn hynawsedd, tegwch a swyn ei hymadrodd, fel na ellid dychmygu dim mwy toreithiog ar gyfer mynegi rheolau unrhyw gelfyddyd '.[61] Os ystyriwch farddoniaeth a mynegiant mewn mydr a rhythm, y mae'r iaith hon yn rhagori ar bob iaith arall o sawl parasang,[62] fel y dywedir. Oblegid nid yw beirdd ein gwlad fach ni ('beirdd' — *Bardi*[63] — yw'r gair a ddefnyddiwn ni am boëtau hyd yn oed yn awr, fel Lucan a Chesar[64] o'n blaen), o fewn i'w ffurfiau llenyddol eu hunain, yn ildio dim i'r beirdd Lladin a Groeg'.[65]

Eto nid yw Momus yn peidio â dwyn ei gyhuddiadau, ond y mae'n mynnu mai peth amhosibl yw cyflwyno unrhyw reolau pendant ynglŷn â Gramadeg yr iaith hon. Byddai hyd yn oed hynny — pe bai'n wir — yn brawf o hynafiaeth yr iaith. Oblegid pwy, allan o fintai mor fawr o ramadegwyr, sydd wedi llwyddo i gyflwyno'n gyflawn reolau'r iaith Hebraeg, y fwyaf hynafol o'r holl ieithoedd? Yn sicr, neb ohonynt — nac yn unigol na chyda'i gilydd. Dangos y ffordd tuag at ennill gwybodaeth felly a wnaethant hwy, yn hytrach na llwyddo i wneud dim eu hunain a allai lwyr lenwi'r fath fwlch. A hwyrach y bydd y Gramadeg amherffaith hwn hefyd yn gyfrwng i ddangos beth y gellir ei gyflawni yn achos y Frytaneg.

Yn olaf, fel clo ar ei gyhuddiadau, y mae Momus yn dwyn gerbron ei ddadl Achileaidd[66] (yn ei dyb ei hun), gan ddweud na pherthyn i'r iaith hon unrhyw ddefnyddioldeb, ac nad oes unrhyw angen ei chadw hi na chyhoeddi ei Gramadeg; ni ellir, medd ef, ddarganfod dim o bwys wedi'i ysgrifennu ynddi, na dim sy'n teilyngu ei wybod neu'i ddarllen. Ac y mae rhai pobl sy'n credu y byddai'n fwy buddiol i'r Eglwys a'r Wladwriaeth pe bai'r iaith yn cael ei llwyr ddileu a'i diddymu yn hytrach na'i chadw. Wrth

gwrs, y mae undod iaith yn gaffaeliad enfawr i ddynoliaeth.
Dangosir hyn gan y rhodd ryfeddol o dafodau a roddwyd
i'r Apostolion,[67] er mwyn casglu'r Eglwys ynghyd mewn
undod ffydd; fe'i gwelir hefyd yn y gosb drom o gymysgu
tafodau, cosb a fwriwyd ar y bobloedd i'w gwasgaru. Peth
i'w wir ddymuno yw y geill y diwygwyr hynny, trwy eu
celfyddyd, ddwyn y peth rhyfeddol hwn i fod, sef bod
yr holl ddaear o un dafod ac o un iaith.[68] 'Yn sicr maent yn
meddwl peth rhagorol', fel y dywed Vives[69] am y Rhufein-
iaid yn ceisio gosod eu hiaith ar yr holl fyd. Oblegid felly
fe symudid ymaith lawer o'r cwerylon rhwng cenhedloedd
a'i gilydd, y brwydrau geiriol a'r croestynnu mewn meddwl
sy'n peri cymaint trafferth i Eglwys a Gwladwriaeth.
Oblegid ac eithrio Crefydd yn unig, nid oes dim arall a all
gymodi meddyliau dynion â'i gilydd, a gwarchod cyd-
fasnach a chytundebau rhyngddynt, yn fwy nag undod
iaith. Ar y llaw arall, nid oes dim sy'n dieithrio dyn oddi
wrth ei gyd-ddyn yn fwy na gwahaniaeth iaith: ac (yn ôl
Awstin) y mae anifeiliaid mud, hyd yn oed y rheini sydd
o wahanol deuluoedd, yn cydgymdeithasu yn haws na
dynion o wahanol ieithoedd.[70] Yn y cyfamser, hyd nes bod
y diwygwyr poenus hyn wedi gorffen eu tasg — tasg y
gwyddant ei bod yn galw am lawer iawn o amser a llafur
— gadawer i bob cenedl gadw, meithrin ac anrhydeddu ei
hiaith ei hun, onid yw'n well ganddynt fod eneidiau dynion
yn y cyfamser yn marw o newyn am Air Duw.[71]

Gyda golwg ar ddefnyddioldeb, fe gytunir fod dau
ddefnydd i bob iaith: y naill, er galluogi pob dyn i fynegi
ei feddyliau i rywun arall, deall beth y mae hwnnw yn ei
feddwl a'i deimlo, a diogelu materion busnes, cyfeillgarwch,
cynghrair a chyfathrebu rhwng cenhedloedd; a'r defnydd
arall — a hwn sy'n arbennig — fel y gallo'r holl genhedloedd
glywed yn eu hiaith eu hunain, yn yr hon y ganwyd hwy,
fawrion weithredoedd Duw,[72] ac y gallo meddwl Duw ddod
yn wybyddus i ddynion. Y mae 'meithrin ieithoedd, hyd
yn oed yr ieithoedd brodorol', a throsglwyddo rheolau

gramadeg yn berthnasol i hyn. 'Oblegid y mae'n dilyn o
anghenraid fod Gair Duw yn cael ei dynnu gymaint â hynny
yn fwy pur o'r ffynonellau gwreiddiol, ac yn cael ei gyflwyno
gymaint â hynny'n gliriach i'r bobloedd, po buraf a pher-
ffeithiaf fo'r wybodaeth o'r ieithoedd y traddodir y Gair
hwnnw ynddynt, a hefyd o'r ieithoedd y caiff ei gyfieithu
iddynt'.[73] Oblegid ni ellir dysgu'r athrawiaeth nefol yn
effeithiol ac eglur, nac ychwaith ei diogelu yn bur ac
anllygredig, heb astudio ieithoedd — gan gynnwys yr
ieithoedd y mae i gael ei phregethu i'r bobl ynddynt.
Dangosir hyn yn gliriach na'r dydd gan, ar y naill law,
farbariaeth yr oes o'r blaen, ynghyd â'i holl amryfusedd, ac,
ar y llaw arall, gan y diwygio mewn crefydd a'r wybodaeth
newydd am bethau Duw a dyn yn yr oes hon, pan yw
ieithoedd wedi dechrau cael eu coleddu ac wedi dechrau
blodeuo. Y mae i'r ieithoedd Hebraeg a Groeg ddefnydd
sydd yn gwbl arbennig, o'u cymharu â'r ieithoedd eraill —
sef galluogi pregethwyr Gair Duw i ddeall oraclau'r
Proffwydi a'r Apostolion; a'r defnydd sydd i'r ieithoedd eraill
yw galluogi'r bobl i ddeall y pregethwyr. Felly hyd yn oed
os nad yw'r rheini yr oeddwn yn sôn amdanynt yn gweld
unrhyw ddefnydd yn yr iaith hon, eto'n ddiau ni ellir gwadu
fod iddi'r defnydd ysbrydol hwn, gan fod yr Efengyl wedi
mynd o nerth i nerth yn yr ynys hon o amser yr apostolion
eu hunain hyd y dydd hwn. Ac yn sicr fe haedda'r Frytaneg
gael ei meithrin, pe na bai ond am y rheswm hwn, mai
'Prydain oedd y gyntaf o'r holl daleithiau i dderbyn enw
Crist yn agored':[74] oherwydd paham y mae'r Eglwys
Frytanaidd wedi ennill iddi ei hun y teitl 'Eglwys Gyntaf-
anedig'. Ac yn wir ni ellir credu o gwbl y byddai Duw
wedi ewyllysio i'r iaith hon gael ei chadw hyd yr amserau
diwethaf hyn, a hynny ar ôl cynifer o laddfeydd ar y genedl,
newidiadau mewn llywodraeth, ac ymdrechion gormeswyr,
heblaw Ei fod Ef wedi ordeinio fod Ei enw i gael ei alw
arno yn yr iaith hon, a'i fawrion weithredoedd i gael eu
cyhoeddi ynddi.

Yn olaf, y mae hanes, mam gwirionedd, yn tystio i'r
ffaith fod mwy o gofebau i ddysg wedi bod ar gael yn yr
iaith Frytaneg nag mewn ieithoedd eraill;[75] a'r un yw
tystiolaeth yr ysgrifeniadau sy'n aros o waith haneswyr a
beirdd, er bod y rhan fwyaf o'r fath ysgrifeniadau wedi cael
eu difetha, gan mwyaf trwy genfigen gelynion, niwed yr
amserau, a diofalwch ein cydgenedl ein hunain. Oblegid fe
ddywed Cesar[76] fod dysgeidiaeth y Derwyddon[77] wedi cael
ei darganfod gyntaf ymhlith y Brytaniaid, ac iddi gael ei
throsglwyddo o Brydain i Âl; a bod y Galiaid fel arfer yn
teithio i Brydain er mwyn ennill eu dysg, ac yn aros yno
am amser go hir. Ac fe ddywed Plini[78] fod gwyddor dewin-
iaeth yn cael ei harfer â'r fath barchedig ofn ymhlith y
Brytaniaid yn ei amser ef fel y gellid yn hawdd dybio mai
hwy oedd wedi trosglwyddo'r wyddor honno i'r Persiaid.
Beth bynnag am hynny, y mae'n glir fod y Brytaniaid yn
ddynion llythrennog, hyd yn oed cyn dyfodiad y Rhufein-
iaid — ffaith y mae rhai pobl wedi mentro ei hamau — pe
na bai ond ar gyfrif hyn, sef eu bod yr amser hwnnw yn
defnyddio llythrennau Groeg (gellir casglu hynny'n ddigon
clir oddi wrth Cesar)[79] a'u bod yn cadw olion eglur o'r
llythrennau hynny yn eu hiaith hyd yn oed yn awr. Yn wir,
y mae Annius o Viterbo yn dod i'r casgliad, o ddarllen
Cesar, Xenophon, Archilochus a Josephus, 'fod y Groegiaid
wedi derbyn eu llythrennau hwy nid gan Cadmus, ond gan
y Celtiaid, neu, os mynnwch chwi, y Galiaid, a'r Galiaid yn
eu tro gan Samothes Dis'.[80] Nid yw Camden yn gwadu
hynny, ond yn hytrach dywed 'y gellir dal heb unrhyw
amheuaeth fod yr hynaf o blith y Groegiaid, ar y teithiau
hirfaith yr ymgymerasant â hwy, wedi cyrraedd ein hynys
ni hefyd'.[81] Fe fu Phileas o Tauromenium yma yn ogystal,
160 o flynyddoedd cyn dyfodiad Cesar, yn ôl Athenaeus.[82]
Nid ymddengys chwaith fod Caius[83] yn ystyried ei bod yn
annhebygol o gwbl fod yr athronydd Anaxagoras, tuag
amser y brenin Guthelinus [Kuhelyn],[84] gŵr y ddeddfwraig
Martia, a dyn y dywed Beda amdano ei fod 'y mwyaf

dysgedig mewn Groeg'[85] — .wedi bod yng Nghaergrawnt, a'i fod wedi marw yno mewn tŷ a elwir wrth ei enw ef. Ar y llaw arall, dywedir fod y brenin Bladudus [Bladud], ynghyd ag eraill, wedi teithio i Athen er mwyn cael cynyddu mewn dysg. Yn olaf, y mae Caius[86] yn haeru, ar sail Gildas, Berosus, ac Annius (yr esboniwr ar Berosus) fod 'pobl wreiddiol yr ynys hon, o amser y Cewri (neu'r γηγενεῖς)[87] Samothes, a gyfenwir Dis (ac a alwodd ein cydwladwyr ' Samoth y Sêr ', ar gyfrif ei fedrusrwydd mewn seryddiaeth) a Sarron, yn yr amser yn union ar ôl y Dilyw, yn ddynion llythrennog. Ar sail yr awdurdodau hyn, felly, dof i'r casgliad na ddylid meddwl o gwbl fod dynion a fu'n llythrennog am gyhyd o amser, rhai, yn ôl Plini,[88] ' y mae eu hynys yn enwog am ei harysgrifau Groeg a Lladin ' — fod dynion felly wedi methu ag ymddiried dim i ysgrifen yn eu hiaith eu hunain, hyd yn oed os oedd y Derwyddon yn meddwl mai trosedd oedd gosod mewn llythrennau eu dysgeidiaeth hwy. Pe bai ffawd wedi ewyllysio gweld cadw cyfreithiau Martia[89] a Moelmud[90] (dywedir fod yr olaf wedi cael eu cyfieithu o'r Frytaneg i'r Lladin gan Gildas Ddoeth, a'r ddau gorff o gyfreithiau i'r Saesneg gan y Brenin Alffred)[91] — pe bai hynny wedi digwydd yn yr un modd â chyda'r cyfreithiau sydd wedi cael eu diogelu o dan enw Hywel Dda,[92] pa fesur fyddai ar y dystiolaeth a gyflwynid ganddynt ynglŷn â'r Frytaneg?

Yn awr, a minnau rywsut wedi llwyddo i ddweud cymaint â hynny i amddiffyn yr iaith, trof ataf fi fy hun. Yn sicr, nid oeddwn heb ofni creu'r argraff fy mod yn ychwanegu at nifer y rheini y mae'r Pregethwr duwiol yn beirniadu eu harfer ddrwg o wneuthur llyfrau.[93] Yr wyf yn cydnabod mai rhywbeth gwahanol y mae fy ngalwedigaeth yn ei ofyn gennyf. Er hynny, a minnau wedi cael fy nal yn gwneud y pethau hyn, rhaid dweud nad ymddengys i mi mai enciliwr[94] ydwyf, neu ddihangwr rhag fy nyletswydd. Oblegid ni thybiaf fi fod y pethau hyn yn groes i'm galwedigaeth o gwbl, o gofio y gallant hwy fy ngwneud i a'm cyd-weinidogion yn fwy cymwys a darparedig ar gyfer cyflawni'r alwedigaeth honno yn yr Eglwys Frytanaidd. At hynny, pan wyf yn mwynhau hamdden oddi wrth fy ngorchwylion, yr wyf yn adfer ac yn adnewyddu egni fy meddwl lluddedig trwy gyfrwng y diddanion hyn, fel petai. Ac nid wyf yn barod iawn i gydnabod mai diddanion amlwg ddi-fudd a chwbl ddiddefnydd mohonynt. Nid yw'n edifar nac yn gywilydd gennyf fy mod, er mwyn casglu fy meddwl at ei gilydd, ar dro wedi disgyn at fanylion fel hyn: y mae hyd yn oed llywodraethwyr wedi ildio i gansen Gramadeg.[95] Ac nid oes unrhyw reswm paham y dylai Momus fy ystyried i yn 'offeiriad y teganau bach mwyaf dibwys'[96] megis Socrates drama Aristophanes. Oblegid fe all y coegbethau hyn hefyd fod o ddefnydd; ac efallai bod 'mwy yn guddiedig ynddynt nag sy'n amlwg ar yr wyneb': dyna yw tystiolaeth Fabius yr Areithiwr[97] ynglŷn â dysgu llenyddiaeth.

Felly, gan fy mod wedi bod yn ymhel ag astudio'r iaith hon am dros ddeng mlynedd ar hugain, yn fy oriau hamdden, ac yn ystod yr amser hwnnw wedi bod yn gynorthwywr annheilwng i ddau gyfieithydd[98] yr Ysgrythurau Sanctaidd i'r Frytaneg; a chan fy mod wedi byw yng Ngogledd, De a Chanolbarth Cymru; a hefyd gan imi fod yn un a sylwai yn ofalus ar wahanol briod-ddulliau a thafod-ieithoedd, fe dybiwn mai ymddygiad niweidiol ar fy rhan yn erbyn fy iaith fy hun (y tu hwnt i'r hyn sy'n iawn a chyfreithlon) fyddai parhau i gadw yn guddiedig rhag y rheini sy'n gydgyfranogion â mi o'r iaith hon gymaint o wybodaeth ag yr wyf fi wedi ei chasglu amdani, neu omedd i'm cyd-wladwyr a'm brodyr y pethau yr oeddwn i wedi eu crynhoi a'u hysgrifennu ar ôl cynifer o flynyddoedd o sylwi ac o ddarllen. Felly yr wyf wedi dewis gosod cynhyrchion fy llafur, gymaint ag ydynt, yn agored i enllibiau'r maleisus, yn hytrach na'u mygu yn y groth. Yn awr fy mod wedi eu gosod yn y drefn sydd o'ch blaen, Hybarch Syr, ni allaf feddwl am neb y gallwn yn ddiogel ymddiried iddo'r dasg o'u beirniadu, y gallwn rannu ag ef fy mwriad o'u cyhoeddi (oblegid nid oes gennyf fi fyth unrhyw ymddiriedaeth yn fy ngallu fy hun, ac nid wyf byth yn fodlon ar fy marn fy hun) — ond chwychwi yn unig. Am hynny, yr wyf yn cyfeirio ac yn cyflwyno'r cyfan yr wyf fi wedi ei gasglu at ei gilydd yma i'ch barn chwi, i'ch rhathell a'ch gwialen. Yr wyf wedi eich dewis chwi yn Aristarchus[99] ar fy llafur, yn gymaint â'ch bod yn rhywun y gwn amdano nad oes un rhan o'r hyn sydd i'w wybod ynglŷn â'r Frytaneg yn guddiedig rhagddo,[100] y mwyaf hyddysg o ramadegwyr ein gwlad, coleddwr mwyaf diwyd iaith ein tadau, y mwyaf haelionus tuag at yr Eglwys Frytanaidd, a'r un sydd bob amser yn fwyaf annwyl tuag ataf fi; gŵr nad oes gennyf unrhyw amheuaeth y caf ef yn farnwr teg ar fy llafur gonest. Yr wyf yn gofyn, yn erfyn ac yn pledio arnoch beidio â dirmygu gosod rhyw lun ar y cynhyrchion hyn; cywirwch unrhyw beth y sylwch arno y gellid ei ddweud yn fwy cymwys neu'n fwy cryno, neu ei fynegi mewn gwell ffurf; torrwch ymaith, neu docio, bopeth afreidiol, ac o'ch adnoddau eich hun ychwanegwch beth bynnag sy'n ddiffygiol, a llenwch y bylchau; gosodwch yn ei briod le unrhyw beth sydd allan o'i le; cymeradwywch beth bynnag a fydd wedi rhoi bodlonrwydd i chwi; nodwch ag obelus[101] unrhyw beth a fydd heb eich bodloni; yn olaf, defnyddiwch awdurdod llawn dros y cyfan. Oblegid fy mhenderfyniad i yw peidio â chyhoeddi'r gwaith os na fyddwch chwi yn ei gymeradwyo, ond i beidio â'i gadw'n guddiedig gartref ychwaith, heblaw eich bod chwi yn ei gondemnio. Ond ni thybiaf fod y gwaith yn berffaith mewn unrhyw ran, hyd nes eich bod chwi yn gosod llun arno. Ac os caf ar ddeall eich bod chwi yn wir yn fodlon ar y gwaith, yna bydd gennyf mewn difrif reswm dros fy llongyfarch fy hun. Oblegid felly bydd yn fy modloni innau, ac, ar ôl cael ei gymeradwyo gan eich awdurdod chwi, ni chredaf y gall fethu â rhoi bodlonrwydd i unrhyw ŵr o ddysg. Credaf ei fod felly wedi cael ei amddiffyn yn ddigonol yn erbyn pob sensor piwis. Oblegid fe fydd eich awdurdod chwi yn ddigon i wrth-hyrddio ymosodiadau'r holl enllibwyr, i gyd gyda'i gilydd. Efallai yr ymddengys y llu enghreifftiau, sy'n cael eu rhoi mewn rhai mannau, yn ormodol i chwi ac i eraill. Ond, yn fy marn i, dyma'r union beth yr oedd y pwnc yn galw amdano. Yn olaf, yr wyf o fwriad wedi anwybyddu llawer o bethau nad oedd yn cydweddu â'r crynoder yr oeddwn wedi penderfynu anelu ato, ac yr wyf wedi eu gadael allan, gan wybod yn iawn fy mod yn gwneud hynny; ond y mae llawer o bethau hefyd sydd wedi cael eu gadael allan yn ddiarwybod imi. Oblegid y mae pethau yr ydym yn eu gwybod o'r gorau yn gwrthod dod i'n cof, hyd yn oed pan fo eisiau hynny arnom uwchlaw popeth. Ar ddiwedd hyn o ragair, fe erys imi fynegi gwir ddymuniad fy nghalon, sef ar i chwi fwynhau iechyd a hir oes.

Eich cyfaill anwylaf dros byth,

JOHN DAVIES.

X

JOHN DAVIES

Antiquae Linguae Britannicae . . . Dictionarium Duplex

1632

(i) Cyflwyniad i Charles, Tywysog Cymru

At y Tra Anrhydeddus Arglwydd, Charles, Tywysog Cymru,[1] etc., Unig Fab ac Etifedd yr Areulaf Charles, Brenin Prydain Fawr, Ffrainc ac Iwerddon.

' Mor fawr yw peth bychan, ond iddo gael ei roi yn yr amser iawn ', ys dywed Menander.[2]

Dra Anrhydeddus Dywysog! Ni allai dim fod wedi digwydd yn fwy ffodus i'r Geiriadur hwn na'i fod, trwy diriondeb unig Reolwr ' yr amseroedd a'r prydiau ',[3] yn cael ei gymhennu ar gyfer yr argraffwasg a chwithau yn ddim ond plentyn bychan. Oblegid felly, os bydd hynny'n wiw gan y rhai yr ymddiriedwyd iddynt y dasg o ofalu am flynyddoedd eich ieuenctid, bydd yn bosibl i'ch Uchelder ddrachtio'n helaeth o hon, iaith hynafol yr ynys yma — iaith sydd bellach wedi'i chyfyngu i'ch Cymru chwi yn unig — neu, o leiaf, ddod i wybod pa iaith, a sut iaith, yw honno, a gwneud hynny o'ch plentyndod cynnar, ochr yn ochr â ieithoedd eraill. Oblegid nid peth annheilwng yw i dywysogion wybod ieithoedd. Yn wir, bu eu hastudio hwy bob amser yn arferol ymhlith tywysogion; yn fwy na hynny, fe ddaethant i gredu mai peth angenrheidiol mewn rhyw ffordd ydoedd eu bod yn dysgu ieithoedd y bobloedd y byddent rywbryd yn eu llywodraethu. Nid oes gennym enghraifft fwy anrhydeddus ac enwog o hyn na 'Mithridates, brenin Pontus a Bithynia, a fedrai'n gywir ieithoedd y ddwy ar hugain o bobloedd yr oedd ef yn llywodraethwr arnynt, ac ni bu'n rhaid iddo erioed ddefnyddio cyfieithydd wrth eu hannerch '.[4] Byddaf finnau hefyd wedi gofalu yn y modd gorau posibl am fuddiannau'r gwaith hwn, os gwelwch chwi yn dda, Anrhydeddusaf Dywysog, ei arddel a'i dderbyn yn llawen i'ch nodded — gwaith nad yw ond newydd ei eni, ac sy'n gorwedd wrth eich traed. Y mae rhif fy mlynyddoedd yn rhybudd i mi y caf yn fuan fy ngalw oddi yma i fan arall; ond, os caiff y gwaith hwn dderbyn eich nodded chwi, nid oes gennyf unrhyw amheuaeth na bydd iddo gydaeddfedu yn eich cwmni drwy sawl cenhedlaeth, hyd nes i chwi eich hun, wedi i'ch areulaf dad ymhen blynyddoedd lawer ddod yn llwyddiannus i ddiwedd ei rawd, feddiannu, yn nhrefn olyniaeth ac etifeddiaeth, ei deyrnas, ei grefydd, ei ddefosiwn a'i amddiffyniad ef o'r ffydd Gristnogol, a hyd nes eich bod chwithau, yn eich tro, rywbryd yn trosglwyddo'r rhain i'ch plant a'ch ŵyrion chwithau, a'r cyfan gyda phob argoel dda i'w ganlyn. A chan y bydd y gwaith hwn wedi cael ei ymgeleddu am gyhyd o amser o dan adain eich nodded chwi, wedi ymnerthu yno, ac wedi tyfu o ran oedran a chryfder, 'ni bydd yn bosibl i na chleddyf na henaint ysol ei ddifa ef ',[5] 'ac ni allai'r gawod ysol, na gwynt dilywodraeth y gogledd, na chyfres ddirifedi'r blynyddoedd, na rhedfa amser, ei ddinistrio ef ',[6] ond fe'i cedwir hyd nes ei losgi yn y tân diwethaf oll, 'ynghyd â'r ddaear a'r gwaith a fyddo ynddi '.[7] Nid oes unrhyw reswm, Ardderchocaf Dywysog, paham y dylwn amau eich parodrwydd i roi eich nodded, nid yn unig am mai peth cwbl ddieithr (a hynny'n briodol ddigon) i'r hynawsedd a berthyn i dywysog mor fawr fyddai gwrthod chwarae rhan y duw gwarcheidiol i'r rhai sy'n ceisio hynny ganddo, ond hefyd — ac yn bennaf oll — am fod llên erioed wedi cael yr urddas hwn wedi'i osod arni, sef bod tywysogion yn credu mai peth gogoneddus oedd ei bod yn cael ei chyflwyno iddynt hwy, ac na ddirmygent unrhyw fath o lên, pa mor ddistadl bynnag y byddai. Oblegid fe ysgrifennodd Iulius Pollux ei waith ar Ramadeg ar gyfer Commodus Caesar, Vitruvius ei waith ar Bensaernïaeth ar gyfer Augustus, Oppian ei waith ar Bysgod ar gyfer Antonius, a Diophanes ei waith ar Amaethyddiaeth ar gyfer y Brenin Deiotarus.[8] Felly, gan nad ydys erioed wedi'i ystyried yn fai mewn dynion eraill eu bod yn meiddio cyflwyno ffrwyth eu llafur i dywysogion, y mae'n rhydd i minnau obeithio nad ystyrir yr un peth yn fai ynof fi,

Ufudd was Eich Uchelder,

JOHN DAVIES, Doethor mewn Diwinyddiaeth.

(ii) Rhagymadrodd

Rhagymadrodd at y Darllenydd, yn trafod tarddiad yr iaith Frytaneg, a hefyd dwf a chyfnewidiad ieithoedd eraill.

Ddarllenydd hynaws! Am amser lled faith, ac yn wir rhy faith, fe fu llawer o bobl, fel y gwyddost, yn eiddgar ddyheu am Eiriadur Brytaneg, a hyd yn oed mwy yn difrifol ddisgwyl amdano — ein cydgenedl a phobl estron hefyd. Yr hyn a barodd i estroniaid ddymuno cael geiriadur felly ydoedd hynafiaeth gwbl ddiamheuol yr iaith Frytaneg, a hynny'n creu awydd angerddol i'w gwybod hi. Am ein cydgenedl, yr hyn a wnaeth i rai ohonynt hwy hiraethu am hyn ydoedd ' cariad tuag at eu mamiaith eu hunain, cariad cryfach na phob rheswm ',[9] a hwythau felly am weld hen iaith y Brytaniaid yn cael ei harbed rhag mynd yn fwy amherffaith a barbaraidd o ddydd i ddydd; ysgogwyd eraill gan awydd i ddeall yn haws y nifer bychan o ysgrifeniadau Brytaneg o eiddo'u hynafiaid sydd wedi goroesi; tra mai

dymuniad eraill eto — a dyma brif ddefnydd pob iaith —
ydoedd cael felly gyhoeddi 'mawrion weithredoedd Duw'
yn gliriach i'w pobl, sef 'yn yr iaith yn yr hon y ganwyd
hwy':[10] sylweddolai'r tri math hwn o bobl eu bod yn aml
bron â llwyr anghofio'r iaith wrth gyfeirio eu holl egni at
ennill dysg yn y Prifysgolion. Er mwyn eu bodloni hwy fe
gynhyrchodd William Salesbury, gŵr a wasanaethodd yr
Eglwys a'r iaith Frytaneg yn y modd mwyaf haeddiannol,
eiriadur bychan Saesneg-Brytaneg, wedi ei gymeradwyo gan
y Brenin Harri'r Wythfed a'i gyflwyno iddo, a'i argraffu ym
mlwyddyn iachawdwriaeth dyn, 1547. Ond ychwanegu at
awydd dynion a wnaeth y gwaith hwn ganddo ef, yn
hytrach na'i ddiwallu. Felly, am 60 mlynedd bellach, fwy
neu lai, er mwyn ceisio bodloni'r fath ddymuniad, fe fu
llawer yn llafurio wrth eiriadur Brytaneg — yn wir, rhai
dynion amlwg a phwysfawr: William Morgan, Doethor
mewn Diwinyddiaeth o Brifysgol Caergrawnt, cyfieithydd
ffyddlon yr Ysgrythur Lân i'r iaith Frytaneg, Esgob tra
gofalus Llandâf i ddechrau, ac yna Lanelwy, gŵr y mae ei
enw bob amser yn fwyaf melys ar fy ngwefusau, gan imi
gael fy addysgu wrth ei draed ef a oedd fel Gamaliel imi;
David Powel, Doethor mewn Diwinyddiaeth, y gŵr mwyaf
hyddysg yn hanes y Brytaniaid; Siôn Dafydd Rhys, Doethor
mewn Meddygaeth o Siena, gŵr gwir ddysgedig; Henry
Perri, gŵr nodedig am ei wybodaeth o ieithoedd; Henry
Salesbury, Meistr yn y Celfyddydau o Rydychen, meddyg
sydd hefyd i'w gyfrif ymhlith y dysgedigion; ac uwchlaw
pawb, Thomas Wiliems, meddyg enwog ymhlith ei bobl ei
hun, a gasglodd ynghyd yr adran Ladin-Brytaneg sy'n dilyn.

Bu'r gwaith yn gorwedd ac yn eplesu gyda'r rhain am
amser mor hir nes i angau, yn llawer rhy fuan, eu cipio
ymaith bob un ac eithrio Henry Salesbury: cymaint hefyd
ydoedd y dyhead am eiriadur nes bod unrhyw arwydd o
frys yng nghanol y fath oedi yn dderbyniol. Ond yn awr,
o'r diwedd, dyma'r epil hwn yn ymddangos; hyd yn oed
os nad yw'n embryo cwbl ddi-lun, y mae'n go erthylaidd ac

127

amherffaith, ac yn dra anghyson â beichiogiad mor faith. Ond y mae'r oediad yn haeddu pardwn i'r graddau hyn, sef ei fod yn y diwedd wedi esgor ar efeilliaid: y naill, y geiriadur Lladin-Brytaneg gan Thomas Wiliems, a gasglodd ac a drefnodd ef ei hun trwy lafur blynyddoedd lawer, ac yr wyf fi bellach wedi gweithio i'w ddiwygio a'i gyhoeddi; a'r llall, y geiriadur Brytaneg-Lladin, wedi cael ei baratoi'n ofalus trwy fy niwydrwydd i fy hun. Fe gei di glywed yn y man beth yr wyf wedi ymgymryd ag ef yn y ddwy adran, a pha gynllun a ddilynais i: hynny wedi imi roi ateb mewn gair neu ddau i'r rheini a fydd efallai yn condemnio astudiaeth o eiriau fel hyn, neu a fydd yn rhoi eu llinyn mesur dros fy niwydrwydd, a afradwyd, fel y dywedant hwy, ar orchwylion dibwys fel y rhain.

Ni chredaf fi fod unrhyw ddyn synhwyrol na fyddai'n cymeradwyo'r astudiaeth hon o eiriau, gan fod pawb yn gwybod nid yn unig nad yw gwaith o'r fath yn ddi-fudd, ond ei fod mewn gwirionedd yn fwyaf defnyddiol a chwbl angenrheidiol. Oblegid dim ond trwy adnabod geiriau yr ymegyr y llwybr tuag at wybodaeth iawn o bethau, a hynny am fod enwau pethau yn ymgynnig i'r meddwl o flaen y pethau eu hunain, a hefyd am fod cymaint o'r rhesymoldeb sydd mewn geiriau wedi cael ei ddangos yn y modd y gosodwyd enwau ar bethau, a hynny gan ddynion wrth osod enwau a'u bodlonai hwy, a chan y Creawdwr Ei Hun; y canlyniad oedd i'r fath enwau gael eu gosod ar bethau unigol ag a oedd yn gymwys i'r pethau hynny o ran eu hanfod, ac a ddangosai eu natur yn eglur, enwau a oedd yn 'symbolau'[11] ac a 'eglurai bethau',[12] fel na byddai'r neb a ddeallai'r enwau yn iawn heb wybod am y pethau eu hunain ychwaith. Dyna paham y mae Plato[13] yn dweud mai'r grisiau cyntaf mewn ennill gwybodaeth yw 'enw a gair', ac mewn man arall fod enw yn 'offeryn dysgu'. Yr un hefyd ydoedd sylwedd yr hyn a ddywedodd yr athronydd [Aristoteles] ynglŷn ag addysg, sef bod yn rhaid astudio enwau yn ofalus er mwyn dysgu'n iawn.[14] Felly hefyd Galen,

wrth ddadlau yn erbyn Thessalus, pan ddywedodd mai'r
enw yw'r man cychwyn ym mhob mater ac ym mhob dysg.[15]
A dywed Clement o Alecsandria, ' Y mae dau lun ar y
gwirionedd, yr enw a'r peth ';[16] a Tertwlian, ' Pe meddylid
am unrhyw beth mewn ffordd gwbl newydd, a rhoi iddo
enw gwahanol i'w enw presennol, byddai mewn perygl o
golli'r hanfod sy'n ei wneud yr hyn ydyw '; ac eto, ' Sicrwydd
ynglŷn ag enwau sy'n gwarchod y gwir briodoleddau.'[17]
A minnau wedi ymroi i'r astudiaethau hyn, diau y bydd
yn rhoi pleser i rai fy nodi i â'r gair o fod yn ' henwr sy'n
ymhel â phethau elfennol ',[18] neu'n un sydd ' yn blentyn
yr eildro ';[19] gobeithiaf y caf, a minnau wedi cipio ychydig
hamdden oddi wrth ddyletswyddau mwy difrifol — imi
gael rhoi cyfrif am fy amser hamdden ' i'r archwilwyr na
ellir eu llygru '[20] — faddeuant rhwydd ganddynt os gwelais
yn dda roi'r hamdden hwnnw i'r pethau hyn, pethau sy'n
gymharol ddibwys yn eu golwg hwy, ond yn rhai y credwn
i y gellid cynorthwyo pethau mwy pwysfawr trwyddynt :
ac yr oedd yn well o lawer gwneud hyn, na threulio oriau
hamdden yn anffrwythlon,[21] ys dywed Statius. Eto i gyd,
paid â meddwl fy mod i wedi casglu'r deunydd hwn at ei
gilydd â llaw mor ysgafn, a chyda llafur mor rhwydd, ac
yn wir mor ddi-chwys, fel y gellid credu mai chwarae y
bûm i'n ei wneud, nid ysgrifennu. Tasg anodd, cred fi, yw
cyfansoddi geiriadur, yn enwedig eiriadur unrhyw iaith
frodorol, a chael hwnnw i fodloni'r genhedlaeth bresennol,
heb sôn am y cenedlaethau sydd i ddod. Y mae cosb druenus
ac anffodus Babel erioed wedi gosod, ac fe fydd am byth
yn parhau i osod, y fath ormes ar ieithoedd, nes y byddant
yn cael eu cymysgu fwyfwy o ddydd i ddydd, nid yn unig
yn Syria, ond ym mhobman dros wyneb y ddaear. Y gosb
hon sy'n peri fod cynifer o ymrafaelion geiriol ym mhob
disgyblaeth yn tagu ac yn molestu'r rhai sy'n eiddgar am y
gwirionedd, gan greu cymaint trafferth byth a beunydd
iddynt oll. Hyn sy'n cyfrif fod geiriaduron a gramadegau
yn cael eu cyfansoddi gyda'r fath eiddgarwch ym mhob

iaith. Y gosb hon sy'n peri fod cynifer o bethau'n eisiau ym
mhob iaith — bylchau a holltau, fel petai — gyda'r canlyn-
iad fod pethau sy'n cael eu dynodi mewn un iaith â geiriau
cymwys yn gorfod cael eu cyflenwi mewn iaith arall â
chylchymadrodd, neu â chymorth geiriau cytras, neu trwy
ychwanegu arwydd sy'n dynodi diffyg neu chwanegiad, neu
trwy ddefnyddio geiriau newydd, geiriau gwneud: gyda'r
canlyniad y dylai unrhyw un sydd am gyhoeddi geiriadur
perffaith a gorffenedig unrhyw iaith, fod nid yn unig a
chanddo dair calon (fel y dywed Ennius[22] amdano'i hun)
neu dair iaith (fel y dywed Varro[23] am drigolion Massilia)
ond yn Fithridates[24] sy'n medru ieithoedd lu yn berffaith
— Hebraeg, Caldaeg, Syrieg, Talmwdeg, Arabeg, yr iaith
Indiaidd [= Sansgrit], Armeneg, Ethiopeg, Twrceg, Groeg,
Lladin, ac eraill y mae hoedl fach, fer, dyn ymhell o fod
yn ddigonol ar gyfer eu hastudio i gyd. Ond am yr hyn a
gostiodd i mi, mewn llafur ddydd a nos, i ddarganfod y
fath gruglwyth enfawr o eiriau a'u crynhoi ynghyd, eu
copïo a'u casglu at ei gilydd, eu lleoli yn eu mannau a'u
trefn briodol, eu hysgrifennu allan dair neu bedair gwaith,
eu cymhennu a'u cywiro yr un faint o weithiau, yn olaf
eu crafu'n lân yr un mor aml, a'r un mor aml hefyd agor y
llyfrau y cymerid geiriau ohonynt ac y pysgotid ynddynt am
eu hystyron cywir a phriodol: wel, fe all y rheini sydd
wedi ceisio cynhyrchu astudiaethau o'r fath adrodd eu
hunain. Oblegid, er mwyn i'r llafurwaith hwn fod yn fwy
cyflawn, fe ddarllenais i bron y cyfan a ysgrifennwyd yn y
Frytaneg, yn arbennig waith y beirdd, sy'n hawlio iddynt
eu hunain (a hynny ym mhob iaith) awdurdod ar eiriau, yn
ôl rhyw gyfraith sy'n neilltuol iddynt hwy rhagor pawb
arall; ac yr oeddynt hwy o'r help mwyaf imi parthed
ysgrifennu geiriau Brytaneg yn gywir, a chwilio i mewn i'w
gwir ystyron. Fodd bynnag, y mae'r ysgrifeniadau yn gyfryw
— mae hyn yn wir am waith pob bardd, ond yn arbennig
felly feirdd Brytaneg — fel na wn i a oes ar gael weithiau
y gallwn fentro eu cymharu â'r rhain o ran cymhlethdod

eu hymadroddion neu aneglurder eu geiriau. O ganlyniad
yr oedd eu darllen yn brofiad poenus iawn imi; ac fe'i
gwnaed yn fwy poenus fyth am mai o'r braidd y darfu imi
ddarganfod un neu ddau berson arall a allai ddeall eu
hysgrifeniadau hwy hyd yn oed i fesur cymedrol, personau
y gallwn i ymgynghori â hwy ynglŷn â'm syniadau. Oblegid
fy nymuniad ydoedd ymgynghori â chynifer ag a oedd
modd cyn cyhoeddi'r gwaith; a hefyd, yn unol â hen arferiad
yr Eifftiaid, a rhybudd Plato,[25] a chyngor Vives,[26] gŵr tra
dysgedig a doeth, dymunwn beidio â chyhoeddi ar gyfer
eu defnyddio'n gyffredinol y pethau yr oeddwn wedi eu
cyfansoddi, hyd nes bod beirniaid cymwys yn eu gweld ac
yn eu cymeradwyo: dywedir fod y Rhufeiniaid hefyd wedi
gwneud hyn wrth gyhoeddi eu cyfreithiau.[27] Y rheswm
paham y bu imi ymgynghori ag ychydig iawn, iawn o bobl,
oedd y byddai mynd at bawb wedi bod yn rhy drafferthus
iddynt hwy yn ogystal ag i minnau, ac yn fwy trafferthus
fyth orfod ysgrifennu allan yr holl esiamplau y byddai'n
rhaid eu danfon at bawb. Yn awr, felly, yr wyf yn eu bwrw,
wedi cael eu hargraffu fel hyn, o dan farn agored pob dyn,
ac nid wyf yn gwrthwynebu beirniadaeth unrhyw un, boed
Momus neu Aristarchus neu Cato,[28] lle'r wyf yn haeddu'r
fath feirniadaeth; ac wedi cael fy hysbysu ynglŷn â'm cam-
gymeriadau, ni bydd arnaf gywilydd gorfod cywiro mewn
ysgrifeniadau pellach yr hyn a oedd yn feius yn f'ysgrifen-
iadau blaenorol. Oblegid felly yr wyf yn hyderus y gallaf
fi (fel y dywed Sant Awstin) gynyddu trwy ysgrifennu, a
thrwy gynyddu ysgrifennu [rhagor] a dysgu pethau nad
wyf yn awr yn eu gwybod.[29]

O'r diwedd, clyw yn llawnach beth y gelli ddisgwyl ei
gael yn y ddwy ran sydd i'r Geiriadur hwn. Am y Geiriadur
Lladin-Brytaneg, sef eiddo Thomas Wiliems, fe'i gweli yma
nid wedi cael ei gopïo'n syth o'i lawysgrif ef, ond wedi cael
ychwanegu ato gynifer ag a oedd yn bosibl o gyfystyron
Brytaneg i'r geiriau Lladin; wedi'i lanhau o'r meflau
diddiwedd bron yr oedd yn llawn ohonynt; er mwyn iddo

fod yn fwy cryno a pherffaith, wedi'i buro o eiriau tramor
ac anghynefin — rhai Hebraeg, Groeg a ieithoedd estron
eraill — gan fy mod i'n credu y dylid chwilio am y cyfryw
yng ngeiriaduron priod yr ieithoedd hynny; wedi'i gwtogi
o ran nifer helaeth iawn o darddeiriau, y rhan fwyaf o'r
geiriau cyfansawdd, bron bob rhangymeriad, a rhai adferfau,
yn gymaint ag y gellir adnabod y rhain oddi wrth eu ffurfiau
cysefin, anghyfansawdd, oddi wrth ferfau ac oddi wrth
ansoddeiriau — yn yr un modd ag y gellir adnabod natur
plant oddi wrth eu rhieni; felly, a rhoi'r peth yn fyr, wedi
gwellhau'r cyfan a ymddangosai fel petai'n galw am law
meddyg, y mae'r adran hon wedi cael ei donio drwyddi draw
ag wyneb newydd i gymaint graddau nes y gellid yn wir
ei hystyried yn rhywbeth gwahanol a newydd. Yn yr adran
Frytaneg-Lladin, paid â gobeithio gallu darganfod pob gair
Brytaneg yno: gadawyd llawer allan am eu bod wedi
mynd yn angof — peth tra arferol yn nechreuadau pob iaith
— a llawer eraill o fwriad. Oblegid ni ddylid cuddio'r ffaith
y gellid ychwanegu mwy o eiriau, yn enwedig rai cyfan-
sawdd; y maent hwy mor ddihysbydd o ran eu nifer yn ein
hiaith ni fel nad oes raid iddi ildio yn y mater hwn i gyfoeth
ymadrodd yr iaith Roeg hyd yn oed, cyfoeth ymadrodd y
mae cymaint ymffrostio ynddo, ond sydd wedi cael ei
wreiddio yn y pen draw yn y gynneddf hon at lunio geiriau
cyfansawdd. Yr wyf wedi cynnwys mwy o eiriau cyfansawdd
yn yr adran hon [nag yn yr adran Ladin-Brytaneg], ac oddi
wrth eu hesiampl hwy bydd yn bosibl barnu'n rhwydd am
ddull rhai eraill, pa mor faith bynnag y gyfres y canfyddir
hwy ynddi, ac yn fwy na hynny, gellir llunio geiriau cyfan-
sawdd aneirif yn ôl yr un patrwm, a'u cynnig i gael eu
defnyddio. Yr wyf wedi ychwanegu geiriau Llydaweg yn
fynych at ein geiriau ni, wedi eu cymryd o Eiriadur
Llydaweg a argraffwyd ym Mharis ar gost Yvon Quillevere
yn y flwyddyn 1521:[30] nodais y geiriau hynny fel hyn, *Arm.
[Armoricana dictio]*. Fy mwriad wrth eu cynnwys hwy oedd
peri fod gwerth yr iaith Frytaneg, sydd wedi aros yn gyson

a bron yn ddigyfnewid dros 1,200 a mwy o flynyddoedd,[31] yn dod i'r amlwg drwy gyfatebiaeth y ddwy dafodiaith. Yr wyf hefyd ar dro wedi ychwanegu geiriau Hebraeg, Caldaeg, Syrieg, Talmwdeg, Arabeg a Groeg: heb unrhyw fyrfodd wedi ei ychwanegu atynt pan ymddengys eu bod yn egluro ystyr ein geiriau ni yn llawnach, ond wedi cael eu nodi fel a ganlyn pan ymddengys mai'r un ydynt â'n geiriau ni — *Heb., Chald., Syr., Talm., Arab., Graec.* Oblegid fe allwn i'n hawdd gredu fod y rhan fwyaf o'n geiriau ni wedi deillio o ffynonellau dwyreiniol. Yr wyf hefyd weithiau wedi nodi rhai geiriau Saesneg y credwn i eu bod yn tarddu o eiriau Brytaneg. At hynny yr wyf wedi ychwanegu'r patrwm y mae geiriau cyfansawdd a geiriau tarddiadol yn ei ddilyn, a llawer iawn o eirdarddiadau, ond wrth olrhain y pethau hyn yr wyf wedi cymryd gofal mawr rhag bod yn eithafol feichus. Hefyd, yma a thraw, fe gynhwysais ddiarhebion Brytaneg, wedi eu nodi fel hyn †, ac enghreifftiau allan o waith hen awduron, fel y gallwn felly brofi yn well i ti yr ystyron yr wyf wedi eu rhoi ar eiriau sydd braidd yn hen ac aneglur. Yn olaf, yr wyf wedi cynnwys hen eiriau Brytaneg, gyda seren * wedi'i gosod o'u blaen; ychwanegais ystyron bron bob tro, yn amlach na heb gyda'r nod hwn, *Ll.*, yr wyf am ddynodi trwyddo'r Eirfa honno o hen eiriau Brytaneg y cyfeirir ati yn gyffredin o dan enw'r bardd tra enwog *W[iliam] Ll[ŷn]*, ond y cytunir ei bod mewn gwir- ionedd yn llawer iawn hŷn nag ef;[32] nid yw'r gwaith hwnnw'n cynnwys y cwbl o'r hen eiriau a geir yma, ac nid yw ychwaith yn esbonio'n gywir y cyfan o'r rhai sydd ynddo. Ni thybiaf fi mai peth di-fudd oedd imi gynnwys hen eiriau, oblegid, heb eu deall hwy, ni ellir deall yr hyn a ysgrifennwyd gan yr hen awduron, a hefyd oblegid na fyddai neb am weld hepgor geiriau mwyaf hynod ac arwyddocaol yr hen awduron; yn fynych fe'n gorfodir i ddefnyddio hen eiriau trwy ryw fath o anghenraid, oherwydd tlodi'r geiriau arferol a dderbyniasom. Oblegid er y byddwn i yn cytuno'n rhwydd na ddylid derbyn neu ddefnyddio gair anghyffredin yn ddifeddwl, ac er y byddwn yn croesawu rheol Cesar 'y dylid osgoi gair anghyffredin fel osgoi craig ',³³ eto fe fyddwn i'n dadlau o'r ochr arall y dylid dwyn geiriau hynafol yn ôl i'w hen ryddid, pan fo galw am hynny, megis trwy gyfraith adferiad hawliau, ac na ddylid gwrthod y geiriau hynny sydd wedi mynd yn anarferedig oblegid diffyg yr amseroedd. Doethach o lawer yw defnyddio'r rhain, yn hytrach na llunio rhai eraill o'n pen a'n pastwn ein hunain, fel sydd wedi bod yn arfer gan rai pobl sy'n cael eu trafferthu gan dlodi mewn geirfa; am nad ydynt wedi deall hen eiriau, neu am eu bod wedi eu gwrthod, fe luniant eiriau newydd iddynt eu hunain heb na rheol na rheswm, yn anghelfydd, a weithiau hyd yn oed mewn dull hollol chwerthinllyd. Er enghraifft (os nad yw'n well gennyt ti, Ddarllenydd, gau dy glustiau'n dynn, yn hytrach na gwrando ar y pethau hyn): *Dimio* a *Dimhau*, Creu, efallai o *Dim* — mae'n debyg am mai creu yw 'ffurfio o ddim', a dwyn o 'beidio â bod' i 'fod'; *Cnodr*, Dant, mae'n debyg o *Cnoi*; *Encodr*, Ysbaid Awr, efallai o *Encyd*; *Cuddydor*, Ysgubor, o *Cuddio* a *Yd*; *Breithen*, Llythyren, a *Breithennu*, Ysgrifennu — am, y mae'n debyg, fod llythrennau yn gwneud dalen yn fraith. Y mae'n amlwg mai'r hyn sy'n rhoi bodlonrwydd i'r bathwyr geiriau hyn yw gwrthod y geiriau a arferid gan ein hynafiaid (gan nad ydynt yn gwybod eu hystyr), ac yn eu lle maent am wthio arnom ni eu dyfeisiadau ynfyd hwy eu hunain. Fe wn i'n iawn fod rhai pobl yn arfer gwrthwynebu a dweud fod yr hen eiriau Brytaneg sy'n digwydd yma a thraw yng ngwaith yr hen feirdd wedi cael eu bathu gan y beirdd eu hunain, nid wedi cael eu derbyn ganddynt hwy oddi wrth feirdd hŷn fyth; gwn hefyd am eu honiad nad oedd y beirdd eu hunain, heb sôn am ddynion eraill eu dydd, yn deall y fath eiriau, ac na ellir eu deall gan unrhyw feidrolyn. Gan nad ydynt hwy eu hunain yn deall y geiriau hynny (mwya'r cywilydd i'n hamserau ni, a mwya'r angen i'n pobl, sydd mor ddifraw ynglŷn ag iaith eu gwlad, edifarhau), a chan eu bod yn wir yn methu â'u darllen, fe

134

ddymunent berswadio pawb na ellir fyth eu gwybod, pa faint bynnag o grefft neu o ymroddiad a ddefnyddir. Er mwyn rhoi ateb i'r rhain (er eu bod, ys dywed Lactantius am Aristoxenus, ' yn teilyngu cosfa yn hytrach nag ateb ')[34] fe ddywedaf hyn: nid wyf yn honni i sicrwydd fod yr holl eiriau hynafol a ddefnyddiwyd gan y beirdd wedi cael eu deall gan bawb yn eu hamserau hwy eu hunain; ond y mae'n glir i'r beirdd o ddysg, a oedd dan rwymedigaeth i warchod yr iaith hynafol, dderbyn y geiriau hynny oddi wrth feirdd hŷn, a'u bod wedi eu deall yn iawn; y mae cymaint â hynny'n eglur oddi wrth y ffaith hon yn unig — eu bod oll yn rhoi'r un ystyr ym mhobman i'r un geiriau hynafol. At hynny y mae llawer o hen ddiarhebion Brytaneg, a dywediadau gwirebol sy'n dal o hyd yn fyw, yn tystio fod y geiriau hynafol hynny y maent yn llawn ohonynt wedi bod yn gwbl ddealladwy unwaith, ac wedi cael eu defnyddio'n gyffredin iawn. Oblegid dyna'r sail resymegol i ddiarhebion, eu bod yn cychwyn gyda'r iaith gyffredin, eu bod yn dod yn adnabyddus, eu bod yn cael eu bwrw oddi amgylch yn agored,[35] a'u bod yn cael eu treulio i'r pen o gael eu defnyddio gan lawer;[36] felly fe'u gelwir yn *proverbia,* am eu bod yn cael eu bwrw o gwmpas lawer iawn trwy gyfrwng geiriau (*verba*), ac yn *paraemiae* [sic], o οἶμος (' ffordd '), fel petaent yn perthyn i'r ffordd (meddai Budaeus)[37] ' am eu bod yn crwydro dros wefusau dynion ',[38] ac yn *adagia* (ar dystiolaeth Varro)[39] ' fel petaent *ambagia* neu *circumagia,* am eu bod yn troi o gwmpas ymhlith pobl yn gyffredinol '. Ceir tystiolaeth i'r un peth gan y nifer mawr o eiriau cyfansawdd sy'n cael eu defnyddio'n gyffredin, er bod y geiriau syml y maent yn deillio ohonynt wedi mynd yn anarferedig;[40] ac felly gyda geiriau syml y mae'r ffurfiau cyfansawdd a luniwyd ohonynt wedi diflannu.[41] Yn olaf dygir tystiolaeth i hyn oll gan enwau priod ar ddynion, gwragedd, dinasoedd, afonydd, mynyddoedd — enwau sy'n cael eu defnyddio hyd heddiw, geiriau sydd wedi cael eu cyfansoddi, neu sy'n tarddu, allan o hen eiriau a oedd yn dynodi rhywbeth neilltuol. Fe ddengys yr enwau hyn fod yr hen eiriau hynny, sydd bellach yn anarferedig, gynt wedi cael eu deall yn gyffredinol; yn wir, y mae hynny mor glir â phe bai wedi cael ei ysgrifennu gan un o belydrau'r haul (a dyfynnu Tertwlian): [42] enwau fel *Cadwallawn*, o *Cad* a *Gwallaw*; *Cadwgawn*, o *Cad* a *Gwogawn*; *Cadwaladr*, o *Cad* a *Gwaladr*; *Heilyn* o *Hail*; *Madog*, o *Mad*; *Tangwystl*, o *Tang* a *Gwystl*; *Bangeibr*, o *Bann* a *Ceibr*; *Bangor*, o *Bann* a *Cor*; *Myrddin*, tref ar lan y môr, o *Myr* a *Din*; [43] *Penbre*, o *Pen* a *Bre*; *Moelfre*, o *Moel* a *Bre*. Ac y mae llawer iawn o eiriau a ystyrir gan y gwrthwynebwyr yn hynafol, ac yn eiriau gwneud, ac yn annealladwy, sydd hyd yn oed heddiw yn cael eu defnyddio'n gyffredin mewn rhyw ran o Gymru, er eu bod yn gwbl anadnabyddus ac yn cael eu hystyried yn hen ac anarferedig mewn rhannau eraill.

Ond y mae'r rheswm fod cynifer o eiriau anarferedig i'w cael yn ein hiaith ni i'w olrhain i'w hynafiaeth hi, ac i'r ffaith ei bod wedi ei gadael i orwedd bron yn gwbl ddisylw dros gynifer o genedlaethau. Oblegid y mae'r un peth bron wedi digwydd i'r Frytaneg ag a ddigwyddodd i'r Hebraeg, o gofio mai yn awr, yn niwedd yr oesoedd, y mae hithau o'r diwedd wedi dechrau cael ei meithrin; oblegid, fel y dywed Munster, [44] yr ydym yn ddyledus i Elias y Lefiad (a ysgrifennodd ei waith yn 1518 O.C.) [45] am bob goleuni ar yr iaith Hebraeg sydd gan ein hoes ni. Cofier hefyd fod bron y cyfan o'r hen lyfrau Brytaneg, a allai fod wedi dangos yr hen ddefnydd a oedd i eiriau a throsglwyddo hwnnw i'n dyddiau ni, wedi cael eu difetha gan anrhaith rhyfeloedd, cenfigen gelynion, niwed yr amserau, ac esgeulustod ein pobl ni ein hunain. Os yw unrhyw un am amau hynafiaeth yr iaith, dylai'r un prawf hwn o'r hynafiaeth honno, ar ei ben ei hun, fod yn ddigon iddo, sef bod tarddiad yr iaith, a'r famiaith y ganwyd hi ohoni, yn gwbl anhysbys. Pob rhyddid i rai freuddwydio ei bod wedi tarddu o iaith Gâl, iaith gyfagos, neu o Ladin, iaith y concwerwr, neu o unrhyw ieithoedd eraill. O'm rhan fy hunan — os caniateir imi fod

yn llawn o'm syniad fy hun — ymddengys i mi fod y
Frytaneg yn rhy wahanol i bob iaith Ewropeaidd a gorllew-
inol (o leiaf o'r math sy'n bodoli yn awr, ac a fu'n bodoli
dros lawer cenhedlaeth) imi hyd yn oed freuddwydio y
gallai fod wedi tarddu ohonynt hwy. Fe'm bodlonir i gan
syniad y rheini sy'n credu iddi gael ei geni ym Mabel. Yr
wyf fi o'r farn ei bod yn un o'r mamieithoedd dwyreiniol,
neu o leiaf ei bod yn ddisgynnydd uniongyrchol i'r mam-
ieithoedd dwyreiniol. Er na fynnwn i ymladd dros y farn
hon fel yr ymladdwn dros ein hallorau a'n haelwydydd, eto
fe fentrwn i haeru fod gan y Frytaneg gyfatebolrwydd a
chysylltiad amlwg â'r ieithoedd dwyreiniol, o ran geirfa,
ymadrodd a chystrawen, a hefyd o ran ynganiad y llyth-
rennau, ond nad oes ymron ddim cyfatebiaeth rhyngddi a'r
ieithoedd gorllewinol, Ewropeaidd, heblaw ei bod yn
gymharol ddiweddar wedi tynnu rhyw debygrwydd oddi
wrth y Rhufeiniaid, a fu'n rheoli yma unwaith, ac oddi wrth
gydfasnachu gyda'r Saeson. Am y geiriau hynny y mae'r
iaith Roeg, a'i disgybl,[46] y Lladin, a'r ieithoedd Ewropeaidd
eraill, yn honni eu bod wedi eu tynnu o'r ieithoedd dwy-
reiniol, paham na ddylid meddwl ein bod ni wedi derbyn
yr un geiriau yn syth oddi wrth yr ieithoedd dwyreiniol,
ac nid drwy'r ieithoedd gorllewinol? Oblegid y gwir yw
fod yr ieithoedd hynny wedi tynnu'r fath eiriau o'r ieithoedd
dwyreiniol mewn dull mwy llipa, amrwd a thrwsgl na ni.
Am y rheini sydd am ddweud fod yr iaith wedi tarddu o
iaith Gâl, hynny yw y Gelteg — wel, beth bynnag yw'r gwir,
maent hwy yn dibynnu ar ddyfaliadau sydd mor wan fel
bod digon o gerrig rhwbio wrth law i unrhyw un ddileu
eu dadleuon hwy. Taerant[47] fod geiriau ' tebyg ' yn Cesar,
' rhai heb fod braidd ddim yn wahanol yn Tacitus ', ' rhai
nad ŷnt yn amrywio dim ' yn Strabo; at hynny maent yn
dyfynnu rhai geiriau Brytaneg — geiriau y maent hwy eu
hunain wedi eu derbyn â chlustiau sy'n llai dibynadwy hyd
yn oed nag eiddo'r dynion anghelfydd a drosglwyddodd y
geiriau iddynt — gan ddweud eu bod yn debyg i eiriau

Celteg. Ond, yn y cyfamser, ni wyddant o gwbl beth neu
o ba fath yr oedd y Gelteg, ac y maent yn llwyr anwybodus
am y Frytaneg. Ni allant brofi ychwaith, ar sail tebygrwydd,
i'r naill iaith a'r llall fod yr un, gan fod pob iaith, i'r graddau
eu bod yn deillio o'r un ffynhonnell, yn debyg i'w gilydd i
ryw raddau; daw hyn yn amlwg yn ddiweddarach. Ond,
meddant, fe awgrymodd Cesar[48] yn ddigon clir mai'r un
oedd iaith Gâl a'r Frytaneg pan ddywedodd ' ei bod yn hen
arfer ymhlith y Galiaid fod y rheini a oedd am ennill
gwybodaeth drylwyrach o ddysg y Derwyddon yn teithio i
Brydain, a oedd gyferbyn â Gâl, at y Derwyddon yno ' —
peth na buasai o unrhyw fudd iddynt, oni bai fod yr un
iaith lafar yn eiddo i'r naill genedl a'r llall, gan nad oedd
y Derwyddon yn defnyddio llyfrau, ond yn egluro popeth
ar dafod leferydd. Ond ni allant brofi ar sail felly mai'r
un iaith frodorol oedd gan y ddwy genedl, ond yn hytrach
fod yr un iaith yn gyffredin rhwng Derwyddon y naill genedl
a'r llall, ac mai honno a ddefnyddid ganddynt wrth addysgu.
Ac fe ymddengys mai Groeg oedd yr iaith honno, oblegid,
yn ôl Cesar, dywedir ei bod yn dra hysbys mai Groeg a
ddefnyddid gan Dderwyddon Gâl yn eu materion difin-
yddol, a'u bod yn arfer defnyddio llythrennau Groeg wrth
gadw cyfrifon preifat a chyhoeddus.[49] Ychwaneger at
hynny'r ffaith fod y rheini a oedd wedi eu cyflwyno eu
hunain i gael eu haddysgu gan y Derwyddon yn gorfod
rhoi ar gof a chadw filoedd lawer o gerddi, weithiau trwy
astudiaeth a oedd yn parhau am ugain mlynedd;[50] nid
byrbwylltra ar ran neb fyddai damcaniaethu mai Groeg oedd
iaith y cerddi hynny. Fodd bynnag, y mae'n dra thebyg
fod Derwyddon Gâl wedi derbyn eu disgyblaeth oddi wrth
y Brytaniaid, a chyda hi eu defnydd o'r iaith Roeg — yn yr
un modd ag y bu i'r Rhufeiniaid dderbyn oddi wrth yr
Etrwsciaid nid yn unig eu duwiau a'u dull o addoli, ond
hefyd gyfran helaeth o'r iaith Dwsgan. Ond honnir hefyd
fod y cyfandir o'r blaen yn llawn trigolion, ac mai oddi
yno y gyrrwyd allan drefedigaethau i'r ynys a oedd gyfer-

byn. Nid yw'n rheidrwydd credu hynny. Oblegid y mae'n
dra thebygol fod rhai ynysoedd — o gofio mai yno'n
arbennig y digwyddai dynion gilio, fel i leoedd diogelach
— wedi cael eu poblogi o flaen y cyfandir cyfan: ymddengys
mai dyna y mae Theophilus o Antioch yn ei awgrymu am
Brydain.[51] Hefyd y mae'r Ysgrythurau yn dysgu fod
ynysoedd y cenhedloedd hyd at ystlysau'r gogledd wedi cael
eu rhannu gan ddisgynyddion Jaffeth,[52] ac ymhlith yr ynys-
oedd hynny y mae dysgedigion yn gosod Prydain. Ond,
meddir, ystyrid mai un cyfandir oedd Gâl a Phrydain.
Bwrier fod hynny'n wir; y cwestiwn sy'n aros yw hwn: ym
mha oes y credant i'r Brytaniaid, o'r diwedd, ' gael eu
rhannu'n llwyr oddi wrth yr holl fyd'?[53] Os digwyddodd
rhaniad o'r math hwn erioed, efallai mai yn amser y Dilyw
y bu hynny, pan oedd yr holl ddaear o un iaith. Damcan-
iaethau pur. Barn Merula[54] yw (a chroeso iddo ei dal) fod
' yr iaith sy'n cael ei defnyddio heddiw gan y Brytaniaid
Celtaidd, y bobl ger y môr,[55] a iaith trigolion ynys Brydain
gyferbyn — pobl sydd wedi cael eu gyrru gan y Saeson i'r
mannau mynyddig a mwy gorllewinol — yn iaith hen iawn
ac yn arbennig a chynhwynol i'r rhai a feddiannodd y
parthau hyn gyntaf oll ar ôl cymysgu'r ieithoedd '; ond p'un
ai'r un oedd iaith yr hen Geltiaid a Brytaneg, Llydaweg a
Chernyweg heddiw, fel y mae ef yn credu — wel, dyfeisio
cadarnhad i'w ddamcaniaeth ef fyddai hynny. Am y rheini
sy'n meddwl fod y Frytaneg wedi cael ei geni o'r Lladin,
dylid gwrando lai fyth arnynt hwy. Iaith ddiweddar yw hi,
wedi cael ei chyfansoddi o gasgliad o ieithoedd eraill.
Oblegid dywedir fod iaith gynnar yr Eidal, a arferid o dan
frenhinoedd cynnar yr Eidal, pwy bynnag oeddynt hwy,
yn debyg i Ddoreg. Iaith ddiffrwyth iawn oedd Lladin ar
y dechrau, ond diddymwyd y diffrwythder gan y beirdd
Ennius, Pacuvius, Plautus ac eraill, gan yr awduron hanes,
ac yn arbennig gan yr areithwyr — tasg a gyflawnwyd naill
ai trwy fenthyca geiriau oddi wrth eu cymdogion, neu trwy
ddyfeisio geiriau newydd. Felly Horas: ' Paham yr wyf fi

yn destun cenfigen os gallaf ychwanegu ychydig eiriau, pan
yw iaith Cato ac Ennius wedi cyfoethogi llafar ein cyndadau
ac wedi dwyn i fod enwau newydd ar bethau?[56] Ond
dywedir hefyd am yr hen Ladinwyr, a oedd yn cael eu
poeni gan dlodi difrifol eu hiaith, eu bod wedi cymryd
llu mawr o eiriau o ieithoedd pobloedd eraill yr oeddynt
wedi estyn iddynt hawliau dinasyddiaeth, a hefyd yn
arbennig oddi wrth y Groegiaid a'r Etrwsciaid, y credir eu
bod un adeg wedi defnyddio'r Aramaeg neu'r Syrieg. Ac,
meddai Merula, ynglŷn â'r geiriau Lladin sydd i'w cael
heddiw, ni byddai dyn yn methu pe bai'n barnu eu bod yn
tarddu o'r iaith Dwsgan, sydd â'i gwreiddiau yn Syria.[57]
O ganlyniad, y mae'n glir fod yr iaith Ladin wedi derbyn
llawer mwy o eiriau ar fenthyg nag y mae hi ei hun wedi
eu rhoi, ac y byddai'n iaith gwbl chwerthinllyd pe bai'n cael
ei 'dinoethi o'r lliwiau y mae wedi eu lladrata',[58] heblaw
fod Crist wedi ei hanrhydeddu hi, ynghyd â'r Hebraeg a'r
Roeg, trwy arysgrifen Ei groes Ef, ac wedi ei neilltuo hi ar
gyfer Ei Ddinas a'i Deyrnas, ac ar gyfer lledaenu'r Efengyl;
oblegid rhyngodd fodd iddo Ef fod y tair iaith yma yn cael
eu symud o'u lle arferol eu hunain, i fod o wasanaeth i'w
Eglwys Ef.[59] Felly ni allaf mewn unrhyw fodd gymeradwyo,
ond yn hytrach o lawer (os ystyrir fod unrhyw werth i'm
barn i) yr wyf yn llwyr gondemnio eiddgarwch y rheini sy'n
ceisio ym mhob dull a modd olrhain bron bob gair Brytaneg
i ffynonellau Lladin. Nid wyf yn gwadu ddarfod i'n hynaf-
iaid ni wneud rhai geiriau Lladin yn eiddo iddynt eu hunain,
eithr gan gadw eu geiriau hwy eu hunain yn ogystal. Ond
gan ei bod yn gwbl glir fod mwyafrif geiriau'r Frytaneg
yn perthyn yn neilltuol i'r genedl Frytanaidd, ac nad ŷnt
wedi cael eu tynnu o eiriau Lladin neu o eiriau unrhyw
iaith Ewropeaidd arall, paham na chredir fod gennym ni
ein hunain eiriau eraill hefyd wedi parhau hyd heddiw, ond
eu bod yn anarferedig, neu ein bod ni wedi bod â geiriau
felly gennym unwaith, ond eu bod bellach wedi darfod
amdanynt? Ymddengys hynny yn gwbl glir i mi, pe na bai

ond ar gyfrif y ffaith hon — fod gennym ddau neu ragor o
eiriau ar gyfer dynodi rhai pethau; o'r rheini, y rhai Lladin
sy'n cael eu defnyddio fwyaf, a siarad yn gyffredinol, tra
bo'r geiriau Cymraeg pur yn cael eu defnyddio yn llai
cyffredin: felly am *Spolium* a *Spoliare* dywedwn *Yspail* ac
Yspeilio, o'r Lladin, ond yn gywir yn ein hiaith ni, *Anrhaith*
ac *Anrheithio;* am *Rota* dywedwn *Rhod,* o'r Lladin, ond yn
iawn, *Troell* ac *Olwyn*: am *Spatium* dywedwn *Yspaid,* o'r
Lladin, ond yn iawn, *Encyd* ac *Ennyd*: am *Portus* dywedwn
Porth, o'r Lladin, ond yn iawn, *Moreb*: am *Scutum*
dywedwn *Ysgwyd,* o'r Lladin, ond yn iawn, *Tarian;* ac felly
ymlaen. Cytunir hefyd yn bendant fod yr iaith Ladin wedi
gwneud rhai o'n geiriau ni — fel geiriau cenhedloedd eraill
— yn rhan o'i hymadrodd hithau (er y gellir dyfalu gyda
chryn sicrwydd fod pobl i'w cael sy'n credu mai fel arall
y bu pethau, ac mai ni sydd wedi mabwysiadu'r geiriau
hynny o'r Lladin): dyna *Bascauda* Martial,[60] a *Tata* a
Mamma. Oblegid, hyd y gwn i, ni ddefnyddir *Tat* i ddynodi
pater na *Mam* i ddynodi *mater* mewn unrhyw iaith Ewrop-
eaidd arall. Ac yn ôl P. Merula 'y mae ysgrifenwyr Groeg
a Lladin yn cymeradwyo llawer o eiriau o Âl, geiriau sydd
heddiw i'w canfod yn yr iaith Frytaneg yn unig'.[61] Yn
sicr, y mae'r Saeson yn defnyddio llawer o eiriau Brytaneg
yn eu hiaith gyffredin bob dydd, geiriau a fenthyciwyd
ganddynt oddi wrthym ni pan oeddym ni yn rheoli yma —
geiriau y mae rhai pobl, yn anghywir, yn credu ein bod ni
wedi eu benthyca oddi arnynt hwy. Oblegid y mae'n dra
sicr fod y Sacsoniaid, hynafiaid y Saeson, a hwythau i
gychwyn yn iswasanaethgar i ni, ac yn llawer llai eu nifer,
wedi trechu a darostwng y Brytaniaid, nid yn sydyn, nac
mewn rhyfel agored, ond yn raddol, trwy eu dyfalbarhad
a'u medrusrwydd; h.y., trwy feithrin cysylltiadau â ni, trwy
eu cymhwyso eu hunain i'n harferion ni, trwy ddysgu'r iaith
Frytaneg, trwy gofleidio cyfreithiau Prydain, y cytunir hyd
yn oed heddiw eu bod wedi eu gwneud yn eiddo iddynt eu
hunain, gan fod eu brenin hwy, Alffred, wedi eu cyfieithu

i'r iaith Sacsoneg;[62] a hefyd am fod Ponticus Virunnius[63] yn dysgu fod Cyfreithiau Moelmud a Martia (y mae Dio[64] yn dweud fod Prydain wedi eu defnyddio cyn dyfodiad Cesar ac ar ei ôl) yn fawr eu bri ymhlith y Saeson yn ei amser ef:[65] dyna'r rheswm paham y maent yn cadw rhai geiriau Brytaneg yn eu cyfreithiau hyd yn oed yn awr — geiriau y mae rhai pobl yn ceisio â'u holl ynni eu holrhain i eiriau Ffrangeg neu i eiriau Sacsoneg — geiriau fel *Murder, Maior, Denizen, Route, Bastard,* ac yn y blaen.

Os dymuni glywed beth y gellir ei ddweud gyda phendantrwydd ynglŷn â tharddiad yr iaith Frytaneg a ieithoedd eraill, a'r modd y maent wedi newid, gadawer imi fynd yn ôl ymhell i egluro'r mater. Er pan ddechreuwyd ysgrifennu, y mae llu o bobl wedi bod yn arfer eu hathrylith i'r eithaf ynghylch mater tarddiad ieithoedd, h.y., o ble y ganed iaith gyntaf dynion, ai trwy siawns, neu o natur, neu o ddewis a chytundeb rhwng dynion y bu hynny, a hefyd pa iaith ydoedd hi. Myn Diodorus Siculus[66] fod lleferydd dynion ar y dechrau yn gwbl ddi-drefn ac annealladwy, ond wedi iddynt ffurfio cymdeithasau â'i gilydd oblegid ofn anifeiliaid gwylltion, yna, yn raddol, trwy ynganu geiriau yn glir a thrwy ddefnyddio arwyddion i ddynodi pob un peth, parasant o'r diwedd fod y gair cyffredin am rywbeth yn dod yn hysbys iddynt; a chan fod llawer cymdeithas o ddynion yn yr holl fyd, a'u bod oll yn cysylltu geiriau â'i gilydd yn y modd yr oedd ffawd yn ei roi iddynt, nid yr un iaith a oedd gan bawb, ond daeth gwahanol ffurfiau ar ieithoedd i fod yn y gwahanol gymdeithasau o ddynion. Yn yr un modd myn Hermogenes fod enwau wedi cael eu rhoi ar bethau *drwy siawns,* heb fod unrhyw reswm am hynny; a thybia Cratylus eu bod wedi dod i fod *o natur* — a hynny yw dadl nifer o rai eraill.[67] Ni chredwn ni fod llefaru yn beth naturiol felly i ddyn, 'fel y gallo siarad, hyd yn oed os yw wedi ei adael ar ei ben ei hun, a'i amddifadu o glywed a deall geiriau'.[68] Y bobl sy'n clywed geiriau wedi'u hynganu'n glir, y rheini sy'n siarad yn glir, a neb arall.

Gellir gweld hynny'n eglur oddi wrth bobl a aned yn fyddar, pobl y cytunir eu bod bob amser yn fud hefyd; ac oddi wrth y bobl hynny sydd, oblegid rhyw anap neu afiechyd, yn mynd yn fyddar, ac na allant gynanu dim ond yr hyn yr oeddynt wedi ei ddysgu cyn iddynt golli eu clyw; ac oddi wrth brawf Psammetichus, brenin yr Eifftiaid, 'a drefnodd fod dau fachgen bychan i'w meithrin gan eifr, mewn coedwig, lle na chaent glywed llais dyn, fel y gallai ef dynnu'r casgliad mai'r iaith y byddent hwy yn ei siarad o'u rhan eu hunain ydoedd iaith gyntaf a naturiol yr hil ddynol'.[69] Ar ôl tair blynedd fe'u dygwyd at y brenin, a'r unig sŵn a gynhyrchwyd ganddynt, a hynny o hyd ac o hyd, ydoedd *Bec*, sef y sŵn yr arferai'r geifr, a roddai laeth iddynt, ei ddefnyddio i'w cyfarch pan ddoi'r bechgyn at eu tethau; ni allent ddweud dim arall. Yr un yw'r casgliad a dynnir hefyd o arbrawf tebyg gan Melabdin Echebar, y maent yn ei alw *Magnus Magor* neu *Mogul*,[70] a drefnodd fod deg ar hugain o fechgyn yn cael eu meithrin mewn tawelwch llwyr, er mwyn darganfod a fyddent oll yn siarad yr un iaith; ond wedi eu dwyn hwy allan, yr oedd yn amlwg eu bod i gyd yn fud, ac na allent gynhyrchu unrhyw air am y rheswm nad oeddynt wedi clywed unrhyw air. Felly credwn ni fod iaith gyntaf yr hil ddynol wedi cael ei thywallt i mewn i'n rhieni cyntaf, a oedd eisoes yn eu llawn dwf, ynghyd ag anadl einioes ei hun; ac fe ddysgodd eu disgynyddion ganddynt hwy sut i siarad, trwy eu dynwared.

Nid wyf mor hurt â chredu mai ein hiaith ni yw honno, y gyntaf a'r hynaf o'r holl ieithoedd — safle nad yw'r Ethiopiaid yn gwrido dim wrth ei hawlio i'w hiaith hwy;[71] yna mynnai Psammetichus, y cyfeiriais ato uchod, fod hyn i'w gredu am iaith Phrygia, am fod y gair hwnnw a dorrodd gyntaf dros wefusau'r ddau fachgen hynny yn golygu 'bara' yn iaith Phrygia; gwnâi Theodoretus y Syriad yr honiad hwn ynglŷn â'r Syrieg,[72] gan fynnu mai i Foses y trosglwyddodd Duw yr Hebraeg gyntaf;[73] yr un peth y bu

143

Goropius Becanus,[74] yn ynfyd iawn, yn ei ddadlau mor daer am ei iaith ei hun, y Gimbreg neu'r Fflandreg. Ni freuddwydiwn ni fod ein hiaith ni, nac unrhyw iaith arall, wedi bod cyn cymysgu'r ieithoedd ym Mabel — nid unrhyw iaith heblaw'r Hebraeg, er bod Philaster,[75] yn groes i dystiolaeth eglur yr Ysgrythur,[76] yn dal fod sail gadarn i gredu hynny am ieithoedd eraill. O'n rhan ein hunain, cyfrifwn ni fod ein hiaith ymhlith mamieithoedd Ewrop, a chefnogir hynny gan lawer,[77] heb neb yn gwrthwynebu; dywedwn ei bod 'yn hen iawn, iawn', fel y dywed Camden yntau;[78] nid oes gennym amheuaeth mai hi oedd iaith pobl wreiddiol yr ynys hon, ac i'r estron Brutus a'i ddilynwyr naill ai ei chymysgu â'u hiaith hwy eu hunain, neu ei chymryd yn iaith iddynt eu hunain. Oblegid nid wyf o'r farn fod hanes Brutus i'w wrthod a'i wadu, yn unig am fod cymaint ymosod arno gan rai yn ddiweddar: ac eto, pell y bo imi dybio fod y rheini yn ymosod felly allan o gasineb at y genedl, neu o genfigen wrth yr hanes ei hun, neu am ei fod yn cael ei wahardd yn 'indecs' Eglwys Rufain, neu er mwyn ymddangos gymaint â hynny'n fwy dysgedig am fod ganddynt ryw wrthwynebiad i'w ddwyn yn erbyn ysgrifeniadau hen awduron. Ond os yw'r hanes yn anfoddhaol yn eu tyb hwy am ei bod yn ymddangos ei fod wedi cael ei ddifwyno gan chwedlau o hyd ac o hyd — dyna wrthwynebiad Gerallt a William o Newburgh hefyd i Sieffre ('nid awdur yr hen hanes, ond ei gyfieithydd ffyddlon', ys dywed Matthew Paris)[79] — fe ddylent gofio mai chwedlonol yw hanesion cynnar cenhedloedd eraill hefyd, ond nad ydynt i'w gwrthod am y rheswm hwnnw. Oblegid barn y rhan fwyaf o'r hen awduron ydoedd y byddent yn ymddangos yn llai cain yn eu hanesyddiaeth pe na baent yn harddu eu hysgrifeniadau â chwedlau (fel â ffugiadau barddonol) ac ag addurniadau areithyddol. Ac y mae'n iawn i ni gofio, fel y dywed Strabo,[80] fod rhyw wirionedd yn guddiedig mewn chwedlau. Ond os yw dyn yn chwilio am gytundeb rhwng awduron estron, yn sicr ni bydd fawr o ddim pendant

144

yn aros ynglŷn â tharddiad llawer o genhedloedd, hynny
yw, os gwrthodwn hanesion priod y cenhedloedd hynny am
y rheswm nad ydym yn darllen dim o'r fath yng ngwaith
ysgrifenwyr Groeg a Lladin. Am hanes eu cenedl eu hunain
yr oedd gofal y Rhufeinwyr, nid am hanes cenhedloedd
eraill. Yn hwyr y daeth y Groegiaid, yn hwyr y daeth y
Rhufeiniaid i wybod am enw Prydain. Yn wir, y mae
hanesiaeth y Rhufeiniaid yn gyfryw ag i godi'r cwestiwn
a fu Prydain ei hun yn gwbl anhysbys i'r Groegiaid a'r
Rhufeiniaid fel ei gilydd;[81] ac yna i amheuaeth godi pa un
ai rhan o'r cyfandir ynteu ynys ydoedd. ' Gwelwch y
Brytaniaid anhysbys, wedi eu dwyn o dan gyfraith Rhufain ',
fel y dywed hen gerdd.[82] Dywed Sabellicus ' nad oeddynt
yn adnabyddus iawn hyd yn oed i'r Galiaid yn amser
Cesar ';[83] ac fe fu ymhlith y Rhufeiniaid eu hunain amserau
tywyll, pryd nad ysgrifennwyd ymron ddim. Dywed Dio
Cassius : [84] ' Bu'r hanes am rai cyfnodau yn oes Rhufain yn
fwy ansicr nag am gyfnodau eraill; cyfnod Romulus a
brenhinoedd Rhufain, er enghraifft, a chyn hynny hefyd.' Y
mae haneswyr yn adrodd fod rhai o'r gweddill a ffodd o
Gaerdroea wedi dod i'r Eidal; ceir tystiolaeth i hynny hefyd
gan ddinas Metapontus, a adeiladwyd gan y Pyliaid a
ymfudodd yno gyda Nestor ar ôl Rhyfel Caerdroea,[85] ond
sydd bellach wedi cael ei dinistrio gan y Samnitiaid; ac y
mae'n hanesion ni yn dweud ddarfod i Brutus ddod yma
gyda'i ddilynwyr o dueddau'r Eidal. Y mae mewn rhan o'r
Eidal, a elwir yn awr Calabria (neu Deyrnas Napoli), bobl
o'r enw *Brutii*[86] — nad yw'n gwahaniaethu ond y peth lleiaf
oddi wrth yr enwau ' Brutus ' a ' Brytaniaid ': fe'u gelwir
Βρέττιοι gan y Groegiaid, ac enw Strabo[87] ar eu rhanbarth
yw Βρεττία; cymharer y modd y'n gelwir ni mewn Groeg
Βρεττάνοι, a'n rhanbarth Βρεττανία *[sic]*.[88] Ac nid eu henw
yn unig sydd yn debyg, ond fe gred rhai, ar dystiolaeth
Stephanus, fod eu hiaith hefyd yn debyg i'r hen iaith
Frytaneg; oblegid dyfynna Stephanus eiriau o eiddo Aris-
tophanes yn cyfeirio at ' iaith dywyll, arswydus y Brutii ',[89]

a mynnir fod hyn wedi cael ei ddweud oblegid anhawster ynganu'r iaith. Ychwaneger at hynny'r ffaith mai yn ardal y Brutii, meddir, y bu Pythagoras, Milo a'r athronwyr Groeg eraill yn byw — y rheini a elwir yn 'athronwyr Eidalaidd'[90] — ac i'r ardal gael ei galw o'r herwydd yn 'Magna Graecia', a bod y Pythagoreaid wedi ffynnu yno dros lawer o genedlaethau: yr oedd ein Derwyddon ni, fel y Pythagoreaid, yn rhai a ddadleuai dros anfarwoldeb a thrawsfudiad yr enaid, ac nid oedd yn arfer ganddynt hwy, yn fwy na'r Pythagoreaid, drosglwyddo eu hathrawiaeth i ysgrifen. Ynglŷn â'r broblem y mae Lipsius[91] yn ei chodi, pa un ai'r Pythagoreaid a dderbyniodd eu hathrawiaeth oddi wrth y Derwyddon, ai fel arall, ymddengys fod Cesar[92] yn datrys y broblem pan ddywed fod disgyblaeth y Derwyddon wedi cael ei chanfod gyntaf ymhlith y Brytaniaid; a hefyd Merula,[93] sy'n dweud fod tarddiad yr enw 'Derwyddon' i'w olrhain i hen iaith Gâl, y mae ef yn ei hystyried yr un â'r Frytaneg. Ond dywedir hefyd fod dysgedigion amlwg (yn eu plith Gerion Weledydd)[94] wedi dod i'r ynys hon gyda Brutus,[95] a bod Bladudus [Bladud] wedi dwyn rhai tebyg yn ôl gydag ef o Athen,[96] lle yr aethai er mwyn ceisio ennill dysg; y mae'n dra thebyg fod y rhain, rai cenedlaethau o flaen Pythagoras, naill ai wedi trosglwyddo athrawiaeth y Derwyddon i'r Brytaniaid, neu ynteu wedi ei derbyn gan y Brytaniaid. Ychwaneger at hynny'r ffaith fod gan y Brutii ddinas o'r enw Troea — a elwid yn ddiweddarach Heraclea, ar ôl i ymsefydlwyr ddod yno o Tarentum — a bod gan y Brytaniaid hwythau ddinas o'r enw Troea Newydd.[97]

Maddau imi, Ddarllenydd, am gynnwys y manylion hyn am hanes Brutus, wrth fynd heibio, megis, ac ar siawns yn fwy nag o fwriad. Ond i ddychwelyd at y bobl wreiddiol hynny a oedd yn trigo ar yr ynys hon o flaen Brutus: ymddengys mai hwy oedd y rhai yr ysgrifennodd Cesar amdanynt a dweud fod 'canolbarth yr ynys yn cael ei chyfanheddu gan lwythau sydd, yn ôl eu traddodiad hwy eu hunain, yn bobl a anwyd ar yr ynys'.[98] Y rhain, yn ddiau,

yw'r rhai y dywedir amdanynt eu bod wedi'u geni o feibion
a disgynyddion Jaffeth — ar sail Genesis, pennod 10, cesglir
eu bod wedi croesi i Ewrop yn syth ar ôl y Dilyw — a'u
bod wedi cyfanheddu'r ynys hon yn syth ar ôl y Dilyw.
Oblegid y mae lle i gredu fod myrddiynau lawer o ddynion
wedi disgyn oddi wrth Noa yn unig cyn ei farw (nid 2,400
o ddynion, heblaw gwragedd a phlant, fel y dywedir[99] fod
Philo wedi ysgrifennu). Oblegid, os o Jacob yn unig, a'i
ddeg enaid a thrigain,[100] y disgynnodd o fewn cyfnod o 215
mlynedd (sef y nifer o flynyddoedd a gyfrifir o'i fynediad i'r
Aifft hyd at ryddhau'r bobl o'r Aifft) chwe chan mil o wŷr
traed,[101] heblaw plant, gwragedd a hynafgwyr, paham na
ddylem ni gredu fod llawer iawn mwy wedi disgyn o Noa
yn ystod y 350 mlynedd[102] y bu ef byw wedi'r Dilyw?
Ymddengys i'r rhan fwyaf o'r rheini gael eu geni o Jaffeth
(i'w ran ef y syrthiodd Ewrop), fel yr un yr addawsai Duw
y byddai'n helaethu arno.[103] A thystiolaeth cofadeiliau
hynafol, wedi eu hysgrifennu yn yr iaith Hebraeg ac mewn
llythrennau Hebraeg — deuir o hyd iddynt yn Ewrop —
yw fod disgynyddion Jaffeth wedi dod i Ewrop ymhen
ychydig iawn o flynyddoedd ar ôl y Dilyw; ymhlith cof-
adeiliau felly y mae un i ryw Mordecai, wedi cael ei gosod
yn agos i Fienna,[104] ac arni mae'n ysgrifenedig y flwyddyn
o oed y byd 2560, sef tuag amser Moses neu Josua, a 300
mlynedd fwy neu lai cyn dinistrio Caerdroea.

Felly, pa faint bynnag y mae ieithoedd eraill yn ei frolio
ynglŷn â'u hynafiaeth, ac yn ymryson yn eu plith eu hunain;
a pha faint bynnag y mae Rabbi Moses, yr Eifftiwr, yn amau
p'un ai Hebraeg yw'r iaith gyntaf; a'r pedwar dyn dysgedig
hynny o blith yr Iddewon, a ddyfynnir gan Guevara, yn
taeru, hyd yn oed ar lw, nad yr Hebraeg yw'r gyntaf; a
Goropius hefyd yn prysur ddadlau hynny — eto y mae'n
weddus fod pawb yn ildio'r llawryf hwn i'r Hebraeg,[105] sef
mai hi yw mam yr holl ieithoedd, y gyntaf ohonynt oll, yr
iaith a ddefnyddiodd Duw Ei Hun, a ddefnyddiodd yr
angylion wrth siarad â'r patriarchiaid, a siaradwyd gan

drigolion Paradwys, a ddefnyddiwyd i roi eu henwau cyntaf
ar bethau, fel petai'r enwau wedi cael eu creu yr un pryd
â'r pethau eu hunain; yn yr iaith hon y cyflwynwyd i ni y
gorchmynion sy'n ymwneud â bywyd tragwyddol, gorch-
mynion sydd i barhau o amser sylfaenu'r byd hyd at derfyn
hanes; yr iaith a fu, ar ei phen ei hun, yn unig iaith yr holl
ddaear a phob dyn am bron ddwy fil o flynyddoedd; yr unig
iaith a fu'n rhydd o gosb,[106] pan gystwywyd yr ieithoedd
eraill oll gan Dduw am eu gwaith balch ym Mabel, ac a
barhaodd gyda ffydd a gwir grefydd yn nheulu Heber a
Pheleg, a rhai patriarchiaid eraill, na chredir iddynt fod â
rhan yn yr adeiladu ym Mabel. Ac os yw'n wir, fel y cred
rhai pobl, fod unrhyw iaith yn gallu codi o natur, yna fe
gredwn ni mai hon yw unig iaith naturiol dynion, ac mai
merched dirywiedig i'r iaith hynafol hon yw ein hiaith ni
a phob iaith arall, cynnyrch godinebus pechaduriaid, wedi
codi o anlladrwydd y cewri a ymladdai yn erbyn Duw; eto
fe welir yn llewyrchu ynddynt ryw ychydig o wedd eu mam
sanctaidd, yn dystiolaeth ac yn arwydd o'r hen undod.[107]
Prin ei bod o werth i ni geisio dyfalu pa ' is-famieithoedd '
a fu'n cysylltu'r ieithoedd unigol hyn â'r famiaith, hynny yw,
' is-famieithoedd ' y llifodd trwyddynt yr ieithoedd unigol
oddi wrthi hi. Ond ynglŷn â'r dulliau y mae ieithoedd unigol
wedi cael eu tynnu o'r Hebraeg, ac o ' is-famieithoedd ' eraill,
ac am y modd y maent hwythau yn eu tro wedi esgor ar
ieithoedd newydd, efallai y bydd peth dyfalu pellach o fudd
yma, os hoffit sylwi'n fwy manwl a gofalus ar y mater.

Dyma, beth bynnag, fel yr ymddengys y sefyllfa yn awr.
Ni bu neb erioed mor ddisynnwyr ag i amau fod y ddawn
siarad wedi cael ei rhoi i ddynion o adeg y Creu (gan mai
' trwy yr un ddawn hon y maent yn rhagori fwyaf oll ar yr
anifeiliaid gwylltion '):[108] a'r un peth gyda sain y llyth-
rennau, ond nad oes sicrwydd ynglŷn â phryd o'r diwedd
y dechreuwyd eu nodi â ffurfiau arbennig, fel y gallai'r
ffurfiau hynny warchod y geiriau er mwyn helpu'r cof, a'u
dwyn allan fel o stordy a'u cyflwyno i ddarllenwyr.[109] Barn

gyffredin pawb yw mai Moses a fu'n gyfrifol am lunio
llythrennau'r Hebraeg,[110] y rhai cyntaf oll, ac iddo ef eu
traddodi i'r Iddewon; yna bod y Phoeniciaid wedi eu derbyn
gan yr Iddewon, a'r Groegiaid gan y Phoeniciaid trwy
Cadmus. Y mae Philo'n priodoli dyfeisio'r llythrennau i
Abraham; ond ymddengys eu bod mewn bodolaeth o'i flaen
ef, os yw stori Josephus yn wir, fod dwy golofn wedi cael
eu codi gan ddisgynyddion Seth, y naill o garreg a'r llall o
briddfaen, a bod rhestr o'u celfyddau hwy yn ysgrifenedig
arnynt; yn ôl Josephus yr oedd un o'r colofnau yn parhau
mewn bod yn ei oes ef.[111] Ond pa gasgliad bynnag y deuir
iddo ar fater dyfeisio llythrennau ar y dechrau, y mae'n sicr
fod yr afael arnynt, a'r sain a gynrychiolid ganddynt, wedi
aros gydag ymron bob cenedl yng nghanol cymysgu'r ieith-
oedd. Oblegid fe gredir mai fel hyn, efallai, y digwyddodd
cymysgu'r ieithoedd: gan fod y rhai a oedd yn gweithio ar
Dŵr Babel ar y dechrau wedi cael eu taro dros amser â
byddardod[112] (dyna beth y mae לֹא יִשְׁמְעוּ , sy'n golygu'n
iawn *colli clyw,* nid *colli deall,* yn ei ddysgu) a chan iddynt,
drwy wyrth ddwyfol, anghofio'r iaith yr oeddynt yn ei medru
o'r blaen — peth yr adroddir iddo ddigwydd, oblegid
achosion naturiol, i Messalla Corvinus,[113] Georgius Trapez-
untius,[114] ac eraill — yna, yn lle eu bod yn fud fel creaduriaid,
fe luniasant iddynt eu hunain ieithoedd newydd yn ôl eu
mympwy, gan ddefnyddio sain y llythrennau (a gedwid
ganddynt o hyd) a hefyd rai geiriau nad oeddynt wedi eu
hanghofio; allan o hynny felly y daeth y gwahaniaeth rhwng
ieithoedd i fod. Oblegid yng nghymysgu'r ieithoedd fe
ddysgodd Duw ddynion (gwaith Duw yw'r cymysgu hwnnw,
er bod Origen yn sôn am waith yr angylion yn y cyswllt
hwn,[115] a gwaith Duw Ei Hun hefyd oedd fod dynion yn
llefarwyr [μέροπες][116] ac yn cael eu galw felly) — fe
ddysgodd Duw ddynion i newid llythrennau cytras ymhlith
ei gilydd, i drawsosod rhai, i ychwanegu eraill, i dynnu
eraill ymaith, i ynganu rhai yn wahanol, i wneud gwreidd-
eiriau allan o eiriau distadl (a'r gwrthwyneb), ac i osod

geiriau garw a grymus yn lle rhai mwy llyfn a meddal (a'r gwrthwyneb); ac felly fe osododd Duw rai ieithoedd yn 'famieithoedd' yn eu tro, yn gwahaniaethu oddi wrth yr Hebraeg ac oddi wrth ei gilydd; ac yna, allan o'r mam-ieithoedd [newydd] hyn, fe greodd dynion, dan arweiniad y cyffro cyntaf hwnnw, fwy a mwy o ieithoedd; ac allan ohonynt hwythau eto, heb unrhyw amheuaeth, fe darddodd gwahanol gymysgeddau a thafodieithoedd yn eu tro, ac y mae cyfnewidiadau felly yn parhau i lifo bob dydd. Oblegid fe welwn fod ieithoedd brodorol yn newid cymaint o fewn ychydig genedlaethau nes o'r braidd eu bod yn gallu dal eu gafael yn sicr mewn dim ond enwau yn unig. Oblegid fe wyddom yn dda i'r Galiaid, yr Eidalwyr, y Sbaenwyr, y Tewtoniaid, ac yn y blaen — a hefyd ein cymdogion, y Saeson — siarad mewn dull pur wahanol unwaith, a phetai unrhyw un yn siarad felly yn eu plith hwy heddiw, â chwiban ac â gwatwar y'i cyferchid ef. Ac nid yw hynny'n beth i ryfeddu ato. Oblegid canlyniad cydfasnachu rhwng cenhedloedd yw fod masnach mewn ieithoedd yn cael ei arfer hefyd. Y mae cynghreiriau, priodasau, agosrwydd, trefedigaethau, oll yn peri fod y naill genedl yn cyfrannu tuag at adeilad iaith y llall. A pho fwyaf blaenllaw a buddugoliaethus y bo cenhedloedd, mwyaf yn y byd y maent naill ai'n gorfodi'r gorchfygedig, trwy gyfraith, i astudio'u hiaith hwy, fel y gwnaeth y Rhufeiniaid, a'r Groegiaid o'u blaen,[117] neu'n peri fod astudio'r iaith yn angenrheidiol i'r caethion, fel y gwnaeth yr Asyriaid â'r Iddewon. Oblegid po hynaf yr ystyrir iaith, po fwyaf amheuthun a hyglod, po fwyaf cain a llawn adnoddau, mwyaf oll y mae pawb hyd eithaf ei allu yn ei hedmygu, yn prysur geisio gwybodaeth ohoni, ac yn ymdrechu i'w chymysgu â'i iaith ei hun, sydd, am y tro, yn israddol yn ei olwg. Nid yn unig hynny, ond y mae ieithoedd wedi mynd trwy gyfnewidiadau enfawr am eu bod, am gynifer o genedlaethau, wedi cael eu bwrw o gwmpas yn fympwyol hollol ar dafodau baldorddus[118] dynion — hyd yn oed rai

di-ddysg, ffyliaid, gwragedd a phlant — a'u traddodi felly
i'r cenedlaethau i ddod. Oblegid o ynganu gwael y bobl
gyffredin daw sillafu gwael, ac oherwydd sillafu gwael
fe drosglwyddir y camgymeriad i'r oes sy'n dilyn: oblegid
dywed Quintilian[119] fod orgraff yn iswasanaethgar i arfer,
a'i bod felly yn cael ei newid yn fynych. 'Fel gydag arian,
wrth eu defnyddio y mae i eiriau eu gwerth.'[120] 'Fe welir
aileni llawer o eiriau sydd yn awr wedi syrthio o fod, ac fe
welir geiriau sydd yn awr yn fawr eu bri yn darfod, os myn
arfer hynny: arfer sy'n rheoli pob gallu a chonfensiwn a
berthyn i siarad.'[121] At hynny, wrth groesi o un iaith i iaith
arall, y mae'r glust yn cael ei thwyllo'n fynych wrth wrando,
ac yn camddehongli rhyw air neu lythyren, a hefyd y mae
gwahaniaethau mewn ynganiad yn peri fod geiriau yn cael
eu newid. Cofier hefyd fod llawer iawn o eiriau wedi darfod
amdanynt wrth fudo o un iaith i iaith arall, a bod geiriau
yn yr ieithoedd brodorol yn diflannu bob dydd; yn eu lle
y mae rhai eraill yn cael eu ffurfio, yn unol â'r hyn sy'n
bodloni pobl: 'y mae'r hen genhedlaeth o eiriau yn marw,
ac y mae'r rhai newydd-eni yn blodeuo a ffynnu, yn null
ieuenctid.'[122] At hynny, y mae'n rhaid llunio neu fenthyca
enwau newydd ar gyfer pethau neu ddarganfyddiadau
newydd, gan fod 'nifer geiriau yn bendant a therfynedig,
ond nifer pethau yn ddiderfyn'.[123] Gan fod hynny'n wir am
yr iaith Roeg, y fwyaf toreithiog ac amleiriog o bob iaith,
ni ddylid synnu pe bai'r un peth yn wir am Ladin dlawd a
chyfyng (a dyfynnu Seneca),[124] er i Varro gyfrif fod pum
can mil o eiriau yn yr iaith honno; tra nad oes gan yr
Hebreaid, yn ôl eu haddefiad hwy eu hunain, fwy na phum
cant o wreiddiau yn eu hiaith. Eto i gyd, pa faint bynnag y
mae ieithoedd yn newid felly o ddydd i ddydd, ac yn eu
tro yn ymgymysgu â'i gilydd, er hynny, gan eu bod oll wedi
llifo o'r Hebraeg, nid yw'n beth i ryfeddu ato fod ei
chysgodion hi i'w canfod ynddynt oll:[125] yn amlach a
chliriach yn rhai, yn brinnach a thywyllach yn eraill. Oblegid
fel y mae nentydd yn fwy neu yn llai terfysglyd, po nesaf y

151

bônt at eu tarddleoedd, neu po bellaf y bônt oddi yno;
felly po bellaf y bo cenedl o Fabilon, a pho gyflymaf y bu
iddi ei hadfeddiannu ei hun ar ôl cymysgu'r ieithoedd,
cymaint â hynny'n llai y cyfetyb iaith y genedl honno i'r
Hebraeg ar gyfrif y fath fwlch mewn lle ac amser. Dyna'r
rheswm paham y mae ieithoedd y Syriaid, y Babiloniaid, yr
Arabiaid, y Samariaid, y Mediaid, y Persiaid, yr Ethiopiaid,
yr Armeniaid, yr Eifftiaid, y Phrygiaid, a'r Phoeniciaid[126]
yn llawer iawn nes at yr Hebraeg nag yw'r ieithoedd
gorllewinol a gogleddol. Wrth gwrs, y mae olion yr Hebraeg
i'w canfod weithiau mor glir mewn ieithoedd eraill, fel mai
yr un yw rhai geiriau ym *mhob* iaith, o ran sain ac o ran
ystyr: er enghraifft, *Saccus* (sach), *Vinum* (gwin), *Cornu*
(corn), *Camelus* (camel), gair y dywed Varro amdano ei fod
wedi dod i Latium mewn enw Syrieg.[127] Yna weithiau y
mae rhai geiriau Hebraeg i'w canfod yn y *rhan fwyaf* o
ieithoedd, geiriau fel *Kir, Kiriah, Kiriath* (yn golygu *Dinas*),
y daw ohonynt *Carta* a *Cartago*, a *Cair* (*Cairo*), dinas fawr
yn yr Aifft, a'r Sarmateg neu'r Scytheg *Car* a *Carm*,[128] a
Certa'r Parthiaid[129] yn *Dadocerta, Tigranocerta, Vologeso-
certa*, etc., a *Caer* yn ein hiaith ni. Felly'r gair Groeg παλλακή
o'r Hebraeg פִּלֶגֶשׁ (*Pilegesh*), yn rhoi ein *Ffilog* ni. A'r gair
Lladin *mensura* o מְשׂוּרָה (*Mesurah*), yn rhoi ein gair ni,
Mesur, a'r Saesneg, *Measure*. Weithiau fe geir fod geiriau
Hebraeg yn aros mewn ieithoedd eraill, ond wedi newid eu
hystyr, fel סוּס (*Sus*), sy'n golygu *Ceffyl* yn Hebraeg, ond
yn Lladin *Mochyn*; 'yn Hebraeg mae *Salus* yn golygu *Tri*,
ond yn Lladin *Iechyd*.'[130] Yna weithiau y mae llythrennau
yn cael eu newid i lythrennau o ffurf gyffelyb; ac oblegid
tebygrwydd yn ffurf llythrennau y mae camgymeriadau
mawr a niferus wedi dod i mewn i rai fersiynau o'r
Ysgrythurau trwy ddiofalwch copïwyr ac esbonwyr; dyna
paham eu bod wedi cael eu twyllo gan debygrwydd y
llythrennau Hebraeg ה , ו , י , a'r Groeg π α ι ,
ac am genedlaethau lawer darllenasant enw sanctaidd Duw
יהוה (*Jehovah*), fel Groeg ΠΙΠΙ, πιπι.[131] Wedi cael eu

twyllo gan yr un camgymeriad, fe ysgrifennodd y 70
cyfieithydd yn I Sam. 2. 18 Ἐφωδι βαρ yn lle Ἐφωδ βαδ: [132]
ac yn Eseia 29. 3, yn lle כדור (Cedur), 'yn grwn', darllen-
asant כדוד (Cedauid), a'i gyfieithu ὡς Δαβίδ, 'fel Dafydd':
ac yn Eseia 28. 9,[133] yn lle 'Efe a ddysg דעה (Dangah),
wybodaeth, gan ddarllen רעה (Rangah), eu cyfieithiad hwy
oedd, 'Efe a ddysg τὰ κακά, bethau drwg'. A phwy na all
weld fod geiriau yn gallu croesi'n rhwydd o'r Hebraeg,
Caldaeg, Arabeg a'r ieithoedd eraill sy'n cael eu darllen o'r
dde i'r chwith, a'u derbyn gan ieithoedd sy'n cael eu darllen
o'r chwith i'r dde; ac yna mae'r ieithoedd hynny yn darllen yn
eu dull eu hunain yr hyn a ysgrifennwyd gan y lleill yn eu
dull hwy, fel y gellir gweld oddi wrth y darlleniaid anghywir
πιπι am יהוה y soniais amdano o'r blaen: felly o דרך
(Dharac) dywedwn ni Cerdded, o'r gwreiddyn Cerdd
(Incede, ambula); ac o טרף (Terep) dywedwn ni Praidd, yr
arferai'r hynafiaid ei ysgrifennu Prait, a Praid; ac o נשק [134]
(Nesek) dywedwn Kusan, ac yn y blaen. Dyna, yn ddiau,
sut y mae cosb y cymysgu yn chwarae ag ieithoedd, fel bod
gair yn croesi o'r iaith wreiddiol i iaith arall, gyda chyf-
newidiad bychan, yna'n cael ei ddwyn o'r iaith honno i
mewn i iaith arall eto trwy ryw gyfnewidiad, ac yna eto i
ieithoedd eraill, fel nad oes yn y diwedd hyd yn oed y
cysgod lleiaf o'r iaith wreiddiol sy'n aros.

Ond ofnaf y gelli feddwl fy mod yn or-faith yn fy
rhagymadrodd. Felly, heb imi dy gadw ragor o amser,
Ddarllenydd hynaws, fe fynnwn fod yr un peth yma'n
hysbys i ti, sef bod nifer o bobl wedi addo fy nghynorthwyo
wrth imi ymdrechu gyda'r gwaith hwn — rhai ar yr ochr
ysgolheigaidd, eraill ar yr ochr ariannol — ond mai ychydig
iawn ohonynt a gadwodd at eu haddewid. Am y rheini a
addawodd roi help ariannol gyda chyhoeddi'r gwaith, hwy
eu hunain yn unig sy'n gwybod eu rheswm dros beidio â
gwneud hynny. Ynglŷn â'r rheini yr oedd ganddynt bethau
yn codi naill ai o'u hastudiaethau eu hunain neu o astud-
iaethau pobl eraill a allai fod wedi bod o help imi, fe

rannodd rhai ohonynt eu gwybodaeth yn rhydd â mi, ond
cadwodd eraill hi'n guddiedig, gyda'r bwriad, y mae'n
bosibl, o allu darganfod gymaint â hynny'n haws rywbeth
i achwyn arno yn y gwaith ar ôl ei gyhoeddi — gwaith na
fyddent hwy eu hunain, fodd bynnag, fyth wedi mentro
rhoi cynnig arno.[135] Oblegid fe geir rhai pobl, cyn gynted
ag y gwelant unrhyw beth newydd wedi'i gyhoeddi, nid
yn unig yn cyhuddo'r awdur ar unwaith o fod naill ai yn
hunan-bwysig neu yn or-ymchwilgar, ond hefyd yn celu'r
ffaith eu bod hwy wedi cael rhywbeth defnyddiol allan o
ddarllen y gwaith, ac yn taenu ar led unrhyw fai y maent
hwy wedi'i ddarganfod ynddo, i bawb gael gwybod amdano,
a'i ddinoethi i bawb gael chwerthin am ei ben. Yn ôl a
ddeallaf fi, dyna yw agwedd pobl o'r math hwn, sef gosod
hon fel yr unig dasg iddynt eu hunain wrth ddarllen
ysgrifeniadau pobl eraill — anwybyddu'r hyn yn y gwaith
sy'n haeddu clod, ac edrych yn or-ofalus am yr hyn y gallant
ei wawdio. Nid yw o ddim pwys gennyf fi, pe bai fy llafur-
waith hwn yn methu â bodloni'r cyfryw; nid wyf fy hunan,
a dweud y gwir, yn fodlon ar y gwaith, ond o leiaf byddaf
gymaint â hynny'n hapusach yn ei gylch, o wybod fod y
bobl hyn yn llai bodlon fyth arno. Ac nid wyf yn aros
iddynt hwy roi gwybod imi pa mor brin yw fy adnoddau;
fe wn i hynny'n iawn, a neb yn well na mi. Ond fe gredaf
fod elw digon toreithiog wedi dod o'm holl lafur, ac ni
bydd yn flin gennyf imi ymgymryd â'r gwaith, os byddaf
wedi llwyddo, 'fel brân ymhlith yr Awenau', i ysgwyd
ymaith syrthni dynion mwy dysgedig, a'u hysgogi i gyn-
hyrchu gwell pethau. Ymhell o fod yn ceisio fy nghlod fy
hun yn hyn o fater, meddyliaf mai peth gwych odiaeth
fyddai gallu osgoi cael fy meirniadu'n llymach na hynyna.
Ond peidier â meddwl mai fi sy'n gyfrifol am bob bai sydd
yma; gwarthnoder yr argraffwasg â'i beiau ei hun; hi yw'r
un sy'n gallu llygru llyfrau fwyaf, oni wylier hi yn ofalus
dros ben. Os wyf wedi crwydro weithiau, neu os wyf mewn
mannau wedi ysgrifennu yn helaethach neu yn fyrrach nag

y dylwn, maddeuer imi fy meithder a'm hanghofrwydd; yn
ôl Isocrates,[136] y mae'r ddeubeth hyn yn nodweddiadol o
hen ddynion. Plediaf am faddeuant gyda hyn o gyfiawnder
ar fy ochr, — i ddechrau, am fod y neb sydd yn cerdded yn
gyntaf yn y tywyllwch, heb unrhyw oleuni o'i flaen, ac yn
troedio'n gyntaf hyd leoedd anhygyrch, heb unrhyw
dywysydd, yn taro'i droed yn hawdd ac yn llithro ar ddis-
berod; ac yna, am y bydd y rheini a fydd rywdro yn
perffeithio'r pethau amherffaith hyn yn gallu gweld beth
sy'n iawn a beth sy'n anghywir gymaint yn haws oblegid
yr hyn yr wyf fi wedi ei ddechrau — fel y rheini sy'n edrych
ar glips yr haul mewn dŵr. Yn y cyfamser, hyd nes y
digwydd y perffeithio hwnnw, yr wyf yn hyderus na bydd
y gwaith hwn o lai defnydd a phleser i eraill nag y bu o
chwys a blinder i mi. Oblegid y mae astudio geiriau fel
arfer yn beth annifyr a digon di-fudd i'r rhai sy'n ymgymryd
ag ef, ond fe fydd yn beth difyr a buddiol i'r rhai a fydd
yn manteisio arno. Ti Ddarllenydd, gofala roi ystyriaeth deg
i'r gweithiau hyn, gymaint ag ydynt. Nid yw'n debyg y bydd
gennyt feddwl mor fawr ohonof fi fel y byddi'n barod i
groesawu hyd yn oed ddiffygion fy ngwaith er mwyn y
pethau cywir a ysgrifennwyd yma; ond, o'r hyn lleiaf,
erfyniaf arnat beidio â'm bychanu a'm dirmygu gymaint fel
ag i gondemnio am byth, ar gyfrif rhai diffygion, y wybod-
aeth gywir a gyflwynwyd gennyf. Yn iach.

JOHN DAVIES, Doethor mewn Diwinyddiaeth.

31 Mai 1632.

(iii) Cyflwyniad yr Adran Ladin-Cymraeg
i Syr Richard Wynn

At Syr Richard Wynn, Barwnig, Trysorydd a Rhysyfwr Cyffredinol Areulaf Frenhines Lloegr, Henrietta Maria; gŵr tra pharchedig, urddasol ac anrhydeddus.

Wele yma Eiriadur Lladin-Brytaneg y meddyg Thomas Wiliems, carwr diflino yr iaith Frytaneg — gwaith a gwblhaodd ef bron ddeng mlynedd ar hugain yn ôl, gydag anogaeth, cyngor, cymorth a haelioni eich hybarch dad, Maecenas mawr ei garedigrwydd i lên ac i wŷr llên, ac y bwriadasai ef ei gyflwyno i'ch tad. Yn awr, o'r diwedd, dyma'r gwaith yn dod, wedi marw Thomas Wiliems, i'ch golwg chwi, wedi'i bwyso a'i fesur yn go chwyrn gennyf fi, wedi'i argraffu ar fy nghost bersonol, ac wedi'i ddiogelu gan nawdd y Tra Anrhydeddus Dywysog Charles. Oblegid ni byddai'n iawn fod y gwaith hwn o eiddo'r henwr parchedig hwnnw, meddyg ac un o noddedigion eich tad a chwithau, a'm hen gyfaill innau, gwaith a oedd wedi'i addunedu'n arbennig i'ch tad (a oedd bob amser yn dra chariadus tuag ataf finnau hefyd) — ni byddai'n iawn fod y gwaith yn cael ei gyhoeddi heb fod eich enw chwi wedi'i gysylltu ag ef. Felly po fwyaf gwerthfawrogol fydd eich croeso i'r gwaith, a pho fwyaf niferus y bobl y bydd i chwi ei gymeradwyo iddynt, mwyaf yn y byd y byddwch yn peri fod y cof am eich tad, ac amdanoch chwi eich hun, ac am y gŵr dysgedig hwnnw, yn glodfawr ymhlith pobl y dyfodol: felly hefyd, fe wnewch yn hysbys eich bod chwi yn fodlon ar fy llafur yn cywiro'r gwaith hwn, a'm trafferth yn ei gyhoeddi, a'ch bod yn f'ystyried i ymhlith y rheini sy'n arddangos parch i'ch enw chwi. Fe erys imi erfyn â gweddïau di-baid ar i'r aruchel a gwarcheidiol Dduw Jehofa, a'r Iachawdwr trugarog, eich cadw'n ddiogel ar y ddaear am hir amser, er gogoniant i'w sancteiddiaf Enw Ef.

Eich gwasanaethwr a'ch câr chwi a'ch teulu,

JOHN DAVIES, Doethor mewn Diwinyddiaeth.

NODIADAU

Pan ddefnyddir seren (*) ar ddiwedd nodyn, golygir wrth hynny fod cynnwys y nodyn, hyd at y seren honno, i'w gael ar waelod neu ar ymyl y ddalen yn y gwaith gwreiddiol.

Os ychwanegwyd unrhyw beth at y nodyn a geir yn y gwaith gwreiddiol, h.y., yn y rhan o flaen y seren — manylu ar gyfeiriad at waith awdur, er enghraifft — gosodwyd yr ychwanegiad hwnnw mewn bachau petryal ([ ]).

Hefyd defnyddir y byrfoddau canlynol:

BC	*Y Bywgraffiadur Cymreig hyd 1940* (Llundain, 1953).
BL MS.	Llawysgrif yn y Llyfrgell (gynt yr Amgueddfa) Brydeinig.
DNB	*Dictionary of National Biography* (London, 1885-1900).
LB	Argraffiad Lugdunum Batavorum (Leiden) o *Adagia* Erasmus, sef *Erasmi: Opera Omnia*, cyf. ii, ed. J. Leclerc (1703).
Migne, *PG*	*Patrologia Graeca*, ed. J. P. Migne (162 cyfrol, Paris, 1857-66).
Migne, *PL*	*Patrologia Latina*, ed. J. P. Migne (221 cyfrol, Paris, 1844-64).
NLW MS.	Llawysgrif yn Llyfrgell Genedlaethol Cymru.
OCT	Testun y *Scriptorum Classicorum Bibliotheca Oxoniensis* (Oxford Classical Texts).
STC	*A Short-Title Catalogue of Books Printed in England, Scotland and Ireland, and of English Books Printed Abroad, 1475-1640*, edd. A. W. Pollard and G. R. Redgrave (London, 1926).
STC²	Ail gyfrol (llythrennau I - Z) yr argraffiad diwygiedig o'r uchod (London, 1976); cyfeirir at yr argraffiad hwn yn unig pan fo rhif llyfr yn gwahaniaethu oddi wrth y rhif yn argraffiad 1926.
UCNW Bangor MS.	Llawysgrif yn Llyfrgell Coleg y Brifysgol, Bangor.

I. WILLIAM SALESBURY, *Kynniver Llith a Ban*, 1551

Argraffwyd yn Llundain, gan Robert Crowley (*STC* 2983, *STC²* 21617). Ar William Salesbury, ac yn arbennig ar *Kynniver Llith a Ban*, gw. *BC*; Isaac Thomas, *William Salesbury a'i Destament* (Caerdydd, 1967), yn arbennig tt. 38-54; id., *Y Testament Newydd Cymraeg, 1551-1620* (Caerdydd, 1976), passim, ac yn arbennig tt. 70-125; W. Alun Mathias yn Geraint Bowen (gol.), *Y Traddodiad Rhyddiaith* (Llandysul, 1970), tt. 27-78, ac yn arbennig tt. 42-44.

RHAGYMADRODDION A CHYFLWYNIADAU LLADIN

Ceir adargraffiad manwl o'r gwaith cyfan (gan gynnwys Lladin y llythyr annerch) yn John Fisher (ed.), *Kynniver Llith a Ban* (Cardiff, 1931), ynghyd â rhagymadrodd a nodiadau. Ar y llythyr annerch, gw. yn arbennig Fisher, tt. xxiii-xxvi, ac Isaac Thomas, *Y Testament Newydd Cymraeg*, tt. 71-74, 77-81. Ceir cyfieithiadau o'r llythyr i'r Saesneg yn D. R. Thomas, *The Life and Work of Bishop Davies and William Salesbury* (Oswestry, 1902), tt. 71-72; yn A. O. Evans, *A Memorandum on the Legality of the Welsh Version of the Book of Common Prayer* (*Cardiff*, 1925), tt. 69-72; ac yn Fisher, op. cit., tt. 174-76.

[1] Y Brenin Edward VI.
[2] II Corinthiaid iv. 3.
[3] Cf. Fyrsil, *Aeneid* ix. 548.
[4] *Diomedia necessitate*: rheidrwydd anorfod. Trafodir yr ymadrodd gan Erasmus, *Adagia* I. ix. 4 (LB 335B).
[5] Am drafodaeth fanwl ar ystyr ac arwyddocâd y frawddeg hon, gw. Isaac Thomas, *Y Testament Newydd Cymraeg*, tt. 78-81.
[6] *absque Theseo*: heb unrhyw help gan neb. Trafodir yr ymadrodd gan Erasmus, *Adagia* I. v. 27 (LB 191F), yn y ffurf *non absque Theseo*, a chyda'r negydd yr arferid y ddihareb mewn Groeg hefyd. Cf. Zenobius v. 33 (Leutsch & Schneidewin, *Corpus Paroemiographorum Graecorum* i, t. 132).

II. SIÔN DAFYDD RHYS, *De Italica Pronunciatione . . . Libellus*, 1569

Argraffwyd yn Padua, gan Laurentius Pasquatus, ar ran Antonius Alciatus.

Ar Siôn Dafydd Rhys, gw. *BC*; Thomas Parry, *Y Llenor* ix (1930), tt. 157-65, 234-41; x (1931), tt. 35-46; R. Geraint Gruffydd, *The Transactions of the Honourable Society of Cymmrodorion*, Sesiwn 1971, tt. 175-90.

Ar y *De Italica Pronunciatione*, gw. y gweithiau uchod, ac yn arbennig T. Gwynfor Griffith, *Italian Studies* viii (1953), tt. 71-82; id., *Avventure linguistiche del Cinquecento* (Firenze, 1961), tt. 3-20.

Ar Syr Robert Peckham, gw. *DNB* o dan Sir Edward Peckham, a Strype, *Ecclesiastical Memorials* III. ii. 165 a 181. Yr oedd yn Babydd eiddgar, ac yn fawr ei ffafr gyda'r Frenhines Mari. Ymneilltuodd i'r Eidal ar ôl i Elisabeth esgyn i'r orsedd, a bu farw yn Rhufain, 10 Medi 1569, h.y., fis ar ôl i Siôn Dafydd Rhys gyflwyno'r gwaith hwn iddo.

Gwelir testun Lladin y cyflwyniad hwn yn yr Atodiad (t. 185 isod).
[1] *gradus* yw gair Siôn Dafydd Rhys, ac y mae'n debyg mai at ei radd fel Meistr yn y Celfyddydau a Doethor mewn Meddygaeth o Brifysgol Siena y cyfeiria. Buwyd yn credu (gw. R. Geraint Gruffydd, op. cit., tt. 179-80) fod Siôn Dafydd Rhys wedi graddio yn 1562 neu 1563, h.y., cyn i Peckham adael am yr Eidal yn 1564; os felly, prin y gellid cymryd *gradus* i olygu ' gradd ', a hwyrach y dylid meddwl am apwyntiad Siôn Dafydd Rhys yn brifathro Ysgol Ramadeg Pistoia. Ond bellach

NODIADAU

gwyddys, ar sail protocol yn archifau archesgobaeth Siena (Siena MS. 6439, fol. 78v) mai ar 2 Gorffennaf 1567 y graddiodd Siôn Dafydd Rhys (gw. A. B. Melchior, 'Siôn Dafydd Rhys, M.D. (Siena)', yn *Sudhoffs Archiv*, Band 60, Heft 3 [1976], tt. 289-94), a gellir yn ddiogel gasglu oddi wrth y cyfeiriad yma fod Syr Robert Peckham wedi bod yn gefn i Siôn Dafydd Rhys wrth iddo ymgeisio am ei radd.

III. JOHN PRYS, *Historiae Brytannicae Defensio*, 1573

Argraffwyd yn Llundain, gan Henry Bynneman, a'i gyhoeddi gan Humphrey Toy (*STC* 20309).

Bu farw Syr John Prys yn 1555, ond nid cyn 1573 y gwelwyd cyhoeddi y *Defensio*, sef ei ateb i'r dadleuon a dducpwyd, yn arbennig gan yr Eidalwr Polydor Vergil yn yr *Anglica Historia* (argraffiad cyntaf, Basel, 1534), yn erbyn *Historia Regum Britanniae* Sieffre o Fynwy. Ar bwysigrwydd y *Defensio*, gw. T. D. Kendrick, *British Antiquity* (London, 1950), t. 88; A. O. H. Jarman, 'Y Ddadl ynghylch Sieffre o Fynwy', *Llên Cymru* ii. 1 (1952), tt. 1-18, yn arbennig tt. 8-10. Ar John Prys, gw. ymhellach *BC*; J. H. Davies, rhagymadrodd i'w argraffiad o *Yny lhyvyr hwnn* (Bangor, 1902), tt. vii-xxx; N. R. Ker, 'Sir John Prise', *The Library*, Fifth Series, x (1955), tt. 1-24.

Ceir dau lythyr annerch a rhagair ar ddechrau'r gwaith. Y mae'r llythyr annerch cyntaf wedi'i gyfeirio gan Richard Prise, mab Syr John, at William Cecil (1520-98), Barwn Burghley; ar Cecil a'i deulu, gw. *DNB* a *BC*. (Richard Prise a fu'n gyfrifol am weld cyhoeddi'r gwaith ar ôl marw ei dad.) Yna ceir dau waith o eiddo John Prys ei hun: llythyr annerch at William Herbert (*c.* 1501-70), yr Iarll Penfro cyntaf (o'r ail greadigaeth), tad Henry Herbert (gw. t. 168 isod), a Llywydd Cyngor y Gororau, 1550-53, 1555-58 (arno ef a'i deulu, gw. *DNB* a *BC*); a rhagair wedi'i gyfeirio at y Brenin Edward VI (bu f. 1553). Mewn drafft cynnar o'r *Defensio* (BL Cotton MS. Titus F. 111, tt. 170 seqq.) ceir rhagair wedi'i gyfeirio at Brian Tuke (bu f. 1545), nid at Edward VI. Dylid dyddio ysgrifennu'r rhagair argraffedig, felly, rhwng 1545 (neu, yn fwy tebyg, 1547, pan esgynnodd yr Edward nawmlwydd i'r orsedd) a 1553. Ni cheir dim deunydd rhagymadroddol yn y testun sydd yn Balliol MS. 260 (gw. R. A. B. Mynors, *Catalogue of the Manuscripts of Balliol College, Oxford*, Oxford, 1963, t. 260).

Ceir cyfieithiad Saesneg (dyddiedig 1757) o'r *Historiae Brytannicae Defensio*, gan gynnwys y llythyrau annerch a'r rhagair, yn BL Addl. MS. 14925, tt. 1-135. Ni cheir cyfieithiad ohonynt yn UCNW Bangor MS. 414; gw. Jarman, op. cit., t. 8.

¹ Polybius i. 4. 7-8. Yma, fel trwy gydol y paragraff cyntaf, *Methodus* Jean Bodin (gw. t. 12 uchod) yw ffynhonnell Richard Prise. Dyfynna a ddywed Bodin am Polybius, a'i honiad *eum qui de historia veritatem detraxerit, pulcerrimi animantis oculos detraxisse* (argraffiad 1583, t. 54).

² 'Historia Brytannica'. Fel y soniwyd eisoes, *Anglica Historia* ydoedd enw Polydor ar y gwaith — gwaith a gyflwynwyd i'r Brenin Harri VIII.

159

RHAGYMADRODDION A CHYFLWYNIADAU LLADIN

Ar Polydor (c. 1470-1555), gw. Denys Hay, *Polydore Vergil: Renaissance Historian and Man of Letters* (Oxford, 1952).
[3] Yr hynafiaethwyr John Leland (c. 1503-52) a John Bale (1495-1563). Arnynt gw. T. D. Kendrick, op. cit., tt. 45-64, 69-72; G. J. Williams yn *Llên Cymru* iv. 1 (1956), tt. 15-25; F. J. Levy, *Tudor Historical Thought* (San Marino, 1967), passim; May McKisack, *Medieval History in the Tudor Age* (Oxford, 1971), tt. 1-25.
[4] 1510-68, awdur y *De Antiquitate Cantabrigiensis Academiae*. Arno gw. McKisack, op. cit., tt. 69-71.
[5] c. 1527-68. Arno gw. Ieuan M. Williams, *Llên Cymru* ii (1952-53), tt. 111-24, 209-14; R. Geraint Gruffydd, *Trafodion Cymdeithas Hanes Sir Ddinbych* xvii (1968), tt. 54-107; id., *Efrydiau Athronyddol* xxxiii (1970), tt. 57-74.
[6] Ag Alltyrynys yn Ewias yr oedd cysylltiadau Cymreig teulu Cecil. Defnyddir *Demetia* yn fynych am Ddeau Cymru yn gyffredinol. Yr oedd William Cecil yn fawr ei ddiddordeb yn ei linach Cymreig, a cheir awgrym o hynny mewn nodyn ganddo ar yr enw Seisill fab Eudaf, mewn copi o weithiau Gerallt Gymro (NLW MS. 3024, t. 37). Am ei fri fel hynafiaethydd a chasglwr llawysgrifau, gw. t. 163 isod.
[7] Y mae William Wightman yn anhysbys i mi, os nad yr un person ydyw â'r Wightman y gwyddys iddo fod yn gymrawd o Goleg Iesu, Rhydychen, tua 1572-73. Gw. Joseph Foster, *Alumni Oxonienses, 1500-1714* (Oxford, 1891/1892), t. 1628.
[8] Y *Lex Cornelia de falsis* (neu *Cornelia testamentaria*, fel y'i gelwid weithiau), un o'r deddfau Rhufeinig a basiwyd yn 81 C.C., yn ystod cyfnod unbennaeth Cornelius Sulla.
[9] Tri Rhufeiniwr enwog ar gyfrif eu tras a'u cyflawniadau.
[10] Yr oedd yr Eidalwr Paulus Jovius (Paolo Giovio), 1483-1552, esgob Nocera, yn awdur hanes cyffredinol, *Historiarum Sui Temporis Libri XLV*. Croniclydd y Diwygiad Protestannaidd yn yr Almaen ydoedd Johannes Sleidanus (1506-56), a beirniadodd Jovius yn y rhagair i'w *De Statu Religionis et Reipublicae Carolo V Caesare Commentarii* (1554; cyfieithiad Saesneg gan J. Daws, 1560).
[11] Sef Jean Bodin (gw. t. 12 uchod). Yn y paragraff hwn pwysa Richard Prise bron yn llwyr ar *Methodus* Bodin, pennod 4. O'r bennod honno y daw ei enghreifftiau, rhai'r hen fyd a rhai'r cyfnod diweddar, a defnyddia union eiriau Bodin wrth gyflwyno'i ddadl.
[12] Plutarch, *Demosthenes* 2. Bodin yw'r ffynhonnell yma eto (*Methodus*, argraffiad 1583, t. 58). Arno ef hefyd y dibynna Richard Prise am y farn ar waith Appian (*Methodus*, t. 59).
[13] Antonio de Nebrija (1442-1522), ysgolhaig o Sbaenwr, awdur y *Rerum a Fernando et Elisabe Hispaniarum foelicissimis Regibus gestarum Decades duae* (cyf. o Sbaeneg Hernando de Pulgar; arg. Lladin cyntaf, Granada, 1545).
[14] '*Divinatio ad Ferdinandum*', y cyfarchiad i'r Brenin Fferdinand ar ddechrau'r gwaith uchod (n. 13). Y mae Richard Prise yn tynnu'n helaeth ar union eiriau Nebrissensis yma. Y mae ystyr dechnegol i

divinatio, sef archwiliad i ddewis rhwng cyfreithwyr; felly yma, y *dewis* rhwng Nebrissensis a'r Eidalwyr yw'r mater dan sylw.
[15] *Methodus,* pennod 9 (argraffiad 1583, t. 347).
[16] Hynny yw, ' yn feirniad '. Trafodir y dywediad *Fiet Aristarchus* gan Erasmus, *Adagia* I. v. 57 (LB 205B).
[17] *non cuiuis homini contingit adire Corinthum:* Horas, *Epistulae* i. 18. 36. Eglurir y ddihareb gan Erasmus, *Adagia* I. iv. 1 (LB 150D): y mae rhai moethau a chyfleusterau sydd wedi'u gwahardd i'r rhelyw o bobl.
[18] Cyfeiriad, y mae'n dra thebyg, at ran William Herbert yn yr ymgyrchoedd yn erbyn gwrthryfelwyr 1549.
[19] Cesar, *De Bello Gallico,* v. 12.
[20] Ceir sôn am gomisiwn a benodwyd gan Harri VII i hel ei achau Cymreig (y mae copi o'r gwaith yn MS. Cardiff 50), ac mewn llawysgrif arall (BL Royal MS. 18A LXXV) estynnir yr ach hyd at Edward VI. Gw. P. C. Bartrum, ' Bonedd Henrri Saithved ' *Cylchgrawn Llyfrgell Genedlaethol Cymru* xiv (1965-66), tt. 330-34.
[21] Lucan i. 449.
[22] Cyfeirir at Ddafydd Nanmor, a'i gywydd (Thomas Roberts ac Ifor Williams, *The Poetical Works of Dafydd Nanmor* [Cardiff, 1923], Rhif xiii) ' I Ddau Fab Owain Tudur o Fôn '. Cf. yn arbennig ll. 61-68:

> Pen aeth dân, peunoeth i tyn,
> Oll o aylwyd Llywelyn,
> O Fôn i cad gwreichionen,
> O Ffraink, ag o'r Berffro wen.
> Owain a'i blant yn un blaid
> Yw tywynion Brytaniaid.
> Iesu o'i gadu yn gadr
> I gadw aylwyd Gydwaladr.

Daw'r dyfyniad o Fyrsil (*sopitos suscitat ignes*) yn *Aeneid* v. 743 (=viii. 410).

IV. DAVID POWEL, Ludovicus Virunnius Ponticus, *Britannicae Historiae Libri Sex,* a Gerallt Gymro, *Itinerarium Cambriae* a *Descriptio Cambriae* (Llyfr 1), 1585.

Golygwyd y gweithiau gan David Powel, a'u cyhoeddi yn un gyfrol yn Llundain gan Henry Denham a Ralph Newbery (*STC* 20109).

Crynodeb byr o *Historia Regum Britanniae* Sieffre o Fynwy a geir gan yr Eidalwr Ponticus Virunnius; cawsai ei waith ei argraffu o'r blaen yng ngwasg Alexander Weyssenhorn yn Awgsbwrg yn 1534 (cf. n. 5 isod). Dyma'r tro cyntaf i ysgrifeniadau Gerallt am Gymru gael eu hargraffu, ac ychwanegodd David Powel ei sylwadau ei hun ar bob pennod (gw. James F. Dimock, ed., *Giraldi Cambrensis: Itinerarium*

Kambriae et Descriptio Kambriae, Cyfres y Rolls, Rhif vi, tt. liii-lviii). Fel atodiad i'r gwaith (tt. 278-84) ceir llythyr byr gan Powel at William Fleetwood, a chynhwysir cyfieithiad o'r llythyr hwnnw yma.

Ar David Powel, a chefndir y gwaith, gw. *DNB; BC;* A. O. H. Jarman, *Llên Cymru* ii. 1 (1952), tt. 12-15; Ieuan M. Williams, *Llên Cymru* ii. 4 (1953), tt. 214-23; May McKisack, *Medieval History in the Tudor Age* (Oxford, 1971), tt. 58-59. Am sylwadau pwysig ar ddyddiad geni David Powel, gw. Melville Richards yn *Cylchgrawn Llyfrgell Genedlaethol Cymru* xiii (1963-64), tt. 397-8.

Yr oedd David Powel yn gaplan teulu i Syr Henry Sidney, Llywydd Cyngor y Gororau, 1560-86. Ar Sidney a'i lywyddiaeth, gw. *DNB; BC;* ac, yn arbennig, Penry Williams, *The Council in the Marches of Wales under Elizabeth I* (Cardiff, 1958), passim. Bu hefyd yn Arglwydd Raglaw (Lord Deputy) Iwerddon, 1565-71, 1575-78. Cyflwynir gweithiau Gerallt i fab hynaf Henry Sidney, sef y bardd a'r noddwr llên Philip Sidney (1554-86); iddo ef y cyflwynodd David Powel yr *Historie of Cambria* (1584) hefyd, ac ailadroddir yma lawer o'r un syniadau ag a geir yn y cyflwyniad hwnnw. Bu William Fleetwood (*c.* 1535-94) yn aelod seneddol dros Ddinas Llundain, ac yn Gofiadur y Ddinas. Arno gw. *DNB.*

[1] Fyrsil, *Aeneid* i. 607-9. (Yn ôl yr atalnodi yn y testun Lladin gwelir fod Powel, fel Servius, yn darllen *conuexa* gyda *sydera* [*sic*].)

[2] Cyfreithiwr a hynafiaethydd o ddinas Exeter. Cyhoeddodd, mewn tair cyfrol (1586-87), argraffiad newydd o *Chronicles* Holinshed, gan ychwanegu (ymhlith pethau eraill) *The Irish historie composed by Giraldus Cambrensis and translated into English, . . . together with Supplie to the said historie from the death of Henrie the eight, unto 1587,* a *An Addition to the Chronicles of Ireland, from 1546, where they ended, to the year 1568.*

[3] Sef cyhoeddi'r *Historie of Cambria* (1584).

[4] *Britannicus codex,* h.y., *Historia* Sieffre. Cf. fel y cyfeiria Powel ar ddechrau'r *Historie of Cambria* at Frut y Tywysogion fel ' British Book ' a ' British Chronicle '.

[5] Cawsai gwaith Ponticus Virunnius ei argraffu yng ngwasg Alexander Weyssenhorn yn Awgsbwrg yn 1534.

[6] Gellir casglu oddi wrth y dyddiadau ar ddiwedd y llythyr annerch hwn ac ar ddiwedd y llythyr at Philip Sidney fod mis arall wedi mynd heibio cyn i Powel orffen ei waith ar Gerallt.

[7] Cyfeirio y mae Powel at *Historia Regum Britanniae* Sieffre o Fynwy, gan geisio amddiffyn honiad yr awdur mai cyfieithiad o hen lyfr ' Britannici sermonis ' ydoedd y gwaith. Ar y ddadl hon, gw. T. D. Kendrick, *British Antiquity* (London, 1950), tt. 4-6; A. O. H. Jarman, *Llên Cymru* ii. 1 (1952), t. 3.

[8] Cesar, *De Bello Gallico* v. 11; 18-22; Dio xl. 2. 3.

[9] Dio lx. 20.

[10] Juvenal iv. 127; Tacitus, *Annales* xiv. 31.

[11] Sef Buddug (Boudicca). Cf. Tacitus, *Agricola* 16; *Annales* xiv. 31; 35; 37; Dio lxii. 2-8; 12; Gildas, *De Excidio Britanniae* 6 (cyf. at *leaena dolosa*). Ffurf ar yr enw gan Dio yw *Bunduica.*

[12] Herodian iii. 8. 2; 14-15 (ar ymwneud Septimius Severus a'i feibion â Phrydain). Ar Bassianus fel enw gwreiddiol Caracalla, gw. Herodian iii. 10. 5.

[13] Eutropius ix. 21-22.

[14] Gildas, *De Excidio Britanniae* 10-13; Beda, *Historia Ecclesiastica* i. 7.

[15] Nennius, *Historia Brittonum* 27; Beda, *Historia Ecclesiastica* v. 24 (nid y *De Temporum Ratione*, fel yr awgrymir); Gerallt Gymro, *Descriptio Cambriae* i. 1; ii. 2; Gildas, *De Excidio Britanniae* 13 (Maximus, h.y., Maxim Guletic neu Macsen Wledig); 25 (Ambrosius Aurelianus, h.y., Emrys Wledig); 26 (Mons Badonicus); 28 (Constantinus, h.y., Custennin o Ddyfnaint); 31 (Vortiporius, h.y., Gwerthefyr); 33 (Maglocunus, h.y., Maelgwn Gwynedd).

[16] Cyfeirir at waith a gyhoeddwyd yn Rhufain gyntaf yn 1498, a'i ailgyhoeddi droeon: daw o dan wahanol deitlau, megis *Auctores Vetustissimi Nuper in Lucem Editi a Commentaria super opera diversor. auctor. de antiquitatibus loquentium*. Yn y gyfrol cynhwysir ' Myrsili Lesbii Historia de Origine Italiae et Tyrrhenorum ', ond gwaith ffug yw'r gyfrol gyfan, gan Annius o Viterbo (Giovanni Nanni, 1432-1502). Gw. t. 175 isod.

[17] Gwahanol haneswyr o'r unfed ganrif ar bymtheg.

[18] William o Newburgh (*c.* 1135 - *c.* 1200), awdur yr *Historia Rerum Anglicarum*, ydoedd y mwyaf beirniadol o waith Sieffre yn yr Oesoedd Canol.

[19] Gan John Leland (*Collectanea* iv. 19; 37) y ceir yr enw ' William Parvus ' gyntaf am William o Newburgh (gw. *DNB*, o dan William of Newburgh, a'r rhagymadrodd i argraffiad y Rolls, 1884, o *Chronicles of the Reigns of K. Stephen, Henry II, Richard*, t. xx). Cf. hefyd John Bale, *Illustrium Maioris Britanniae Scriptorum . . . Summarium* (Ipswich, 1548), ff. 100r - 100v. Dirgelwch i mi yw beth a olygir wrth y ' Croniclau ' (*Annales*) yr honnir eu bod yn cofnodi'r rheswm am surni William o Newburgh yn erbyn gwaith Sieffre. Hwyrach, fel yr awgryma'r Athro B. F. Roberts wrthyf, mai tamaid o chwedloniaeth ddysgedig sydd yma. Bu tipyn o gymysgu ar yr hanes; cf. D. R. Thomas, *The History of the Diocese of St. Asaph* (new edition), vol. i (Oswestry, 1908), t. 214, lle y rhestrir esgobion Llanelwy fel hyn: ' 1152 — Galfrid or Geoffrey ab Arthur, confounded with Geoffrey of Monmouth; 1154 — Richard; 1158 — Godfrey, a nominee of Henry II. Forced by the poverty and hostility of the Welsh, probably owing to the successes of Owen Gwynedd in 1165, he deserted his see, and received from the king the Abbey of Abingdon.' Ceir hanes abaty Abingdon gan Dugdale, *Monasticon* i. 510-20, lle y dywedir fod Godfrey a Sieffre (o Fynwy) yn cael eu cymysgu â'i gilydd.

[20] Thucydides i. 9-12; Plutarch, *Theseus* 1; Cicero, *De Legibus* i. 1. 5; Diodorus Siculus i. 37. 4; 69. 7; x. 24. 1; ' Vopiscus ', *Divus Aurelianus* [*Historia Augusta* xxvi.] 2. 1; Tertwlian, *Apologeticum*, 16. 3; Orosius vii. 27. 1.

[21] Gwyddys mai'r llawysgrif a adwaenir bellach fel NLW MS. 3024 (Mostyn 83) a gafodd Powel gan William Cecil; gw. R. Flower, *Cylch-*

grawn Llyfrgell Genedlaethol Cymru iii (1943-44), tt. 11-14. Ar y llaw-ysgrifau eraill, gw. Dimock, op. cit., tt. liii-liv. Ar William Awbrey, gw. *DNB*; *BC*.
[22] *cornicum oculos configere:* camarwain y mwyaf gochelgar. Trafodir yr ymadrodd gan Erasmus, *Adagia* I. iii. 75 (LB 140A). Cf. hefyd Henry Salesbury, t. 96 uchod, a t. 168, n. 6 isod.
[23] William Lambarde, hynafiaethydd a hanesydd Swydd Caint. Arno gw. *DNB*; F. J. Levy, *Tudor Historical Thought* (San Marino, 1967), tt. 136-42; May McKisack, *Medieval History in the Tudor Age*, tt. 78-82, 133-7.

V. WILLIAM MORGAN, *Y Beibl Cyssegr-lan*, 1588

Argraffwyd yn Llundain, gan Christopher Barker (*STC* 2347). Ail-argraffwyd Beibl Morgan (gan gynnwys y cyflwyniad Lladin) yn Nolgellau, gan R. Jones, yn 1821; pur wallus yw'r Lladin yn yr argraffiad hwnnw.

Ar William Morgan, ac yn arbennig ar y cyflwyniad, gw. *BC*; Charles Ashton, *Bywyd ac Amserau yr Esgob Morgan* (Treherbert, 1891); William Hughes, *Life and Times of Bishop William Morgan* (London, 1891), yn arbennig tt. 116-49; W. J. Gruffydd, *Llenyddiaeth Cymru: Rhyddiaith o 1540 hyd 1660* (Wrecsam, 1926), tt. 67-79, yn arbennig tt. 70-72; G. J. Roberts, *Yr Esgob William Morgan* (Dinbych, 1955), yn arbennig tt. 40-42; R. Geraint Gruffydd yn Geraint Bowen (gol.), *Y Traddodiad Rhyddiaith* (Llandysul, 1970), tt. 149-74; Isaac Thomas, *Y Testament Newydd Cymraeg, 1551-1620* (Caerdydd, 1976), tt. 302-55, yn arbennig tt. 306-10.

Ceir cyfieithiadau o'r cyflwyniad i'r Gymraeg yn Charles Ashton, op. cit., tt. 134-7, ac yn G. J. Roberts, op. cit., tt. 50-55 (gan A. O. Morris), ac i'r Saesneg yn William Hughes, op. cit., tt. 121-28, ac yn A. O. Evans, *A Memorandum on the Legality of the Welsh Bible and the Welsh Version of the Book of Common Prayer* (Cardiff, 1925), tt. 128-37.

[1] Cyfeirir at orchfygu Armada Sbaen, Haf 1588.
[2] Cyhoeddwyd y Llyfr Gweddi Gyffredin ym Mai 1567, a'i ddilyn gan y Testament Newydd yn Hydref 1567.
[3] Afon anghofrwydd.
[4] Cf. Rhufeiniaid i. 17.
[5] Rhufeiniaid x. 17.
[6] John Whitgift,* Esgob Caerwrangon (1577-83), Is-Lywydd Cyngor y Gororau (1577-80), Archesgob Caer-gaint (1583-1604).
[7] *inemendata quaedam scribendi ratio:* diau mai orgraff Salesbury a olygir.
[8] Cf. William Salesbury, wrth gyflwyno Testament Newydd 1567 i Elisabeth I, yn deisyf ' that it myght remayne in your M. Librarie for a perpetuall monument of your graciouse bountie shewed herein to our countrey and the Church of Christ there ' (t. xix).

164

⁹ Cf. Amos viii. 11.
¹⁰ *mundi Phoenix:* h.y., yn berson cwbl arbennig a digymar. Cf. Erasmus, *Adagia* II. vii. 10 (LB 615C).
¹¹ Ar y gwŷr a enwir yma, gw. Charles Ashton, op. cit., tt. 151-86, a hefyd William Rowlands a D. Silvan Evans, *Cambrian Bibliography* (Llanidloes, 1869), tt. 44-49.
¹² William Hughes, Esgob Llanelwy 1573-1600, a Hugh Bellot, Esgob Bangor 1585-95.
¹³ *collegis humanissime assentientibus:* diau fod pwysau arbennig i *collega* yma. Eglwys Golegol, nid Eglwys Gadeiriol, yw Abaty Westminster.

VI. SIÔN DAFYDD RHYS, *Cambrobrytannicae Cymraecaeve Linguae Institutiones,* 1592

Argraffwyd yn Llundain, gan Thomas Orwin (*STC* 20966).
Ar Siôn Dafydd Rhys, gw. t. 158 uchod.
Ar Edward Stradling, gw. *DNB; BC;* G. J. Williams, *Traddodiad Llenyddol Morgannwg* (Caerdydd, 1948), tt. 194-200; Glanmor Williams, yn Stewart Williams (gol.), *Vale of History* (Cowbridge, 1960), tt. 85-95; Ralph A. Griffiths, *Morgannwg* vii (1963), tt. 15-47, yn arbennig tt. 37-47; Glanmor Williams (gol.), *Glamorgan County History, Volume IV* (Cardiff, 1974), passim.
Ar Humphrey Prichard, gw. Anthony à Wood, *Athenae Oxonienses,* ed. Bliss (Oxford, 1813-20), ii, 62-63; William Rowlands a D. Silvan Evans, *Cambrian Bibliography* (Llanidloes, 1869), tt. 67-68. Ymddengys ei fod ef a Siôn Dafydd Rhys yn gyfoedion yn Christ Church, Rhydychen. Bu'n rheithor Llanbeulan hyd 1587 (gw. A. I. Pryce, *The Diocese of Bangor in the Sixteenth Century,* tt. 11 a 26), ond ansicr iawn yw ei hanes erbyn 1592.
Ceir adargraffiad o ragymadrodd Cymraeg Siôn Dafydd Rhys i'r Gramadeg yn Garfield H. Hughes (gol.), *Rhagymadroddion, 1547-1659* (Caerdydd, 1951), tt. 63-82.
¹ Un o dduwiau awen a barddoniaeth.
² Rhufeiniaid iii. 19.
³ Beirdd fel Meurig Dafydd, Llywelyn Siôn a Dafydd Benwyn. Gw. yn arbennig Awdl Foliant Meurig Dafydd i Edward Stradling (T. O. Phillips, 'Bywyd a Gwaith Meurig Dafydd, Llanisien, a Llywelyn Siôn, Llangewydd', Traethawd M.A. Prifysgol Cymru, 1937, Rhif xv, tt. 504-8), ll. 39-50.
⁴ Gwelir y cyfieithiad hwn yn G. J. Williams, *Iolo Morganwg a Chywyddau'r Ychwanegiad* (Llundain, 1926), tt. 226-9.
⁵ Mathew vii. 18; Luc vi. 43.
⁶ Ceir yr ach honedig yng ngwaith Edward Stradling, 'The Winning of the Lordship of Glamorgan or Morgannwc', a argraffwyd gyntaf gan David Powel yn ei *Historie of Cambria,* 1584.

[7] *Philosophiae professor* yw ymadrodd Siôn Dafydd Rhys: cyfeiriad arbennig, y mae'n debyg, at swydd Gruffydd Robert yn Ganon Diwinyddol yn Eglwys Gadeiriol Milan. Gw. G. J. Williams (gol.), *Gruffydd Robert, Gramadeg Cymraeg* (Caerdydd, 1939), Rhagymadrodd, tt. xxxiii-xxxiv.

[8] Y *Dosparth Byrr* yn unig, y mae'n debyg. Gw. G. J. Williams, *Gruffydd Robert, Gramadeg Cymraeg*, t. lxix.

[9] Sef cyfieithiad o grynodeb o'r traethodau Aristotelaidd ar fetaffiseg. Gw. R. Geraint Gruffydd, *The Transactions of the Honourable Society of Cymmrodorion*, Sesiwn 1971, t. 187.

[10] Yn *Iliad* Homer adwaenir yr arwr Aiax (Aias) yn arbennig wrth ei darian; ceir disgrifiad ohoni yn *Iliad* ix. 219-23.

[11] Sef Beibl 1588. Y mae'n dra thebyg mai Humphrey Prichard sy'n gyfrifol am y syniad mai ar gyfer iawn ddeall yr Ysgrythurau yn Gymraeg y paratôdd Siôn Dafydd Rhys y Gramadeg — syniad a adlewyrchir ar wyneb-ddalen y gwaith, lle y dywedir ei fod ' Ad intelligend. Biblia Sacra nuper in Cambrobrytannicum sermonem & caste & eleganter versa, non minus necessaria quam vtilia '.

[12] *altiore indagine:* h.y., er mwyn cael helfa dda. Cf. Erasmus, *Epistula* 182. 1 Allen, am drosiad cyffelyb o fyd hela i ddisgrifio ymchwil am lawysgrifau. Am Syr Edward Stradling fel un a dalai gopïwyr, gw. G. J. Williams, *Traddodiad Llenyddol Morgannwg* (Caerdydd, 1948), t. 156, n. 49; t. 196, n. 145.

[13] Salm xvii. 2 (*nid* xxvii. 2*).

[14] ? ' Yn siarad yn watwarus, fel rhaffau a chleddyfau a gwaywffyn yn fflamio.'

[15] Ceisio mynegi rhai o brif nodweddion Cerdd Dafod y mae Humphrey Prichard yn y darn sy'n dilyn, gan ddefnyddio llawer o'r eirfa a geir gan Siôn Dafydd Rhys yng nghorff y Gramadeg. Gwahaniaethir yn fras rhwng y cynganeddion sy'n cynnwys odl a'r rhai sy'n cynnwys cytseinedd, a rhwng cymeriadau (*resumptiones*) llythrennol a synhwyrol.

[16] Ai cyfeirio sydd yma at Gynghanedd ' Draws Fantach ', neu, yn fwy tebygol efallai, at y ffaith fod cyfatebiaeth cytseiniaid mewn cynghanedd gytsain yn darfod gyda'r sillaf sydd yn odli?

[17] Yn yr adran hon adlewyrchir rhai o brif ddamcaniaethau ieithyddol yr unfed ganrif ar bymtheg — damcaniaethau a gysylltir ag enwau Theodor Bibliander (*c.* 1504-64), Johannes Goropius Becanus (1518-72), ac yn arbennig Konrad Gesner (1516-65), awdur *Mithridates* (Zurich, 1555). Ar ddamcaniaethu o'r fath yn yr unfed ganrif ar bymtheg a'r ail ganrif ar bymtheg, gw. A. Borst, *Der Turmbau von Babel. Geschichte der Meinungen über Ursprung und Vielfalt der Sprachen und Völker* (Stuttgart, 4 cyfrol, 1957-63), yn arbennig cyfrol iii. 1 (1960).

[18] Ar y rhan fwyaf o'r geiriau hyn, gw. T. Gwynn Jones yn *Bulletin of the Board of Celtic Studies* i (1923), tt. 315-33; ii (1924-25), tt. 135-48, 229-42. Sylwer fod Humphrey Prichard yn rhoi *saxum* (craig, carreg) fel ystyr ' mysb ', er mai ' môr ' yw'r ystyr a roddir mewn geiriaduron a geirfâu eraill. (Gw. T. Gwynn Jones, loc. cit., ii. 232; John Davies, *Dictionarium Duplex*, 1632, s.v. *mysp*.) Am ' mawa ' (=*tranquillum*), yr

unig enghraifft arall o hwn sydd gennym yw'r un sy'n digwydd yn *Geirlyfr Wm. Llŷn* (gw. J. C. Morrice, gol., *Barddoniaeth Wiliam Llŷn*, Bangor, 1908, t. 281). (Yr wyf yn ddyledus i Mr. Gareth A. Bevan am oleuni ar y ddau air hyn.)

[19] Arwresau o'r hen fyd a oedd yn nodedig mewn rhyw un maes neilltuol.

[20] *dente Theonino:* Horas, *Epistulae* i. 18. 82. Mae'n debyg mai dychanwr go finiog a sarhaus ydoedd Theon. Trafodir y dywediad gan Erasmus, *Adagia* II. ii. 55 (LB 466F).

[21] Sef, y mae'n debyg, yr un fath o ysgol ag yng Nghymru, h.y., ysgol uwchradd. Swydd gyntaf Siôn Dafydd Rhys wedi dychwelyd o'r Eidal ydoedd swydd prifathro Ysgol Friars, Bangor.

[22] *Della costruttione latina* (Fenis, 1567).

[23] *De Italica Pronunciatione . . . Libellus* (Padua, 1569). Gw. t. uchod.

[24] *de Sybillae* (sic) *foliis iudicare.* Yr oedd oraclau'r Sibyl y tu hwnt i unrhyw amheuaeth. Trafodir yr ymadrodd *Folium Sibyllae* gan Erasmus, *Adagia* I. vii. 91 (LB 298C).

[25] *Censurae symbolum:* sef y wialen a arwyddai awdurdod sensor i roi barn. Seiliwyd yr ymadrodd hwn eto ar Erasmus: trafodir *Censoria Virgula* yn *Adagia* IV. viii. 26 (LB 1128D).

[26] Hynny yw, cynifer o feirniaid. Yr oedd y bardd Groeg Archilochus yn enwog am ei ymosodiadau miniog. Cf. Erasmus, *Adagia* II. ii. 57 (LB 467C).

[27] *eandem tutudisse incudem.* Trafodir y ddihareb gan Erasmus, *Adagia* I. ix. 98 (LB 366E).

[28] *toto erras coelo.* Trafodir y dywediad gan Erasmus, *Adagia* I. i. 49 (LB 48B).

[29] *tenui filo.* Trafodir y dywediad gan Erasmus, *Adagia* II. vi. 75 (LB 606E).

[30] *nodum in scirpo quaerens:* bod yn orofalus a gorymchwilgar. Trafodir y dywediad gan Erasmus, *Adagia* II. iv. 76 (LB 546F).

[31] *ad Gnomonem referre.* Trafodir *Gnomon et regula* gan Erasmus, *Adagia* II. i. 60 (LB 429C). Ymhellach ar *gnomon*, gw. W. K. C. Guthrie, *A History of Greek Philosophy*, vol. 1 (Cambridge, 1962), tt. 242-3.

[32] *Hoc opus, hic labor est:* Fyrsil, *Aenid* vi. 129.

[33] Hynny yw, bu rhai o fawrion yr hen fyd yn cyfansoddi gweithiau ar faterion dibwys. Sylwer fod llawer o'r gweithiau hyn wedi'u tadogi (yn draddodiadol) yn anghywir, e.e., *Culex* ar Fyrsil neu *Batrachomyomachia* ar Homer.

[34] Diau mai at Saeson yng Nghymru a siroedd y Gororau y cyfeirir yn arbennig.

[35] *obelisco notentur:* sef nodi â †. Trafodir y dywediad *obelo notare* gan Erasmus yn *Adagia* I. v. 57 (LB 204A). Cf. John Davies (1621), t. 176, n. 101 isod.

VII. HENRY SALESBURY, *Grammatica Britannica*, 1593

Argraffwyd yn Llundain, gan Thomas Salesbury (*STC* 21611). Cyhoeddwyd adargraffiad *facsimile* o'r gwaith gan y Scolar Press (Menston, England, 1969), rhif 189 yn y gyfres *English Linguistics 1500-1800*. Ar Henry Salesbury, gw. *DNB; BC.* Yn ogystal â'r Gramadeg, casglodd eirfa Cymraeg-Lladin, 'Geirfa Tavod Comroig' (NLW MS. 13215, ff. 315-400).

Henry Herbert, ail Iarll Penfro (a mab hynaf William Herbert, gw. t. 159 uchod) ydoedd olynydd Syr Henry Sidney (gw. t. 162 uchod) fel Llywydd Cyngor y Gororau. Arno gw. *DNB; BC, s.* Herbert (Teulu), Ieirll Penfro; Penry Williams, *The Council in the Marches of Wales under Elizabeth I* (Cardiff, 1958), passim.

[1] *quamvis crassa, non invita tamen Minerva,* h.y., 'nid oes fawr o gelfyddyd ar hyn o waith, ond nid diffyg ewyllys sydd i gyfrif am hynny.' Duwies dawn a chelfyddyd ydoedd Minerfa. Trafodir y dywediadau *invita Minerva* a *crassa Minerva* gan Erasmus, *Adagia* I. i. 37 (LB 42A).

[2] I ddynodi awdurdod na ellir mo'i herio.

[3] Fyrsil, *Eclogae* v. 32-34.

[4] Sef Siôn Dafydd Rhys.

[5] Bras aralleiriad sydd yma o eiriau yn rhagymadrodd Humphrey Prichard i Ramadeg Siôn Dafydd Rhys (gw. t. 80 uchod).

[6] *cornicum oculos configere:* camarwain y mwyaf gochelgar. Cf. t. 164, n. 22 uchod.

[7] *in hanc arenam descendere:* cf. Erasmus, *Adagia* I. ix. 83 (LB 361E).

[8] *nodum in scirpo querere* (sic): bod yn orfanwl a gorymchwilgar. Cf. t. 167, n. 30 uchod.

[9] Sef Gramadeg Siôn Dafydd Rhys, a gyhoeddwyd y flwyddyn flaenorol (1592).

[10] Rhybuddiwyd y duw Sadwrn (Cronos) y dymchwelid ef gan un o'i blant ei hun. O'r herwydd, fe'u llyncai ar eu genedigaeth. Achubwyd un ohonynt, sef Iau (Zeus), gan ei fam, ac ef a fu'n achos cwymp Sadwrn.

[11] Cicero, *De Officiis* i. 57.

[12] Cf. Cicero, *De Republica* ii. 69.

[13] Llysieuyn gwyrthiol, a fu'n gyfrwng amddiffyn Odysseus rhag swynion Circe (Homer, *Odysseia* x. 302-6). Gwnaed cryn alegori o'r llysieuyn (yn arbennig i arwyddo cymedroldeb moesol) mewn llenyddiaeth ddiweddarach; gw. Hugo Rahner, *Greek Myths and Christian Mystery* (tr., London, 1963), tt. 179-222.

[14] Sef Hebraeg.

[15] Sef, eto, Siôn Dafydd Rhys.

[16] Ofydd, *Ars Amatoria* ii. 669.

VIII.   RICHARD PARRY, *Y Bibl Cyssegr-Lan*, 1620

Argraffwyd yn Llundain, gan Bonham Norton a John Bill (*STC* 2348).

Ar Richard Parry, ac yn arbennig ar y cyflwyniad, gw. *BC*; W. J. Gruffydd, *Llenyddiaeth Cymru: Rhyddiaith o 1540 hyd 1660* (Wrecsam, 1926), tt. 77-79; R. Geraint Gruffydd, yn Geraint Bowen (gol.), *Y Traddodiad Rhyddiaith* (Llandysul, 1970), tt. 175-78; J. Gwynfor Jones, *Trafodion Cymdeithas Hanes Sir Ddinbych* xxiii (1974), tt. 126-46; id., *Bulletin of the Board of Celtic Studies* xxvi (1975), tt. 175-190; Isaac Thomas, *Y Testament Newydd Cymraeg, 1551-1620* (Caerdydd, 1976), tt. 368-420, yn arbennig tt. 372-5.

Ceir cyfieithiad Cymraeg o'r cyflwyniad yn Charles Ashton, *Bywyd ac Amserau yr Esgob Morgan* (Treherbert, 1891), tt. 275-77, a chyfieithiad Saesneg yn A. O. Evans, *A Memorandum on the Legality of the Welsh Bible and the Welsh Version of the Book of Common Prayer* (Cardiff, 1925), tt. 146-50.

[1] Salm xxii. 6.

[2] Sef ' Authorized Version ' 1611.

[3] O'r Rhagymadrodd i Bum Llyfr Moses, ynglŷn â'i gyfieithiad ei hun.* (Migne, *PL* xxviii. 147.)

[4] Jerôm, at Vigilantius.* (*Epistulae* lxi. 3; Migne, *PL* xxii, 604.)

[5] Ecsodus iv. 12.*

[6] II Corinthiaid xii. 9.*

[7] Gw. anerchiad y cyfieithwyr ar ddechrau ' Authorized Version ' 1611.

[8] O'r Rhagymadrodd i Bum Llyfr Moses.* (Migne, *PL* xxviii. 151.)

[9] Plutarch, *Theseus** 23. 1.

[10] Actau ii. 11.

[11] Chrysostom, am ei ddychweliad ei hun o Asia.* (*De Regressu ex Asia*, Migne, *PG* lii. 423.)

[12] Ambrosius, *Epistula* xvii (nid xxx*). 7. (Migne, *PL* xvi. 962C.)

IX. JOHN DAVIES, *Antiquae Linguae Britannicae . . . Rudimenta*, 1621

Argraffwyd yn Llundain, gan John Bill (*STC* 6346). Fe'i hailargraffwyd yn Rhydychen, 1809. Ceir adargraffiad *facsimile* o'r argraffiad cyntaf yn y gyfres *English Linguistics, 1500-1800* (Scolar Press, Menston, 1968, rhif 70).

Ar John Davies (c. 1570-1644), gw. *BC*; Rhiannon Francis Roberts yn *Llên Cymru* ii (1952), tt. 19-35, 97-110; R. Geraint Gruffydd yn Geraint Bowen (gol.), *Y Traddodiad Rhyddiaith* (Llandysul, 1970), tt. 175-93.

Ar Edmwnd Prys (1544-1623), gw. *BC*; T. R. Roberts (Asaph), *Edmwnd Prys, Archddiacon Meirionydd: Traethawd Bywgraffyddol a Beirniadol* (Caernarfon, 1899); W. J. Gruffydd, *Llenyddiaeth Cymru, o 1450 hyd 1600* (Lerpwl, 1922), tt. 94-109; Gruffydd Aled Williams, *Trafodion Cymdeithas Hanes Sir Ddinbych* xxiii (1974), tt. 294-8.

Ar y damcaniaethau ieithyddol sydd yn y llythyr annerch, gw. Arno Borst, *Der Turmbau von Babel. Geschichte der Meinungen über Ursprung und Vielfalt der Sprachen und Völker*, Band iii, Teil 1 (Stuttgart, 1960), passim.

Ceir cyfieithiadau o'r llythyr annerch (i'r Saesneg) yn NLW MS. 21299D ac yn BL Addl. MS. 14907, tt. 367-96.

[1] 'Duw'r cerydd a'r gogan. Beiwr, goganwr, a welo fai ar bob peth.' (Diffiniad y *Dictionarium Duplex*, 1632.) Ceir trafodaeth helaeth ar Momus gan Erasmus yn *Adagia* I. v. 74 (LB 210B). Gw. hefyd R. Pfeiffer ar Callimachus, fr. 393. 1 (Oxford, 1949, t. 323).

[2] Yma plethir yn ei gilydd ymadroddion o'r sgwrs rhwng Socrates a'r soffydd Hippias, a groniclir yn Xenophon, *Memorabilia* iv. 4. 6.

[3] Seneca, *Epistulae Morales* xxxiii. [10-11]; Quintilian x. 2*. 4. Cydblethir geiriau Seneca a Quintilian gyda'i gilydd yn y dyfyniadau hyn.

[4] *omne punctum tulisse.* Horas, *Ars Poetica* 343. Trafodir y dywediad gan Erasmus, *Adagia* I. v. 60 (LB 205E).

[5] *eris mihi magnus Apollo.* Fyrsil, *Eclogae* iii. 104. Apolo ydoedd duw proffwydoliaeth ac oraclau.

[6] Myn Joseph Scaliger fod 11 o ieithoedd felly, a Brerewood fod 14.* Cyfeirir yma at J. J. Scaliger, *Diatriba de Europaeorum Linguis* (*Opuscula varia*, Paris, 1610, tt. 119-22), ac at Edward Brerewood, *Enquiries touching the diversity of languages and religions through the cheife parts of the world* (London, 1614). Cynhwysir cyfieithiad Saesneg o *Diatriba* Scaliger ar ddiwedd *Enquiries* . . . Brerewood.

[7] Tacitus, *Agricola** xi. 1.

[8] Cesar, *De Bello Gallico* v. 12. 1.

[9] Diodorus Siculus v. 21. 1.

[10] *Cymro,* o *Cyntaf* neu *Cynt,* a *Bro* (*Patria*): fel *Cymlith* [sic], o *Blith*; *Cymraw,* o *Braw*; *Cymhleth,* o *Pleth.**

[11] Un o feibion Jaffeth, o'r rhai y rhannwyd ynysoedd y cenhedloedd (Genesis x. 2; 5) hyd at ystlysau y gogledd (Eseciel xxxviii. 6): ynysoedd fel ' Anglia ' a Sicilia, yn ôl Wolfgang Musculus, ac o'i flaen ef Theophilus o Antioch [*Ad Autolycum* ii. 32]. Felly hefyd Josephus, *Antiquitates Judaicae* i. 7. Gw. hefyd Camden, *Britannia* [argraffiad 1607], t. 7; hefyd Thucydides y Gramadegydd, y mae Fyrsil yn y *Priapea* [Catalepton ii. 3] yn ei alw yn *Britannus*, a Quintilian (viii. 3. [28]) yn *Cimber.** *Britannia* William Camden (t. 7 yn argraffiad 1607, sef yr argraffiad a ddefnyddiai John Davies) yw sail y nodyn hwn.

[12] Llyfr i, n. 8*, sef White, *Historarium* (*Britanniae*) . . . *Liber I* (Douai, 1597), t. 38, n. 8. Rhydd-ddyfyniad o waith White a geir yn y frawddeg flaenorol hefyd (ibid., t. 11); cf. T. D. Kendrick, *British Antiquity*, t. 75.

[13] Y mae iaith naturiol y Ffrancod yn cyfateb yn nes i iaith yr Eingl, yn gymaint â bod y ddwy genedl wedi tarddu o'r Almaen. Gw. William o Malmesbury, *Gesta Regum Anglorum* i*. §68 (Cyfres y Rolls, gol. William Stubbs, 1887, t. 70).

[14] *Commentarioli Britannicae Descriptionis Fragmentum* [Coloniae Agrippinae, 1572], t. 46* recto.

[15] Po nesaf y bo at y cynddelw, perffeithiaf yn y byd y canfyddir ei bod.*

[16] Yn y rhestr a ddyry John Davies yma, cyfeirir at faterion sy'n cael eu trafod yn llawn yng nghorff y Gramadeg: er enghraifft, *De Casu,*

tt. 28-9; *Verborum radix*, t. 76; *Praenominum affixa*, t. 70, sef 'rhagenwau cynglyn' Gruffydd Robert; *De partium Orationis variatione*, tt. 21 seqq.; *Forma constructa* a *Forma absoluta*, t. 21 a t. 27.

[17] *lippis atque tonsoribus*: Horas, *Sermones* i. 7. 3. Yn llythrennol golyga'r geiriau 'y pŵl eu llygaid a thorwyr gwallt'. Trafodir y dywediad gan Erasmus, *Adagia* I. vi. 70 (LB 250B).

[18] Sef yr adran *De Prosodia*, tt. 214-23 yng nghorff y Gramadeg.

[19] Camden, *Britannia** (argraffiad 1607), t. 17. Y tudalen hwnnw yng ngwaith Camden yw sail rhan fwyaf dechrau'r paragraff hwn.

[20] *sartam tectam*. Trafodir yr ymadrodd gan Erasmus, *Adagia* IV. v. 37 (LB 1062D).

[21] *De Civitate Dei* xix. 7.* Rhydd-ddyfynnu y mae John Davies yma eto.

[22] Vives, ar Awstin, *De Civitate Dei* xix. 7. Cf. hefyd ei *De Tradendis Disciplinis*, Llyfr iii.* Cyhoeddodd Vives (arno gw. t. 13 uchod) argraffiad o *Dinas Duw* S. Awstin, ynghyd â'i sylwadau esboniadol ei hun ar y testun. Am y dyfyniad hwn, gw. tt. 647-8 yn argraffiad 1522. Astudiaeth o addysg y prifysgolion ar ddechrau'r unfed ganrif ar bymtheg yw *De Tradendis Disciplinis*; cyfeirir yma at tt. 286-7 yn argraffiad 1536.

[23] Plutarch, *Platonicae Quaestiones* 9*. 3 (1010E). Dyfynnir hefyd gan Justus Lipsius, *De Recta Pronunciatione Latinae Linguae Dialogus* (Lugduni Batavorum, 1586), t. 14. Y mae holl ddadl y rhan hon o'r paragraff, ynghyd â'r enghreifftiau sydd yn y testun ac yn y nodiadau (nn. 23-28 yma), yn seiliedig ar ddau waith, sef *Dialogus* Lipsius, pennod 3 (tt. 9-19), ac Edward Brerewood, *Enquiries touching the diversity of languages and religions* . . . (gw. n. 6 uchod, a hefyd y rhagymadrodd, t. 14 uchod), tt. 16-17.

[24] Dio Cassius v. 57; Lipsius, *De Pronunciatione Linguae Latinae* [op. cit. (n. 23 uchod), t. 12]; Valerius Maximus ii. 2. [2]; Tryphoninus (yr awdur cyfraith), *de re iudicata* [*Digest* xlii. 1]. 48.*

[25] *De Vita Caesarum*, Llyfr v [*Divus Claudius*] 16*. 2. Dyfynnir gan Lipsius, op. cit., t. 12.

[26] Tacitus, *Annales* iii.* (Cf. Brerewood, op. cit., t. 16.) Cyfeiriad, y mae'n dra thebyg, at *Annales* iii. 43.

[27] *Digest* i. [5] (*de statu hominum*), ynglŷn â'r byd Rhufeinig; Vives, eto ar *De Civitate Dei* xix. 7 [gw. n. 22 uchod]; Valerius Maximus ii. 2 [cf. n. 24 uchod].*

[28] Eto, ii. 2. 2.

[29] ' *In Itinerario Cambriae* '*, ond hyd y gwelaf fi, ni ddigwydd y geiriau hyn yn *Hanes y Daith trwy Gymru* Gerallt.

[30] Er enghraifft: πραιτώριον (Mathew xxvii. 27, etc.); σπεκουλάτωρ (Marc vi. 27); φραγελλόω (Mathew xxvii. 26); φραγέλλιον (Ioan ii. 15); λέντιον (Ioan xiii. 5); σουδάριον (Ioan xx. 7); σικάριος (Actau xxi. 38). A chan Ignatius ceir δεσέρτωρ, δεπόσιτον, ἄκκεπτα (*Epistula ad Polycarpum* [6. 2], ἐξεμπλάριον (*Epistula ad Heronem* [9. 2] ac *Epistula ad Ephesios* [2. 1]). Hefyd, yng ngwaith Iustinianus ceir τεσταμέντον, λεγάτον, μανδάτον, πατρώνος, etc.*

[31] Pompeius Festus, *De Verborum Significatu* (*Pauli Diaconi Epitome*), s.v. Latine. I ddiwedd yr ail ganrif O.C. y perthyn Festus, ond crynodeb

171

RHAGYMADRODDION A CHYFLWYNIADAU LLADIN

yw ei waith o *Libri de Significatu Verborum* Verrius Flaccus, ysgolhaig o gyfnod Augustus. Y mae'r enghreifftiau a ddyry John Davies yn y rhan hon o'r paragraff, ynghyd â'r cyfeiriadau (nn. 32-34), oll yn seiliedig ar *Enquiries* . . . Edward Brerewood (cf. n. 6 a n. 23 uchod), tt. 42-44.
[32] Polybius iii*. 22. 3. Cyfieithir geiriau Saesneg Brerewood, op. cit., t. 43.
[33] Quintilian i. 6*. 40. Eto, cf. Brerewood, op. cit. t. 42.
[34] Raphael Holinshed, *Chronicles*, vol. iii, t. 15 (argraffiad 1586). Yno dyfynnir siarter gan Gwilym Gwncwerwr, ' written in the Saxon tong'. Unwaith eto, Brerewood (op. cit., t. 44) yw sail dadl John Davies.
[35] *Tantum, aiunt, longinqua valet mutare vetustas*: Fyrsil, *Aeneid* iii. 415, ond bod ail air llinell Fyrsil (*aevi*) wedi'i ddisodli yma gan *aiunt* ('meddir') — sydd, er hynny, yn cadw'r mydr yn berffaith. Nid yw'r cyfnewidiad yn wreiddiol i John Davies; ceir yr un llinell, gydag *aiunt*, yn Richard White (gw. n. 12 uchod), Llyfr i, t. 11.
[36] *Merlinus Sylvestris:* yn amser Vortigernus [Gortheyrn], tua'r flwyddyn 450 O.C.*
[37] *Merlinus Ambrosius*: yn amser Aurelius Ambrosius [Emrys Wledig], y cafodd ei enw oddi wrtho, tua'r flwyddyn 470.*
[38] *Aneurinus:* yn amser Arthur.*
[39] *Ambrosius Telesinus:* yn amser Malgo [Maelgwn Gwynedd], tua'r flwyddyn 580.*
[40] Felly Syr John Prys.* Lled-ddyfyniad sydd yma o'r *Historiae Brytannicae Defensio* (gw. t. 159 uchod), Pennod i, yn arbennig t. 10.
[41] *Britannia* [argraffiad 1607], t. 18.*
[42] Sefydlwyd o dan arweinad Conanus Meriadocus [Cynan Meiradawc], tua'r flwyddyn 384. Gyda Maximus [Macsen] Wledig aeth ef ar ymgyrch yn erbyn Gracianus. Felly Gildas, Gerallt, William o Malmesbury, Gervasius o Gaer-gaint, etc.*
[43] Sefydlwyd gan Madog ab Owain Gwynedd, tua'r flwyddyn 1170. Felly Gutun Owain, Humphrey Llwyd, David Powel, Hakluyt.*
[44] *Arias Montanus, ante Bibl. interlin.* Cyfeiriad, y mae'n debyg, at seithfed gyfrol y Beibl 'Polyglott' (Antwerp, 1569-72) a olygwyd gan Arias Montanus. Trafodir yn rhagymadrodd y gyfrol honno y math o ymrannu mewn iaith y mae John Davies yn sôn amdano yma, ond hyd y gwelaf fi, nid yw John Davies yn dyfynnu union eiriau Arias Montanus.
[45] Camden, yn dyfynnu Gerallt, *Topographia Walliae*, sef y *Descriptio Cambriae*. Dyfynnu dyfyniad Camden (*Britannia*, argraffiad 1607, t. 17) o ddiwedd ail lyfr *Disgrifiad o Gymru* Gerallt (ii. 10) y mae John Davies yma. (Sylwer na chynhwysodd David Powel mo'r ail lyfr yn ei argraffiad ef o Gerallt, gw. t. 161 uchod.) Am y dyfyniad, gw. Cyfres y Rolls, *Giraldus Cambrensis*, vol. vi, gol. J. F. Dimock, 1868, t. 227.
[46] Am y gerdd gyfan y daw'r llinellau Cymraeg ohoni, gw. *Myvyrian Archaeology of Wales*[2] (Denbigh, 1870), 76b14. Anghywir, wrth gwrs, yw priodoli'r gerdd i Daliesin. Y mae cyfieithiad Lladin John Davies yn bennill Sapphaidd perffaith. Nid ef oedd y cyntaf i gyfieithu'r gerdd ar y patrwm hwnnw: ceir cyfieithiad (dyddiedig 1580) o'r gerdd gyfan yn benillion Sapphaidd gan David Jones, person Llanfair Dyffryn Clwyd, yn

172

NODIADAU

BL Addl. MS. 14866; am gopi o'r llawysgrif honno, gw. *Gwyneddon 3* (gol. Ifor Williams, Caerdydd, 1931), a'r gerdd hon, ibid., 172a-174a.

⁴⁷ Cymharer y Saeson a'r iaith Ffrangeg yn amser Edward y Cyffeswr, tua'r flwyddyn 1040. Felly Ingulph.*

⁴⁸ Lipsius*, *Epistulae ad Belgas*, cent. iii. 63 (*Opera Omnia,* Vesaliae, 1675, tom. 2, t. 1031).

⁴⁹ Humphrey Llwyd, *Bre. Brit.*, sef y *Commentarioli Britannicae Descriptionis Fragmentum* (1572), t. 46v. Yn 1573 cafwyd gan Thomas Twyne gyfieithiad i'r Saesneg o waith Llwyd, o dan y teitl *The Breviary of Britayne*: at a teitl poblogaidd hwnnw y cyfeiria John Davies ar ymyl y ddalen. Trafodir y mater hwn hefyd gan Brerewood (gw. n. 6 a n. 23 uchod), tt. 48-50; gw. y nodyn nesaf.

⁵⁰ Cyfeiria Thucydides (vi. 2. 2) at αὐτοχθόνες Attica, ond ni sonia ef am προσελήνοι Arcadia; amdanynt hwy, dywed y gramadegydd Stephanus o Byzantium, *Ethnica*, s.v. 'Αρκαδία, mai Hippys o Rhegium ydoedd y cyntaf i'w henwi felly. Edward Brerewood, *Enquiries* . . . , t. 49 (o'r bennod 'The ancient language of Spaine') yw prif sail y rhan hon o ddadl John Davies; y mae Brerewood hefyd yn cymharu'r sefyllfa yn Sbaen â'r sefyllfa yn Attica ac Arcadia, ac yn cyfeirio at dystiolaeth Thucydides. Ymddengys fod John Davies yn tybio fod y dystiolaeth honno yn cynnwys y wybodaeth am yr Arcadiaid.

⁵¹ Gw. J. J. Scaliger, *Diatriba de Europaeorum Linguis** (*Opuscula varia*, 1610), tt. 121-2. Cyfeirir yno at *Epirotica* (*lingua*) a *Cantabrorum* (*lingua*) fel dwy o'r saith *minores matrices*; yn ychwanegol atynt hwy yr oedd pedair *maiores matrices* (cf. n. 6 uchod). Trafodir hyn oll hefyd gan Edward Brerewood, *Enquiries* . . . , tt. 49-50; ceid cyfieithiad Saesneg o *Diatriba* Scaliger ar ddiwedd *Enquiries* . . . Brerewood (cf. n. 6 uchod).

⁵² Fyrsil*, *Eclogae* i. 67.

⁵³ Felly Junius*, sef Franciscus Junius (gw. t. 14 uchod), yn ei *De Linguae Hebraeae Antiquitate Praestantiaque Oratio* (Neapoli, 1579), 'araith' a aragraffwyd hefyd (o dan y teitl *Hebraeae Linguae Ellogium*) ar ddechrau *Grammatica Hebraeae Linguae* Junius (1580, ail argraffiad 1590). Y mae'r geiriau a rydd-ddyfynnir yma, ac yn wir holl ddadl rhan gyntaf y paragraff hwn, yn deillio o 'araith' Junius, tt. a8r-v yn y *Grammatica* (arg. 1590).

⁵⁴ Cicero, *Orator** xliv. 150. (Rhydd-ddyfyniad eto.)

⁵⁵ Eseia xxviii. 11 (a mannau eraill); I Corinthiaid xiv. 21.* 'Araith' Junius (loc cit., gw. n. 53) yw tarddle'r cyfeiriadau yma eto.

⁵⁶ Ar Ecsodus iii [sef cyfeiriad at esboniad Abraham ben Meir Aben Ezra ar Y Pum Llyfr, gwaith y bu nifer o argraffiadau ohono yn nechrau'r unfed ganrif ar bymtheg]. Gw. hefyd Arias Montanus, *ante Biblia interlin.** Gw. n. 44 uchod.

⁵⁷ ה a ע, na thybir ei bod yn bosibl ei nganu mewn na Groeg na Lladin. Dyna paham y gadewir y sain allan yn fynych, fel yn *Amalec*, *Esau, Jacob*, etc., ac ar dro fe'i newidir i *G*, fel yn *Gomorra*. Weithiau hefyd fe'i newidir i *H*, fel yn *Heber, Hebraeus*, etc.*

173

[58] *De ling. vulg. Ital.,* c. **7***, sef Celso Cittadini, *Trattato della vera origine, e del processo, e nome della nostra Lingua* (Fenis, 1601), pennod 7 (tt. 7v-8r). Unwaith eto, Edward Brerewood, *Enquiries* . . . (gw. n. 6 a n. 23 uchod), tt. 43-44, yw sail y cyfeiriad a'r ddadl y mae John Davies yn ei chyflwyno yma. Ceir cyfeirio mynych at Golofn Duillius yng ngweithiau dyneiddwyr eraill; e.e., Justus Lipsius, *De Recta Pronunciatione Latinae Linguae Dialogus* (1586), t. 72; Paulus Merula, *Cosmographia Generalis* (1605) II. iv, c. 18 (t. 780). Am yr arysgrif, gw. H. Dessau (gol.), *Inscriptiones Latinae Selectae* i (1892), 65. Y mae dadl John Davies yn gwbl gyfeiliornus; mater o orgraff yn unig ydoedd ysgrifennu *c* am *g*.

[59] Lipsius, *De Pronunciatione Linguae Latinae** (gw. n. 23 uchod), t. 20.

[60] Ofnaf fod yr awdur, a'r gwaith y cyfeirir ato, yn dywyll i mi.

[61] Felly Humphrey Prichard, yn ei Ragymadrodd i Ramadeg Siôn Dafydd Rhys.* Gw. t. 81 uchod. Rhydd-ddyfynnu geiriau Humphrey Prichard y mae John Davies.

[62] *multis parasangis anteit.* Mesur Persiaidd (= 30 ystâd) ydoedd *parasang.* Am y dywediad, gw. Erasmus, *Adagia* II. iii. 82 (LB 516D). Diddorol sylwi hefyd fod gan Franciscus Junius (gw. n. 53 uchod) drafodaeth fanwl yn ei ' araith ' ar *parasang* (neu, fel y myn ef, *parsang*).

[63] Ar ôl Bardus fab Druis, gŵr enwog ar gyfrif y ffaith mai ef oedd y cyntaf ymhlith ei bobl i ddarganfod celfyddyd barddoniaeth. Felly Berosus, Perion, Caius (*De Antiquitate Cantabrigiensis Academiae* [argraffiad 1586], t. 23).* Rhoddwyd bri arbennig ar y ddamcaniaeth hon gan John Bale; gw. T. D. Kendrick, *British Antiquity,* t. 70; G. J. Williams, *Llên Cymru* iv. 1 (1956), tt. 15-25.

[64] Lucan i. 449. Sonia Iŵl Cesar am y Derwyddon ac ati, ond ni cheir y gair *bardus* ganddo ef.

[65] Felly Humphrey Prichard, yn yr un man ag uchod* : gw. n. 61. Ond o gyflwyniad Siôn Dafydd Rhys i Syr Edward Stradling (gw. t. 72 uchod), nid o Ragymadrodd Humphrey Prichard, y daw'r geiriau a ddyfynnir yma.

[66] *argumentum Achilleum*: ei ddadl anoresgynnol. Trafodir y dywediad gan Erasmus yn *Adagia* I. vii. 41 (LB 278E).

[67] Gw. Actau ii.*

[68] Genesis xi. 1.*

[69] Ar Awstin, *De Civitate Dei* xix. 7.* Gw. n. 22 uchod.

[70] Awstin, *De Civitate Dei* xix. 7. Cf. hefyd Plini, *Historia Naturalis* vii*. 7.

[71] Cf. Amos viii. 11. Gw. hefyd William Morgan, t. 68 uchod.

[72] Actau ii*. 11.

[73] Junius*, sef Franciscus Junius (gw. n. 53 uchod), eto yn yr ' araith '. Am y dyfyniad hwn, gw. *Grammatica Hebraeae Linguae* Junius (argraffiad 1590), t. a4r.

[74] Sabellicus [Marcus Antonius Coccius], *Enneades* vii. 5. Gw. hefyd de Platina [Bartholomeus Sacchi], ar y Pab Eleutherius.* Yr oedd Sabellicus a de Platina yn aelodau blaenllaw o'r Academi Rufeinig yn niwedd y bymthegfed ganrif.

174

[75] Gw. Gildas.*

[76] *De Bello Gallico* vi*. 13.

[77] *Druides.* Fe'u henwyd felly ar ôl Druis, pedwerydd brenin y Brytaniaid, yn ôl a ddywed Caius [*De Antiquitate Cantabrigiensis Academiae* (1586), tt. 22-23]. Y mae ef yn gwrthod y rheswm am yr enw a ddyry Plini [*Historia Naturalis*] xvi (nid vi). 249. Ceir sôn am y Derwyddon (*Druides*) hefyd gan Lactantius, Tacitus, Laertius, Eusebius (yn ei *Praeparatio Evangelica*) a Plautus (yn *Aulularia*).*

[78] *Historia Naturalis* xxx*. 13.

[79] Gw. *De Bello Gallico* vi. 14. 3.

[80] Annius, ar Berosus, *Antiquitates*, Llyfr v.* Ynglŷn â'r gwaith hwn, gw. t. 163, n. 16 uchod; hefyd T. D. Kendrick, *British Antiquity*, tt. 71-72; G. J. Williams, *Llên Cymru* iv. 1 (1956), t. 20; Arno Borst, *Der Turmbau von Babel* iii. 1, tt. 975-77 et passim; a Julian H. Franklin, *Jean Bodin and the Sixteenth-Century Revolution in the Methodology of Law and History* (New York, 1963), tt. 121-27. Argraffiad Antwerp (1552) o waith Annius a welais i (*Berosi Sacerdotis Chaldaici, Antiquitatum Italiae ac Totius Orbis Libri Quinque, Commentariis Ioannis Annii Viterbensis, Theologiae professoris illustrati, adiecto nunc primum indice locupletissimo, et reliquis eius authoribus . . .*), ac yma dyfynnir o dudalen 113 yn yr argraffiad hwnnw. Ynglŷn â Xenophon ac Archilochus, cyfeiria John Davies ar ymyl y ddalen at *Liber de Aequivocis* y naill ac *Epitome Temporum* y llall. Dau o ffugiadau Annius (ymhlith y *reliqui authores*) yw'r rhain eto: am ' Archilochus ', gw. y gwaith uchod, tt. 1-7; am ' Xenophon ', ibid., tt. 7-35. Ynglŷn â Josephus, dywedir ar ymyl y ddalen mai'r *Contra Apionem* yw sail y cyfeiriad ato ef; gw. y gwaith hwnnw, i. 10. Ar Josephus y seiliodd Annius y cyfan o'i ffugiadau.

[81] *Britannia* [argraffiad 1607], t. 21, t. 24.*

[82] *Deipnosophistai* v. [208f], ynglŷn â llong Hieron.* Ceir cyfeirio at hyn eto yn Camden, *Britannia* (arg. 1607), t. 21 a t. 24.

[83] *De Antiquitate Cantabrigiensis Academiae*, Llyfr i* (argraffiad 1568, t. 245).

[84] Yn y flwyddyn 330 C.C.*

[85] Dyfynnu Caius y mae John Davies yma ('. . . Guthelinum regem Gurguntii filium, quem Beda Graece et Latine doctissimum fuisse scribit ', *De Antiquitate Cantabrigiensis Academiae*, Lib. i, arg. 1568, tt. 123-4). Methais i ag olrhain y cyfeiriad yng ngwaith Beda.

[86] op. cit. (1568), tt. 23-24. Ar Samothes a Sarron, gw. T. D. Kendrick, *British Antiquity*, t. 70.

[87] Hynny yw, meibion y ddaear, neu bobl wreiddiol.*

[88] *Historia Naturalis* iv. 102.

[89] Lluniwyd deddfau Martia tua'r flwyddyn 330 C.C.* Ar Martia, gw. Sieffre o Fynwy, *Historia Regum Britanniae* iii. 13.

[90] Lluniwyd deddfau Moelmud yn y flwyddyn 415 C.C. Y mae doctoriaid y gyfraith yn cydnabod fod olion y deddfau hyn yn ymhlyg yng nghyfreithiau Lloegr.* Gw. Sieffre o Fynwy, *Historia Regum Britanniae* iii. 5.

[91] Gw. Lambarde, *Archaionomia;* Higden; Ponticus Virunnius; Sieffre o Fynwy.* Cf. Sieffre o Fynwy, *Historia Regum Britanniae* iii. 5.

RHAGYMADRODDION A ·CHYFLWYNIADAU LLADIN

⁹² Lluniwyd cyfreithiau Hywel tua 700 mlynedd yn ôl, a'u cadarnhau gan y Pab a'r Esgobion.*
⁹³ Llyfr y Pregethwr xii*. 12.
⁹⁴ ῥιψάσπις.˙ Gw. Erasmus, *Adagia* II. ii. 97 (LB 482C).
⁹⁵ Ysgrifennodd Iŵl Cesar a'r Ymerawdwr Claudius ar faterion llên a gramadeg.* Gw. Justus Lipsius, *De Recta Pronunciatione Linguae Latinae* (1586), t. 7, lle y ceir sôn am waith Claudius a Iŵl Cesar, a hefyd Augustus, ar ramadeg. Y mae'r trosiad a ddefnyddir gan John Davies (*ad ferulas Grammaticales ipsa etiam descenderint sceptra*) wedi'i dynnu o ymdriniaeth Lipsius.
⁹⁶ ἱερεὺς τῶν λεπτοτάτων λήρων: Aristophanes, *Nubes* (*Y Cymylau*) 359. Dyfynnir y geiriau hefyd gan Lipsius (gw. n. 95), t. 19, ynghyd â'r cyfieithiad Lladin (*sacerdos tenuissimarum nugarum*) o'r geiriau Groeg a geir gan John Davies yntau ar ymyl y ddalen.
⁹⁷ Sef Quintilian (Marcus Fabius Quintilianus), yn yr *Institutio Oratoria* i. 4. 2.
⁹⁸ William Morgan, Doethor mewn Diwinyddiaeth o Brifysgol Caergrawnt, Esgob Llandaf yn gyntaf, ac yna Lanelwy; a Richard Parry, Doethor mewn Diwinyddiaeth o Brifysgol Rhydychen, Esgob presennol Llanelwy.*
⁹⁹ Hynny yw, 'yn feirniad'. Trafodir y dywediad *Fiet Aristarchus* gan Erasmus yn *Adagia* I. v. 57 (LB 205B). Cf. hefyd John Prys, t. 35 uchod, a t. 161, n. 16 uchod.
¹⁰⁰ Â'r gosodiad hwn gwrthgyferbynner yr hyn a ddywed John Davies ar ddechrau'r llythyr annerch (t. 106), sef bod ' Cerdd Dafod, y bedwaredd ran o Ramadeg, yn eisiau ' i gynifer o'r rheini a fu'n ysgrifennu am y Gymraeg.
¹⁰¹ *obelo transfigere:* sef nodi â †. Trafodir y dywediad *obelo notare* gan Erasmus, *Adagia* I. v. 57 (LB 204F), sef yn yr un man ag y trafodir *Fiet Aristarchus* (gw. n. 99 uchod). Cf. hefyd Humphrey Prichard, t. 92 uchod, a t. 167, n. 35 uchod.

X. JOHN DAVIES, *Antiquae Linguae Britannicae . . . Dictionarium Duplex*, 1632

Argraffwyd yn Llundain, gan Robert Young (*STC* 6347). Ceir adargraffiad *facsimile* o'r geiriadur, gan gynnwys y deunydd rhagymadroddol, gan y *Scolar Press* (Menston, England, 1968).
Ar John Davies, gw. t. 169 uchod.
Ar Richard Wynn (1588-1649), gw. *BC, s.* ' Wynn (Teulu), Gwydir, Sir Gaernarfon '; ac ynglŷn ag amgylchiadau cyhoeddi'r Geiriadur, a chefndir ymwneud John Davies â theulu Wyniaid Gwedir parthed nawdd i'r gwaith, gw. Rhiannon Francis Roberts, *Llên Cymru* ii. 2 (1952), tt. 97-100; J. Gwynfor Jones, *Llên Cymru* xi (1970), tt. 114-20.
Ceir cyfieithiad o'r deunydd rhagymadroddol (i'r Saesneg) yn NLW MS. 21299D.

176

NODIADAU

¹ Sef, yn ddiweddarach, y Brenin Charles II. Plentyn dwyflwydd oed oedd ef yn 1632; buasai ei dad, Charles I, ar yr orsedd er 1625.

² Yn anghywir y tadogir y ddihareb hon ar Menander. Daw mewn casgliad o ddywediadau un llinell (Μονόστιχοι) a briodolid i Menander, ac fe'i croniclir wrth ei enw ef yng nghasgliad Michael Apostolius (*fl* 1462) o ddiarhebion (Apostolius, *Paroemiae* xviii. 66g; gw. Leutsch, *Paroemiographi Graeci* ii, Göttingen, 1861, t. 739). Bu nifer o argraffiadau o *Paroemiae* Apostolius yn nechrau'r unfed ganrif ar bymtheg.

³ Actau i. 7.*

⁴ Gw. Valerius Maximus viii. 7. [16]; Plini, *Historia Naturalis* vii. 24. [88]; Aulus Gellius xvii. 17*. 2. Gosodwyd bri arbennig ar Mithridates a'i wybodaeth o ieithoedd gan Konrad Gesner yn ei *Mithridates: De Differentiis Linguarum tum Veterum tum quae hodie apud diversas nationes in toto orbe terrarum in usu sunt* (Zurich, 1555). Cf. hefyd Gruffydd Robert, *Gramadeg Cymraeg* (1567), tt. a iii verso — a iv recto (yn annerch William Herbert): 'Hynny a wnaeth fod Mithridates mor enwog, gwr oedd, a dwy deyrnas ar hugain tano, ag yntau yn medru ymddiddan a phawb yn i dafod ihun.'

⁵ Ofydd, *Metamorphoses* xv*. 872.

⁶ Horas, *Carmina* iii. 30*. 3-5.

⁷ II Pedr iii. 10.* (Nid *I* Pedr, fel sydd ar ymyl y ddalen.)

⁸ Cyfeirir at *Onomasticon* Iulius Pollux (*fl.* 180 O.C.), gwaith y ceir llythyr yn annerch yr Ymerawdwr Commodus ar ddechrau pob un o'i ddeg llyfr; *De Architectura* (*c.* 14 C.C.) Vitruvius; *Halieutica* Oppian (*fl.* yn niwedd yr ail ganrif O.C.: sylwer nad *Antonius,* ond *Antoninus,* yw'r ffurf gywir yn enw'r Ymerawdwr Caracalla); a *De Agricultura* Diophanes o Nicaea (o'r ganrif gyntaf C.C.: am dystiolaeth ynglŷn â'r gwaith hwn, gw. Varro, *De Re Rustica* i. 1. 10).

⁹ Ofydd*, *Epistulae ex Ponto* i. 3. 29.

¹⁰ Actau ii. 11; 8.*

¹¹ σύμβολα: Clement o Alecsandria*, *Stromateis* viii. 8. 23.

¹² S. Ioan o Ddamascus, *De fide Orthodoxa* i. 13.*

¹³ *Cratylus* 387b-388c (y ddau gyfeiriad).

¹⁴ Aristoteles, *Analytica Posteriora* i. [1]; id., *De Interpretatione* [1-2]. Cf. hefyd S. Awstin, *De Doctrina Christiana* i. 2 a ii. 10, hefyd ei *Principia Dialecticae** (gw. Migne, *PL* xxxii. 1409-1420).

¹⁵ Galen, *Methodi Medendi* lib. i, c.5* (yn erbyn dadl Thessalus). Gw. C. G. Kuhn, *Claudii Galeni Opera Omnia,* cyf. 10 (Lipsiae, 1825), t. 39.

¹⁶ *Stromateis* viii*. 8. 23 (cf. n. 11 uchod).

¹⁷ Tertwlian, *De Carne Christi** xiii. 2.

¹⁸ *senex elementarius*: Seneca*, *Epistulae* 36 (iv. 7) 4.

¹⁹ παλίμπαις: cf. Lucian, *Saturnalia* 9.

²⁰ Plutarch, *Pericles** x. 7.

²¹ *infoecunda otia.* Statius, *Silvae* iii. 5. 61.

²² Am ei fod yn medru tair iaith [sef Groeg, Lladin ac Osceg]. Gw. Aulus Gellius xvii. 17*. 1.

²³ Gw. Jerôm, *Commentaria in Epistolam ad Galatas* ii (prolog) [Migne, *PL* xxvi. 354C]; Isidorus, *Etymologiae* xv. 1 (nid v. 1)*. 63.

²⁴ Gw. y llythyr cyflwyno i'r Tywysog Charles.* Cf. t. 125 uchod, a n. 4 uchod.

²⁵ Yn De Legibus* (e.e., 681c-d, 772b-c).

²⁶ Ludovicus Vives, De Tradendis Disciplinis, Llyfr v, tua'r diwedd.* Gw. argraffiad 1536 o'r gwaith, tt. 416-20. Ar Vives a'r gwaith hwn, gw. t. 171, n. 22 uchod.

²⁷ Gw. Macrobius, Saturnalia i. 16.*

²⁸ Hynny yw, beirniaid llym. Ar Momus, gw. t. 170, n. 1 uchod, ac ar Aristarchus, gw. t. 161, n. 16 a t. 176, n. 99 uchod. Am Marcus Porcius Cato (234-149 C.C.), yr oedd ef yn enwog ar gyfrif llymder y modd y cyflawnodd ei ddyletswyddau fel sensor yn Rhufain.

²⁹ Awstin, De Trinitate iii. 1; Retractationes (rhagair).* Rhydd-gyfeirio sydd gan John Davies yma, nid dyfynnu clòs.

³⁰ Argraffiad o Catholicon Iehan Lagadeuc (argraffiad cyntaf, 1499). Gw. Revue Celtique i (1870-72), tt. 395-6, lle y dadleuir mai 1522 ydoedd dyddiad yr argraffiad hwn.

³¹ Hynny yw, o'r flwyddyn 384, pan aeth Conanus Meriadocus [Cynan Meiradawc] â threfedigaeth drosodd o Wynedd i Âl.* Gw. Sieffre o Fynwy, Historia Regum Britanniae, v. 12-14.

³² Dengys Miss Rhiannon Francis Roberts (' Bywyd a Gwaith Dr. John Davies, Mallwyd ', Traethawd M.A. Prifysgol Cymru, 1950, t. 141) ' mai'r llawysgrif a adwaenir bellach fel Peniarth 230 a olygir wrth Ll.'

³³ Caesar, frag. 2 (Funaioli). Dyfynnir y dywediad gan Macrobius (i. 5. 2) gyda'r ffurf ' verbum infrequens ' fel sydd gan John Davies. ' Verbum inauditum ' yw'r ffurf a ddyry Gellius (i. 10. 4).

³⁴ Lactantius, De Opificio Dei 16.*

³⁵ Ar hyn, gw. Erasmus, Adagia (Rhagair) [sef ' Prolegomena II, Quid Paroemiae Proprium, et Quatenus ' (LB 2B-C)], Cicero, Rhetorica Secunda [sef Rhetorica ad Herennium, a briodolid i Cicero; cyf. at iv. 24-25?], a Bartholomaeus Keckermann, Systema Rhetoricae, Llyfr ii, Pennod 10.* ' Prolegomena ' Erasmus, ar ddechrau'r Adagia, yw sail llawer o'r hyn a ddywedir gan John Davies yn y fan hon.

³⁶ Cf. ῥῆμα παροδικὸν, τετριμμένον ἐν τῇ χρήσει τῶν πολλῶν, S. Basil, In principium Proverbiorum*, sef Homilia xii (Migne, PG xxxi, 388B).

³⁷ Lexicon Graeco-Latinum seu Thesaurus Linguae Graecae (1554), s.v. παροιμία.

³⁸ ὥσπερ τρίμμα καὶ παροδικόν. Felly Basil*, loc. cit. (gw. n. 36).

³⁹ De Lingua Latina vii. 31. Cyfeiria Erasmus (gw. n. 35 uchod) a Budaeus (gw. n. 37 uchod) at y dystiolaeth hon o eiddo Varro.

⁴⁰ Er enghraifft, Diddos a Diddosi, o Dos; Diddyfnu, o Dyfnu; Rhyfyg a Dirmyg, o Myg.*

⁴¹ Er enghraifft, Edlaes a Diedlaes, o Llaes; Erddrym, o Grym.*

⁴² De Resurrectione Mortuorum xlvii. 17.

⁴³ Nid o Merlinus. Myrddin ydoedd enw'r dref cyn bod Merlinus. Gw. Ptolemaeus, Geographia ii [3. 12 (Μαρίδουνον, v.l. Μορί-)] ac Antoninus Augustus, Itinerarium Provinciarum* 482. 9; 483. 7. Gw. A. O. H. Jarman, Ymddiddan Myrddin a Thaliesin (Caerdydd, 1951), tt. 46-47; id., The Legend of Merlin (Cardiff, 1960), tt. 26-27; id., 'A Oedd Myrddin yn Fardd Hanesyddol? ', yn Studia Celtica x/xi (1975/76), tt. 182-97.

NODIADAU

⁴⁴ Yng Ngramadeg [Hebraeg] Elias, a'i Ramadeg Caldaeg.* Cyfeirir yma at ddau ramadeg gan Elias y Lefiad (Elijah ben Asher), y cyfieithwyd y rhannau eglurhaol ohonynt i'r Lladin gan Sebastian Munster. Argraffwyd y cyfieithiadau yng ngwasg Froben yn Basel, y *Grammatica Hebraica* yn 1525, a'r *Chaldaica Grammatica* yn 1527. Y mae'r crynodeb a ddyry John Davies o'r deyrnged a delir gan Munster i Elias yn seiliedig ar ragymadrodd Munster ar ddechrau'r *Grammatica Hebraica* a'r cyflwyniad i Eberhard Schenck ar ddechrau'r *Chaldaica Grammatica*.

⁴⁵ Felly Elias, yn rhagymadrodd ei Ramadeg [Hebraeg].* Sylwer (cf. n. 44) fod *dau* ragymadrodd i'r cyfieithiad Lladin o Ramadeg Hebraeg Elias, sef un gwreiddiol Elias ei hun, wedi'i gyfieithu o'r Hebraeg, ac un newydd gan Munster. Wrth ysgrifennu 'qui scripsit anno Aerae Christianae 1518', nid dyfynnu geiriau Elias ei hun (fel yr awgryma ei nodyn) y mae John Davies, ond yn hytrach eiriau eglurhaol o eiddo Munster ar ymyl y ddalen yn ei gyfieithiad o ragymadrodd Elias. Yr hyn a ysgrifenasai Elias i egluro pryd y cyfansoddwyd y Gramadeg ydoedd y flwyddyn a gyfrifid oddi ar amser tybiedig y Creu, a hynny a gyfieithwyd gan Munster yntau yng nghorff y rhagymadrodd, 'In anno 5277 creationis . . .'. Yna eglura Munster, 'Hoc est anno Christi 1518'.

⁴⁶ *discipula*: Quintilian* xii. 10. 27.

⁴⁷ Gw. Paulus Merula [*Cosmographia Generalis* (1605) II. iii, c. 15 (tt. 422-3)], Camden*, *Britannia* (arg. 1607), t. 12.

⁴⁸ *De Bello Gallico* vi. 13. Diau mai dadl Merula (cf. n. 47 uchod), *Cosmographia Generalis* (1605) II. iii, c. 11 (tt. 405-6) sydd gan John Davies mewn golwg yma.

⁴⁹ *De Bello Gallico* vi. 14. 3.

⁵⁰ Gw. Cesar, *De Bello Gallico* vi. [14. 3]; Sabellicus [Marcus Antonius Coccius], *Enneades* iv. 1.*

⁵¹ *Ad Autolycum* ii. 32. Cf. t. 170, n. 11 uchod.

⁵² Genesis x. 2, 5; Eseciel xxxviii. 6.* Eto cf. t. 170, n. 11 uchod.

⁵³ *penitus toto divisos orbe Britannos*: Fyrsil, *Eclogae* i. 66. Ar y ddadl ymhlith y Rhufeiniaid p'un a oedd Prydain yn ynys ai peidio, gw. Dio Cassius xxxix. 50. 3-4; lxvi. 20. 1-2.

⁵⁴ *Cosmographia Generalis* [(1605)] II. iii, c. 15* (t. 419).

⁵⁵ *ad oceanum populi*: hynny yw, y Llydawiaid (*Armoricani*).

⁵⁶ Horas, *Ars Poetica* 55-58.

⁵⁷ *Cosmographia Generalis* [(1605) II. iv, c. 18.* Yr adran hon yng ngwaith Merula (tt. 778-86) yw ffynhonnell y cyfan (gan gynnwys y dyfyniad o *Ars Poetica* Horas, gw. n. 56) a geir yn y brawddegau blaenorol hefyd.

⁵⁸ Horas, *Epistulae* I. iii. 20.

⁵⁹ Rhoddwyd lle arbennig i'r traddodiad hwn o 'drindod sanctaidd' o ieithoedd yn ysgrifeniadau'r unfed ganrif ar bymtheg, er enghraifft, yng ngwaith Theodor Bibliander a Konrad Gesner.

⁶⁰ *Epigrammata* xiv. [99. 1]. Ceir tystiolaeth i'r gair Brytaneg hwn hefyd gan Juvenal xii. [46], Marcellinus ac eraill.*

⁶¹ Gw. n. 57 uchod.

179

⁶² Cf. Sieffre o Fynwy, *Historia Regum Britanniae* iii. 13. Geiriau Ponticus Virunnius (gw. y nodyn nesaf) a ddyfynnir gan John Davies yma.

⁶³ *Britannica Historia*, Llyfr ii, tua'r diwedd*, sef t. 7 yn argraffiad 1585 (gol. David Powel). Cyfeiria John Davies hefyd ar ymyl y ddalen at ddiwedd Llyfr vi yng ngwaith Ponticus. Ni welaf fi sôn am gyfreithiau Moelmud a Martia yno, ond ceir sôn am Martia yn Llyfr iii (argraffiad 1585, t. 14), a defnyddia John Davies eiriau Ponticus i ddisgrifio gwaith Alffred yn cyfieithu deddfau Martia 'in Saxonicam linguam' (gw. n. 62 uchod).

⁶⁴ Li[ber] 5. 3.* Y mae'r cyfeiriad yn ddirgelwch i mi. Nid oes ond mân ddarnau o Lyfr v yn aros, a hyd y gwn i ni cheir fawr o sôn gan Dio am gyfreithiau cysefin Prydain.

⁶⁵ Sef y flwyddyn 1490.* Ar waith Ponticus, gw. t. 161 uchod.

⁶⁶ Diodorus Siculus i. 8*. 3-4. Dyfynnir peth o Roeg Diodorus gan John Davies ar ymyl y ddalen.

⁶⁷ Plato, *Cratylus** 390d-e yw ffynhonnell y cyfeiriad at Hermogenes ac at Cratylus. Natur iaith — enwau yn arbennig — yw pwnc y drafodaeth yn *Cratylus*, gyda Hermogenes a Cratylus mewn ymddiddan â Socrates am y pwnc.

⁶⁸ Parr. in Gen. 11.* Y mae'n dra thebyg mai'r un yw'r *Parr.* hwn â'r *Parraeus* yn n. 112 isod; gw. y nodyn hwnnw.

⁶⁹ Gw. Herodotus ii. [2. 2-4]; Vives, ar Awstin, *De Civitate Dei* [gw. t. 171, n. 22 uchod] xvi. 11* (argraffiad 1522, t. 492). Vives, yn hytrach na Herodotus ei hun, yw ffynhonnell John Davies yma, a geiriau Vives y mae'n eu rhydd-ddyfynnu.

⁷⁰ Am hanes y brenin Magor, gw. Ioannes Oranus, *Epistulae Iesuiticae.** Cyfeirir at gasgliad o adroddiadau ar waith cenhadol y Jeswitiaid, *Iaponica, Sinensia, Mogorana. Hoc est, De rebus apud eas Gentes a Patribus Societatis Iesu, Ann. 1598 et 1599 gestis. A P. Ioanne Orano . . . in Latinam linguam versa* (Leodii, 1601). Am y cyfeiriad at y brenin hwn, gw. fol. G3v., '. . . Regem ACABAR (quo nomine vocatur Rex MOGOR hoc tempore regnans) '.

⁷¹ Gw. Peter Kirsten, *Grammatices Arabicae* Liber i* (Breslae, 1608).

⁷² *Quaestiones in Genesin*, rhif lix* (bellach lx); Migne, *PG* lxxx. 165-6.

⁷³ Yr oedd hynny dros chwe chan mlynedd wedi'r dilyw. Gw. Theodoretus, *Quaestiones in Genesin*, rhif lx* (bellach lxi); Migne, *PG* lxxx. 165-6.

⁷⁴ Yn yr *Hermothena* [sic], a bron ym mhobman yn ei weithiau.* Cynhwyswyd yr *Hermathena* yn *Opera hactenus in lucem non edita* Johannes Goropius Becanus (Jan Becan), a gyhoeddwyd yn Antwerp (1580). Gwaith cynharach, ac enwocach, o'i eiddo yw'r *Origines Antwerpianae* (Antwerp, 1569).

⁷⁵ *Liber de Haeresibus* civ (*nid* cvi), ar sail Genesis x. 31.* Gw. Migne, *PL* xii. 1,217-9.

⁷⁶ Gw. Genesis xi. 7.*

⁷⁷ Er enghraifft, Dio, Cesar, Diodorus Siculus, a Joseph Scaliger.*

⁷⁸ *Britannia* [argraffiad 1607], t. 18.*

79 Ar y flwyddyn 1151*, sef Matthew Paris, *Chronica Majora*, ar 1151. (Gw. Cyfres y Rolls, *Matthew Paris*, cyfrol ii, 1874, t. 188.)

80 Cyfeirir at y *prolegomena* i *Geographica Strabo* (yn arbennig, i. 2. 19; i. 2. 36).

81 Ni wyddai'r oes o'r blaen ' am Brydain yn gorwedd yng nghanol y tonnau ' (' Hegesippus ', [*Historia* iii. 1. 2]). Cf. y cyfeiriadau at ' y Brytaniaid anhysbys ' (Suetonius, *Divus Iulius* [25. 2]), ' y Brytaniaid anhysbys, â'u cyfraith eu hunain ' (Seneca, *Octavia* [28-9]); gw. hefyd Dio Cassius xxxix. [50. 3]; Dio Cassius (Xiphilinus, *Epitome*) [lxvi. 20. 1-2]; Plutarch, *Vita Caesaris** 23. 3.

82 *Cernitis ignotos Latia sub lege Britannos*: codwyd y geiriau gan Joseph Scaliger.* O *Britannia* Camden (argraffiad 1607, tt. 33-34) y cafodd John Davies y llinell; yno dyfynna Camden nifer o bethau a geid gan Scaliger ' in suis Catalectis ' ar y Rhufeiniaid ym Mhrydain, ac yn eu plith (t. 34) y cwpledi elegeiog hyn:

> Mars pater, et nostrae gentis tutela Quirine,
> Et magno positus Caesar uterque Polo.
> Cernitis ignotos Latia sub lege Britannos,
> Sol citra nostrum flectitur imperium.

Methais â gweld argraffiad cynnar o *Catalecta* Scaliger; hyd y gwelaf fi, ni chynhwysir y gerdd hon mewn argraffiad dwyieithog (Lladin a Ffrangeg), y *Catalectes* (Paris, 1667).

83 Sabellicus [Marcus Antonius Coccius], *Enneades* vi. 6.*

84 Li[ber] 33 & Xiphilinus.* Tywyll yw'r cyfeiriad hwn i mi (cf. n. 64). Nid yw Dio xxxiii ar gael a chadw, ac nid oes gennym ychwaith *Epitome* Xiphilinus ar y llyfr hwnnw. Hwyrach mai *Liber 53* a ddylai fod yma; yn liii. 19 eglura Dio paham y mae ansicrwydd ynglŷn â hanes rhai cyfnodau, ac y mae Xiphilinus yn crynhoi hynny. Ond nid yw John Davies yn *dyfynnu* o Dio liii. 19.

85 Gw. Strabo, *Geographica* vi. 1. 15.

86 Felly Downes ar Demosthenes*, sef Andrew Downes, *Praelectiones in Philippicam de Pace Demosthenis* (Londinii, 1621), tt. 142-3. Y mae John Davies yn tynnu'n helaeth ar union eiriau Downes yn y rhan yma o'r paragraff hwn.

87 *Geographica* vi*. 1. 5.

88 Ceir sôn am y *Brutii* yn Livius, Plini, Raphael Volaterranus. Ceir sôn hefyd am *Bruttii, Bruttiani,* Βρύττιοι, Βρέττιοι a Βρέντιοι yn Strabo, Dionysius Afer [Periegetes], Eustathius (yn ei esboniad ar Dionysius Afer), Ptolemaeus, Aristophanes, Seneca, Persius, Festus, Dioscorides, Silius Italicus, Aulus Gellius.*

89 Gw. Stephanus o Byzantium, s.v. Βρέττος (Meineke, tom. i, t. 186). Y mae cryn ansicrwydd ynglŷn â dilysrwydd y llinell a dadogir gan Stephanus ar Aristophanes (Aristophanes, frag. 629, OCT).

90 Gw. Cicero, *De Senectute* [xxi. 78], lle y dywedir eu bod bron iawn yn gydwladwyr i'r Rhufeiniaid.*

91 Justus Lipsius, *Physiologiae Stoicorum Lib. iii, Dissertatio 12 (De migratione Animarum in corpora)*. Gw. *Opera Omnia* (Vesaliae, 1675) iv, t. 992.

[92] *De Bello Gallico* vi*. 13. 11.

[93] *Cosmographia Generalis* (1605) II. iii, c. 11 (tt. 405-7).

[94] Gw. Sieffre o Fynwy, *Historia Regum Britanniae* i. 11.

[95] Felly Bale a Pits.* Ar John Bale, gw. t. 160, n. 3 uchod, ynghyd â'r cyfeiriadau yno. Hynafiaethydd ydoedd John Pits hefyd, awdur y *Relationes historicae de rebus Anglicis* (vol. i, Paris, 1619).

[96] Felly John Hardyng, *Chronicle*, Book i, c. 29.* (Ond pennod 25, t. 52, yn Henry Ellis, *The Chronicle of John Hardyng*, London, 1812.) Ar Bladudus [Bladud] yn teithio i Athen, gw. t. 120 uchod.

[97] *Troia Nova*, a 'lygrwyd' yn *Trinovantum*. Gw. Sieffre o Fynwy, *Historia Regum Britanniae* i. 17.

[98] *De Bello Gallico* [v. 12. 1 (cf. t. 161 uchod)]. Gw. hefyd John Caius, *De Antiquitate Cantabrigiensis Academiae** (argraffiad 1586, tt. 22-23).

[99] Yng ngwaith awdur Hanes Eglwysig, ar Genesis xxxvii a xxxviii. Honnir fod Philo wedi dweud hyn ar Genesis, ond ni allaf fi ddod o hyd i'r gosodiad yn unman yng ngwaith Philo.* Ofnaf imi fethu â datrys nodyn John Davies. Hyd y gwn i, ni chyfeirir at unrhyw fan yn, er enghraifft, Eusebius neu Beda. Ai rhyw waith mwy diweddar sydd ganddo mewn golwg? Fel John Davies, methais innau â gweld unrhyw gyfeiriad tebyg yng ngwaith Philo ychwaith.

[100] Gw. Genesis xlvi. 27; Ecsodus i. 5; Deuteronomium x. 22; Actau vii. 14.*

[101] Gw. Ecsodus xii. 17; Numeri xi. 21.*

[102] Gw. Genesis ix. 28.*

[103] Gw. Genesis ix. 27.*

[104] Lazius, Liber i*, sef Wolfgang Lazius, *De Aliquot Gentium Migrationibus* . . . *Libri XII* (Basel, 1572). Cyfeirir yma at ran o'r dystiolaeth yn llyfr cyntaf gwaith Lazius (t. 14 yn argraffiad Frankfurt, 1600, yr argraffiad a welais i).

[105] Gw. e.e. Rabbi Elias Askenasi [Elijah ben Asher] yn ei eiriadur [sef, o bosibl, ei *Lexicon Chaldaicum* (1541), lle y mae'n trafod safle'r Hebraeg fel y 'lingua sancta', neu, efallai, ei *Lexicon hebraicum utilissimum* (1557); ofnaf imi fethu â gweld copi o'r gwaith hwn]; Awstin, *De Civitate Dei* xvi. 11; Origen; Chrysostom; Jerôm, ar Eseia vii; Diodorus Siculus; etc.*

[106] Gw. Awstin, *De Civitate Dei* xvi. 11 [cf. n. 105 uchod]; xviii. 39; Chrysostom, *Homilïau ar Genesis* xxx (nid 300).*

[107] Gw. Konrad Gesner, *Mithridates: De Differentiis Linguarum* . . . * (Zurich, 1555), tt. 1r-4v, yn arbennig tt. 2v-3r. Cf. t. 177, n. 4 uchod.

[108] Felly Crassus, yn Cicero, *De Oratore* i. [8. 32]. Cf. Plini, *Historia Naturalis* xi. 51.*

[109] Dyna swyddogaeth llythrennau, fel y dywed Quintilian, Plato (yn *Phaedrus*), Eupolemus ac Artapanus.* Ar y ddau olaf, gw. Eusebius, *Praeparatio Evangelica* ix. 26-27.

[110] Felly Eupolemus, yn ôl Eusebius, *Praeparatio Evangelica* ix. 4* (bellach, ix. 26; gw. Migne, *PG* xxi. 727).

[111] Josephus, *Antiquitates Judaicae* i*. 70-71. Dyfynnir peth o Roeg Josephus gan John Davies ar ymyl y ddalen.

[112] Parraeus.* Yma, fel yn n. 68, y mae John Davies yn cyfeirio at rywun a fu'n trafod Genesis xi. Methais i ag olrhain unrhyw waith argraffedig. Ai cyfeirio sydd yma at yr Esgob Richard Parry (*Parraeus* yw'r ffurf ar ei enw a ddefnyddir gan John Davies yn ei Lythyr Annerch at Edmwnd Prys, gw. t. 176, n. 98 uchod), ac at ryw drafodaeth a fu rhwng y ddau ohonynt ar y bennod hon? Cyfeirir yma yn arbennig at Genesis xi. 7.

[113] Gw. Plini, *Historia Naturalis* vii. 24. [90]; Petrus Crinitus*, *De Honesta Disciplina* i. 12 (argraffiad 1585, t. 89). *Nid* sôn am fyddardod Messalla, fel y cyfryw, y mae Crinitus. Yr oedd Messalla (64 C.C. - 8 O.C.) yn amlwg iawn yn Rhufain fel gwleidydd a noddwr llên.

[114] Ysgolhaig Groeg (1395-1484), brodor o ynys Creta, a ymsefydlodd yn Fenis.

[115] Origen, *Homiliau ar Lyfr Numeri* xi (*De Primitiis Offerendis*) 4 (Migne, *PG* xii. 648-9).

[116] διὰ τὴν μεμερισμένην φωνήν,Epiphanius, *Panarium* i. [5 (Migne, *PG* xli. 134)]. Cf. hefyd Suidas ar y gair Σερούχ [Adler, *Suidae Lexicon*, Pars. iv, t. 343, ll. 36-7] a'r Sgoliast ['Didymus'] ar Homer, *Iliad* i*. 250.

[117] Cf. llythyr annerch John Davies ar ddechrau'r Gramadeg, t. 110 uchod.

[118] *balbutientibus linguis*: Aulus Gellius xiii. 28.*

[119] *Institutio Oratoria* i. 7. 11.

[120] Aristot[eles]*, meddai John Davies; nid wyf fi wedi gallu olrhain y geiriau hyn yng ngwaith Aristoteles, er bod syniadau o'r fath yn britho'r *Ars Rhetorica*, a bod hyn yn rhan o'r ddysgeidiaeth Beripatetig. Gw. C. O. Brink, *Horace on Poetry ii, The 'Ars Poetica'* (Cambridge, 1971), tt. 158-60.

[121] Horas, *Ars Poetica**, 70-72.

[122] Horas, *Ars Poetica**, 61-62.

[123] Aristoteles, *Sophistici Elenchi* i* (165a 10-12).

[124] *Epistulae* 58 (vi. 6) 7.

[125] Fe ddefnyddia siaradwyr yr Hebraeg eiriau sydd i'w cael bron ym mhob iaith. Gw. Jerôm ar Eseia vii. [14], ar y gair *alma*, עַלְמָה *

[126] Deilliodd yr iaith Phoenicaidd o ffynonellau Hebraeg, a chyfetyb bron holl eiriau'r Hebraeg i'r iaith honno. Gw. Jerôm ar Eseia vii; ar Jeremia xxv; ar yr Epistol at y Galatiaid (diwedd ail lyfr yr esboniad); hefyd Awstin, *Contra litteras Petiliani* ii. 104; ar Salm 136; ar Genesis (llyfr cyntaf ei esboniad); Pregeth 135; ar yr Epistol at y Rhufeiniaid (esboniad anorffen).*

[127] Varro, *De Lingua Latina* v. 200.

[128] Gw. Tzetzes, *Chiliades* viii. 224* (inscr. hist.).

[129] Gw. Paulus Merula, *Cosmographia Generalis* [(1605)] II. ii, c. 8* (t. 303). Ceir cyfeiriad tebyg gan Franciscus Junius yn ei 'araith' (gw. t. 173, n. 53 uchod), t. b4 recto.

[130] Felly yr esgob Valerius, yn ôl Awstin*, sef Awstin, *Epistolae ad Romanos Inchoata Expositio* (cf. n. 126) i. 13 (Migne, *PL* xxxv. 2096).

¹³¹ Gw. Lazius [*De Gentium Migrationibus* (Basel, 1572), Llyfr i (nid Llyfr x, fel sydd ar ymyl y ddalen)]. Hefyd, gw. Jerôm ar yr Epistol at y Galatiaid (rhagarweiniad); Llythyr 36; ac ar Secareia.*
¹³² Gw. Jerôm, *Llythyr at Marcella*, yn trafod *Ephod Bad** (*Epistula* 29, Migne, *PL* xxii. 435-41). 'Εφουδ (sic) βαρ a ddarllenai'r LXX mewn gwirionedd.
¹³³ Gw. Jerôm ar Eseia xxviii*. 10 seqq. (Migne, *PL* xxiv. 321).
¹³⁴ Cam-brintiad yn yr Hebraeg. Yn ôl a ddywed John Davies, fe ddisgwylid רשׁל.
¹³⁵ 'Peth hawdd yw difrïo (μωμεῖσθαι), peth anodd yw efelychu' (μιμεῖσθαι). *Lled-ddyfynnu dihareb Roeg(μωμήσεταί τις μᾶλλον ἢ μιμήσεται) y mae John Davies ar ymyl y ddalen yma. Fe'i ceid yng nghasgliad Diogenianus (vi. 74. Gw. Leutsch & Schneidewin, *Corpus Paroemiographorum Graecorum* i, t. 281).
¹³⁶ ἐν τῷ γήρᾳ μακρολογία καὶ λήθη*: rhydd-ddyfyniad o Isocrates xii (*Panathenaikos*) 88.

ATODIAD

Testun Lladin y cyflwyniad i Syr Robert Peckham ar ddechrau *De Italica Pronunciatione* . . . *Libellus* Siôn Dafydd Rhys (gw. tt. 22-4).

ILLVSTRI ATQVE PRAECLARO VIRO ROBERTO PECCHAMO Equiti Aurato, Patrono suo & Optimo Maecenati. *Ioannes Davides Rhoesus S.*

Etsi mihi semper uidebatur res dura tot uirorum subire iudicium, apud quos nunc, cum in quoddam quasi theatrum exierim, non sum nescius de me grauius iudicandum: valuerunt tamen apud me tantum amicorum preces ac fides, vt eorum studio potius, quam communi de me in re huiusmodi opinioni hominum consuluerim. Feci itaque non inuitus id quod ii, quibus non absque nefario uiolandae necessitudinis crimine obtemperare non poteram, a me saepius flagitarant; vt quoniam Italicae linguae uenustate caperentur exterae nationes quam plurimae, quibus cum praeter caetera materni etiam idiomatis scribendi proferendiue ratio impediret, quo minus sinceram huiusce linguae pronuntiationem assequerentur, res ita primo uideretur abstrusa, ut non deessent qui difficultate perterriti, se uel nunquam, uel sero quidem id quod uellent adepturos diffiderent; aliquid nos de re huiusmodi traderemus, quo his gentibus praeclusum quodammodo iter illud pronuntiationis patefieret. Verum quoniam ad haec usque nostra tempora, laudanda illa profecto ueterum consuetudo peruasit, ut ei uiro suas quisque dicet excubias, cuius apud omnes plurimus sit splendor, ac uirtus; iccirco meum hoc, quicquid est operis, ei duxi merito consecrandum, cuius dignitas & rei ipsi autoritatem accerseret, & me ab inuidorum (quorum plena sunt omnia) telis morsibusque tueretur. Quod eo et iam magis posse uideor sperare, quo in te eques amplissime summa quaeque ornamenta congesta sunt. Nam si tui claritatem generis; si splendorem ueteris illustrisque familiae; si haud mediocrem in ingenuis artibus disciplinam; si honorificos abs te summa cum integritate gestos magistratus, inter quos amplissimus ille ab intimis consiliis Serenissimae Mariae Angliae felicis recordationis Reginae extitit: si denique insignem hunc equitatus aurati ordinem consideremus; tantum abest profecto ut solum te dignum quisque cui hoc munus deferatur iudicet; uti potius uerendum sit, ne nos temerarios arbitrentur, si rem adeo exiguam abs te tanto uiro in medium defendendam proferamus. Verum eo etiam audaciae crimine (si tamen audacia grati animi officium appellanda est) spero facile apud eos absolutum ire, quibus non erit obscurum me tibi pro singularibus tuis erga me meritis debere tantum, ut quicquid mihi accessionis laudis & dignitatis factum est eo gradu, ad quem, te autore, non sine maximis tuis sumptibus, vna cum eorum qui mihi tum aderant, applausu non mediocri, euectus sum; id omne tibi uni acceptum referendum. Vale igitur, & hoc munusculum eo animo, quo tibi offertur, amplectere. Patauii Idibus Augusti. MDLXIX.

Mynegai i Enwau Personau

187

Commodus, Yr Ymerawdwr 126, 177 n. 8

Conanus Meriadocus (Cynan Meiradawc) 172 n. 42, 178 n. 31

Constantinus (Custennin o Ddyfnaint) 51, 163 n. 15

Cratylus, cymeriad yn neialog Plato o'r un enw 142, 180 n. 67

Crinitus, Petrus (1465-1504), dyneiddiwr Eidalaidd 183 n. 113

Crowley, Robert, argraffydd 157

Cunobelinus (Cynfelyn) 50

Chrysostom, Sant Ioan (347-407), diwinydd 103, 169 n. 11, 182 nn. 105, 106

Dafydd ab Owain Gwynedd 53

Dafydd Benwyn 165 n. 3

Dafydd Ddu o Hiraddug 95

Dafydd Nanmor 46, 161 n. 22

Davies, J. H. 159

Davies, Dr. John, Mallwyd x, 3, 12-15, 105-56, 166 n. 18, 169-84

Davies, Yr Esgob Richard 65, 102

Deiotarus, brenin Galatia 126

Demosthenes, areithydd Groeg 181 n. 86

Denham, Henry, cyhoeddwr 161

de Platina (Bartholomeus Sacchi) 174 n. 74

Dimock, James F. 161, 164 n. 21, 172 n. 45

Dio Cassius (c. 150-235), hanesydd Rhufeinig 50, 60, 61, 142, 145, 162 nn. 8, 9, 11; 171 n. 24, 179 n. 53, 180 nn. 64, 77; 181 nn. 81, 84

Diodorus Siculus (bl. 60-21 C.C.), hanesydd clasurol 53, 107, 142, 163 n. 20, 170 n. 9, 180 nn. 66, 77; 182 n. 105

Diogenianus, casglwr diarhebion (2g), 184 n. 135

Dionysius Afer ('Periegetes'), daearyddwr Groeg (2g) 181 n. 88

Diophanes o Nicaea 126, 177 n. 8

Dioscorides, awdur meddygol Groeg (1g) 181 n. 88

Dorey, T. A. 17

Downes, Andrew (1549?-1628), Athro Groeg yng Nghaergrawnt 181 n. 86

du Bellay, Joachim 5

Dugdale, William, hynafiaethydd 163 n. 19

Duillius 114, 174 n. 58

Edern Dafod Aur 95

Edward y Cyffeswr 51, 173 n. 47

Edward VI, Y Brenin 18, 27, 41-7, 158 n. 1, 159, 161 n. 20

Einion Offeiriad 95

Eleutherius, Y Pab 174 n. 74

Elias y Lefiad (Rabbi Elijah ben Asher neu Askenasi), ieithydd a geiriadurwr Hebraeg a Chaldaeg 136, 179 nn. 44, 45; 182 n. 105

Elidir Wâr 61

Elisabeth I, Y Frenhines 35, 48-9, 56, 64-70, 87, 91, 94, 95, 158

Elyot, Syr Thomas 9

Ennius, bardd Lladin cynnar 130, 139, 140, 177 n. 22

Epiphanius, Esgob Salamis (4g-5g) 183 n. 116

Erasmus, Desiderius 15-7, 157, 158 nn. 4, 6; 161 nn. 16, 17; 164 n. 22, 165 n. 10, 166 n. 12, 167 nn. 20, 24, 25, 26, 27, 28, 29, 30, 31, 35; 168 nn. 1, 6, 7, 8; 170 nn. 1, 4; 171 nn. 17, 20; 174 nn. 62, 66; 176 nn. 94, 99, 101; 178 nn. 35, 39

Eseciel, Y Proffwyd 170 n. 11, 179 n. 52

Eseia, Y Proffwyd 114, 153, 173 n. 55, 183 nn. 125, 126; 184 n. 133

Eupolemus, hanesydd Iddewig (2g C.C.) 182 nn. 109, 110

Eusebius, hanesydd eglwysig (265-340) 175 n. 77, 182 nn. 99, 109, 110

Eustathius, esboniwr ar Dionysius Afer (12g) 181 n. 88

189

190

Lactantius, Caecilius Firmianus (c. 250-317?), amddiffynnydd y Ffydd Gristnogol 135, 175 n. 77, 178 n. 34
Laertius, Diogenes (3g) 175 n. 77
Lagadeuc, Iehan, geiriadurwr Llydaweg 178 n. 30
Lambarde, William, hynafiaethydd 63, 164 n. 23, 175 n. 91
Lazius, Wolfgang, hynafiaethydd, 108, 182 n. 104, 184 n. 131
'Le Esterling', William 75
Leland, John, hynafiaethydd 15, 26, 160 n. 3, 163 n. 19
Levy, F. J. 160 n. 3, 164 n. 23
Lewis, Aneirin 1
Lewis, Henry ix
Lewis, Saunders 5, 7
Lewys, Huw 10
Leyson, Dr. Thomas 8, 71
Lipsius, Justus, ysgolhaig clasurol 14, 110, 115, 171 nn. 23, 24, 25; 173 n. 48, 174 nn. 58, 59; 176 nn. 95, 96; 181 n. 91
Livius, Titus, hanesydd Rhufeinig 61, 181 n. 88
Lollio, Alberto, bardd Eidaleg 72-3
Louis XI, Y Brenin 32
Luc, Sant, Yr Efengylwr 75, 124, 165 n. 5, 169 n. 10, 171 n. 30, 174 nn. 67, 72; 177 nn. 3, 10; 182 n. 100
Lucan (M. Annaeus Lucanus), bardd Lladin 45, 61, 116, 161 n. 21, 174 n. 64
Lucian, dychanwr Groeg 177 n. 19
Lucius, Y Brenin 50

Lloyd, Nesta 6, 17
Llwyd, Humphrey, hynafiaethydd a daearyddwr x, 13, 27, 108, 113, 160 n. 5, 170 n. 14, 172 n. 43, 173 n. 49
Llywelyn, y Llyw Olaf 45
Llywelyn Siôn 165 n. 3

Macrobius, Ambrosius Theodosius, awdur y Saturnalia (c. 400) 178 nn. 27, 33
Madog ab Owain Gwynedd 172 n. 43

Maecenas, Gaius, patrwm o noddwr 22, 67, 73, 76, 80, 94, 95, 156
Maglocunus neu Malgo (Maelgwn Gwynedd) 51, 163 n. 15, 172 n. 39
Malgo, gw. Maglocunus
Manutius, Aldus, argraffydd 11
Marc, Sant, Yr Efengylwr 171 n. 30
Marcellinus, 176 n. 60
Maredudd, Tywysog Powys 45
Mari, Y Frenhines 23, 158, 185
Martia, deddfwraig, priod Guthelinus 119, 120, 142, 175 n. 89, 180 n. 63
Martial (M. Valerius Martialis), bardd Lladin 6, 119, 179 n. 60
Matthew Paris, croniclydd (13g) 144, 181 n. 79
Mathew, Sant, Yr Efengylwr 75, 165 n. 5, 171 n. 30
Mathias, W. Alun 157
Maximus (Macsen Wledig) 51, 163 n. 15, 172 n. 42
McKissack, May 160 nn. 3, 4; 162, 164 n. 23
Meierus, Johannes, awdur y Belgica Historia 32
Melabdin Echebar (Magnus Magor neu Mogul) 143, 180 n. 70
Melchior, A. B. 159
Menander, dramodydd Groeg 124, 177 n. 2
Merula, Paulus, hynafiaethydd a daearyddwr 14, 137, 139, 141, 146, 174 n. 58, 179 nn. 47, 48, 54, 57, 61; 182 n. 93, 183 n. 129
Messalla Corvinus, conswl Rhufeinig 149, 183 n. 113
Meurig Dafydd 165 n. 3
Meyer, Jacobus, hanesydd Fflandrys (16g) 52
Midleton, Thomas 2
Midleton, Wiliam 2
Migne, J. P., golygydd testunau patristig 157
Milo, un o ddilynwyr Pythagoras yn Croton, De'r Eidal 146

Plautus, T. Maccius, comedïwr Lladin cynnar 139, 175 n. 77
Plini yr Hynaf (C. Plinius Secundus), awdur gweithiau gwyddonol Lladin 119, 120, 174 n. 70, 175 nn. 77, 78, 88; 177 n. 4, 181 n. 88, 182 n. 108, 183 n. 113
Plutarch, moesegwr a bywgraffydd Groeg (c. 50 - c. 115) 33, 53, 61, 103, 129, 160 n. 12, 163 n. 20, 169 n. 9, 171 n. 23, 177 n. 20, 181 n. 81
Poliziano, Angelo Ambrogini (Politian), dyneiddiwr Eidalaidd 34
Pollard, A. W. 157
Pollux, Iulius, ysgolhaig ac areithydd 126, 177 n. 8
Polybius, hanesydd Groeg (2g C.C.) 25, 31, 111, 159 n. 1, 172 n. 32
Posidonius (c. 135 - c. 50 C.C.), athronydd a hanesydd 31
Powel, David 9-10, 13, 48-63, 70, 127, 161-4, 165 (William Morgan) n. 11, 165 (Siôn Dafydd Rhys) n. 6, 172 nn. 43, 45
Prasutagus, brenin yr Iceni 50
Prichard, Humphrey 78-92, 116, 165, 166-7, 168 n. 5, 174 nn. 61, 65; 176 n. 101
Prise, Richard 12, 13, 25-35, 159-61
Pryce, A. I. 165
Prys, Edmwnd, Archddiacon Meirionnydd 14, 70, 105-23, 165 n. 11, 169, 183 n. 112
Prys, Syr John 3, 12, 13, 25-47, 111, 159-61, 172 n. 40, 176 n. 99
Psammetichus, brenin yr Eifftiaid 143
Ptolemaeus, Claudius, daearyddwr (2g) 178 n. 43, 181 n. 88
Pythagoras, athronydd Groeg (6g C.C.) 78, 90, 146

Philarchus (gwell Phylarchus), hanesydd (3g C.C.) a feirniadwyd gan Polybius 31

Philaster, Sant, Esgob Brescia (4g) 144, 180 n. 75
Phileas o Tauromenium, peiriannydd (yn ôl Athenaeus) 119, 175 n. 82
Phillips, Margaret Mann 16
Phillips, T. O. 165 n. 3
Philo (c. 20 C.C. - c. 50), ysgolhaig ac esboniwr Iddewig 147, 149, 182 n. 99

Quillevere, Yvon 132
Quintilian (M. Fabius Quintilianus), areithydd ac athro Rhufeinig 106, 111, 121, 137, 151, 170 nn. 3, 11; 172 n. 33, 176 n. 97, 179 n. 46, 182 n. 109, 183 n. 119

Rahner, Hugo 168 n. 13
Redgrave, G. R. 157
Rice Jr., E. F. 10
Richards, Melville 162
Robert, Gruffydd (Milan) 6-7, 76, 95, 166 nn. 7, 8; 171 n. 16, 177 n. 4
Roberts, Brynley F. xi, 163 n. 19
Roberts, G. J. 164
Roberts, Rhiannon Francis xi, 169, 176, 178 n. 32
Roberts, Thomas 161 n. 22
Roberts, T. R. ('Asaph') 169
Romulus, brenin cyntaf Rhufain 145
Rowlands, Elwyn R. xi
Rowlands, William 165

Rhenanus, Beatus (1485-1547), awdur Lladin 108
Rhodri Mawr 45
Rhys, Siôn Dafydd ix, x, 3, 8-9, 13, 22-4, 71-92, 95, 98, 127, 158-9, 165-7, 168 nn. 4, 5, 9, 15; 174 n. 65, 185

Sabellicus, Marcus Antonius (M. Coccio), hanesydd (15g-16g) 118, 145, 174 n. 74, 179 n. 50, 181 n. 83
Salesbury, Henry 2, 93-100, 127, 168

British Library Cataloguing in Publication Data

Rhagymadroddion a chyflwyniadau Lladin, 1551 - 1632
1. Latin literature, Medieval and modern
   — Translations into Welsh
2. Welsh literature — Translations from Latin
3. Prefaces
I. Davies, Ceri II. University of Wales
Board of Celtic Studies
089'. 71   PA8118.G7

ISBN   0-7083-0734-5